Erlesene Welten

Bochumer Schriften zur deutschen Literatur

Herausgegeben von
Martin Bollacher, Jörg-Ulrich Fechner,
Paul Gerhard Klussmann,
Gerhard Plumpe

Band 64

PETER LANG
Frankfurt am Main · Berlin · Bern · Bruxelles · New York · Oxford · Wien

Andrea Elisabeth Dahms

Erlesene Welten

Der fiktive Leser in der modernen Literatur

Karl Philipp Moritz –
Gottfried Keller –
Peter Handke

PETER LANG
Europäischer Verlag der Wissenschaften

Bibliografische Information Der Deutschen Bibliothek
Die Deutsche Bibliothek verzeichnet diese Publikation in der Deutschen Nationalbibliografie; detaillierte bibliografische Daten sind im Internet über <http://dnb.ddb.de> abrufbar.

Zugl.: Bochum, Univ., Diss., 2004

Gedruckt auf alterungsbeständigem,
säurefreiem Papier.

D 294
ISSN 0177-686X
ISBN 3-631-53612-7

Printed in Germany 1 2 3 4 5 7

www.peterlang.de

Vorwort

Die Arbeit wäre ohne die Ermunterung und Unterstützung vieler nicht zustande gekommen. Mein Dank gilt deshalb Prof. Dr. Gerhard Plumpe, meinem Doktorvater, der die Arbeit anregte und in ihren Entstehungsphasen betreute, Dr. Nils Werber für ein unbürokratisches Korrektorat, Prof. Dr. Paul Gerhard Klussmann für sein Interesse und seine Hinweise, den Mitarbeitern des Deutschen Literaturarchivs Marbach am Neckar, insbesondere Dr. Jochen Meyer, der mich auf eine Vielzahl fiktiver Leser aufmerksam machte.

Für die Förderung des Projekts danke ich der Graduiertenförderung des Landes Nordrhein-Westfalen.

Besonderer Dank geht an Christiane Dahms für ihr unermüdliches Interesse, ihre aufmerksamen Lektüren, ihre Gesprächsbereitschaft und ihre stets hilfreichen Anregungen, an Dirk Uffmann, der fragte und zuhörte und mir mit viel Geduld und ebensoviel Rat und Tat zur Seite stand und an meine Eltern für ihr unerschütterliches Vertrauen und ihre immerwährende Unterstützung.

Gewidmet ist die Arbeit meiner Familie.

INHALT

Einleitung

Das Thema der folgenden Untersuchung ist der Leser - nicht der Leser außerhalb des Textes, ebenso wenig der von Wolfgang Iser so bezeichnete und analysierte implizite Leser.[1] Vielmehr geht es um jenen Leser respektive jene Leser, von denen die moderne Literatur berichtet, um lesende Figuren also, die sich in Romanen des ausgehenden 18. Jahrhunderts bis ins 20. Jahrhundert mit Lektüre beschäftigen.[2] Die Untersuchung ist dabei zum einen geleitet von einem allgemeinen Interesse an der literarischen Konfiguration 'Leser im Buch' und hinterfragt dessen Bedeutung als speziellen Typus poetologischer Selbstreflexion moderner Literatur. Zum anderen aber geht es ganz speziell um die Präsentationsweisen von Lesern und Lesesituationen in Romanen und deren Funktion innerhalb der einzelnen Erzählhandlung. Zu berücksichtigen sind hierbei im besonderen die Konturen der verschiedenartigen Leserfiguren, das heißt ihre psychischen Konstitutionen wie auch ihre Lesemotivationen, ihr spezifisches Rezeptionsverhalten wie literarische Bildung, Auswahl der Lektüre, bevorzugte Lesesituationen und Lesarten sowie die von der Lektüre ausgehenden Wirkungen und Folgen. Veränderungen, die in der Beschreibung von Lesevorgängen zu beobachten sind, wie die Darstellung intensiver und extensiver Lektüre, einsame oder gesellige Lektüre, lineare und nicht-lineare Lesarten, werden ebenso berücksichtigt wie sich wandelnde Lesemotivationen. Zudem gilt es, mögliche Intentionen der Autoren aufzuspüren, die den Umgang mit Büchern in ihren Erzählungen thematisieren: So stellt sich die Frage, ob mit den fiktionalen Darstellungen von Rezeptionen faktischer Werke zugleich Reminiszenzen an literarische Vorbilder, Kanonisierungen persönlicher Lektürevorlieben, Auseinandersetzungen mit der literarischen Tradition oder Vergewisserungen der eigenen schriftstellerischen Existenz mittels Inanspruchnahme anderer, älterer Werke verbunden sind.

---

[1] Vgl. Iser (1994).

[2] In der Erzähltheorie werden für diesen Figurentyp die Prädikate 'fiktional' und 'fiktiv' häufig synonym verwendet. So bezeichnet u.a. Stockhammer die lesenden Helden in literarischen Texten als "fiktionale Leser". Stockhammer (1991), S. 9. Dagegen erhält der Typus bei der von Rühling formulierten Definition das Prädikat 'fiktiv', da hiermit eine "bestimmte *Existenzweise* von Gegenständen (im formalen Sinne)" bezeichnet wird, "derart daß diese Gegenstände nicht existieren. Fiktive Gegenstände sind beispielsweise alle jene uns vertrauten Gestalten aus fiktionalen Texten wie etwa Don Quijote, [...]." Rühling (2001), S. 29. Goetsch bezeichnet innerhalb seines aufgestellten Kommunikationsmodells der verschiedenen Arten von Leserfiguren den hier gemeinten Typus schlicht als Lesergestalt. Vgl. Goetsch (1983), S. 200f., 207-213. Den 'fiktiven Leser', der vom 'impliziten' manchmal nur schwer zu unterscheiden ist, ordnet er statt dessen der vierten Kommunikationsebene zu, der Erzählerebene, wo er der expliziten Leserlenkung dient. Vgl. ebd., S. 200-207. Um weiterer Verwirrung vorzubeugen, sind im folgenden unter der Bezeichnung 'fiktive Leser' oder 'fiktive Lesergestalten' jene lesenden Figuren zu verstehen, die tatsächlich innerhalb eines literarischen Textes dargestellt sind. Ich folge damit weitgehend der Definition von Rühling.

Die Untersuchung dieser und weiterer Faktoren kann sich allerdings nicht ausschließlich auf die entsprechenden Textstellen, in denen solche Lesesituationen dokumentiert werden, konzentrieren. Erst die kontextuelle Einbettung innerhalb der jeweiligen Erzählhandlung vermittelt einen hinreichenden Eindruck über Bedeutung und Funktion der Konfiguration 'Leser im Buch'. Zudem lassen sich anhand der in den Handlungen und Charakterkonstellationen wirksam werdenden weltanschaulichen und moralphilosophischen Prämissen auch die Intentionen der Autoren erkennen. Das heißt aber auch, daß die jeweils geltende außerliterarische Wirklichkeit, kultur- und sozialgeschichtliche Rahmenbedingungen wie auch philosophisch-ästhetische Theorien der jeweiligen Epochen, bei der Beurteilung der in den Romanen dokumentierten Lesesituationen berücksichtigt werden muß. Die Darstellung bestimmter Formen ästhetischer Erfahrung in den einzelnen Werken bietet ein perspektivisch gebrochenes Abbild empirischer Leseerfahrung und kann dabei zugleich Entwürfe neuer, möglicher Leser enthalten. Solche Leserkonzeptionen fußen aber meist auf bestimmten epochalen geistesgeschichtlichen Begriffen, deren Bedeutung für die Untersuchung des Lesermotivs von großer Wichtigkeit ist.

Die Konzentration der Werkanalysen auf Karl Philipp Moritz' *Anton Reiser*, Gottfried Kellers *Der grüne Heinrich* und Peter Handkes *Der kurze Brief zum langen Abschied* erklärt sich dabei aus mehreren Faktoren:

1. Darstellungen von Lesern und Lektüren finden sich zu allen Zeiten und in beinahe allen Gattungen, in Romanen, Novellen und Erzählungen ebenso wie in Gedichten, Dramen und autobiographischen Zeugnissen. Die Limitationen der meisten Untersuchungen, die sich mit der Thematisierung von Lektüren in der Literatur beschäftigen, auf den Roman als derjenigen Gattung, die am häufigsten mit Leser- und Lektüreentwürfen operiert, auf einen signifikanten epochalen Schnittpunkt und des weiteren auf einen einzelnen, die Thematik einschränkenden Aspekt wie zum Beispiel den der Gefährdung durch Lektüre, dokumentieren die Problematik des Versuchs, die vielfältigen Facetten der Konfiguration in den Blick zu bekommen. Neben einer Reihe von unterschiedlichen Lesertypen, die sich in verschiedenartigen Ausprägungen ihrer Rezeptionsweisen und -motivationen zum Teil ergänzen wie auch voneinander abgrenzen, deuten die zahlreichen, besonders im 20. Jahrhundert vorkommenden Motivverpflechtungen wie zum Beispiel die Verwandlung von Buch- und Menschengestaltigkeit auf ein umfangreiches Spektrum an Variationen, welches zugleich Einblicke in mögliche Formen der innerliterarischen Reflexion moderner Literatur bietet. Gerade aufgrund der Schwierigkeit einer alle Formen berücksichtigenden Katalogisierung und Auswertung stellt sich die Frage, ob auch jenseits von formalen und inhaltlichen Differenzen und epochalen Einflüssen thematische und erzähltechnische Analogien auszumachen sind, die eine Verwendung fiktiver Rezeptionsvorgänge erklären. Zum einen ist hier an die Thematik der 'Selbstbezüglichkeit von Literatur' zu denken: Leser- und Lektüredarstellungen in Romanen stellen eine Form der Selbstreflexion moderner Literatur dar. Der Begriff der 'Literatur' ist dabei in seiner Allgemeinheit zu verstehen und nicht bezogen auf ein bestimmtes Werk, das sich im Erzählvorgang

selbst thematisiert.[3] In bezug auf mögliche thematische Analogien läßt sich diese Frage zum anderen nur beantworten, wenn sich die Aufmerksamkeit auf die in den Werken beschriebene Funktion der jeweiligen Lektüre richtet, das heißt zum Beispiel auf sich wiederholende Rezeptionserwartungen der fiktiven Leser wie auch auf wiederkehrende Beschreibungsparadigmen. Bei den untersuchten Romanen von Karl Philipp Moritz, Gottfried Keller und Peter Handke lassen sich trotz aller Differenzen, die freilich nicht unberücksichtigt bleiben, solche thematischen Analogien ausmachen. So zeigt sich, daß unter anderem Fragen des Wirklichkeitsverlusts, der Bedeutung von Erinnerung, der Individualität und Identität in allen drei Werken trotz unterschiedlicher Darstellung und Beurteilung wiederkehrende Themen sind, zu deren Verdeutlichung im besonderen Maße Beschreibungen von Leseeindrücken herangezogen werden. Diese Fragen konturieren zugleich das - meist problematisch empfundene - Zusammenspiel von Literatur und Leben, dem in dieser Untersuchung besonderes Interesse gilt.

2. Hinter den oben beschriebenen Aspekten verbirgt sich wiederum ein Thema, das ebenfalls von allen drei untersuchten Werken unter dem jeweils spezifischen literaturhistorischen Kontext kommuniziert wird: Bei allen drei Lesern handelt es sich um Künstler, die das faktische Leben und ihre erträumte Wirklichkeit als unüberwindbaren Gegensatz empfinden. Ihre Lektüreerfahrungen sind zugleich Ausdruck dafür, den idealisierten Lebensmodellen Nahrung zu geben als auch die empfundene Antinomie zu überwinden.

Moritz' *Anton Reiser* thematisiert diesen Widerspruch, der später allgemein den Realismus kennzeichnet, noch ganz im Geiste des 18. Jahrhunderts mit Betonung der Psychologie des Individuums und bietet zumindest noch implizit die Möglichkeit einer Lösung an, zu der der Protagonist allerdings nicht gelangt - was häufig übersehen wird. Im *Grünen Heinrich* aber tritt bereits die Einsicht in den bestehenden Widerspruch zwischen tatsächlicher Wirklichkeit und Illusion im zunehmenden Bewußtsein einer gestörten Subjekt-Objekt-Relation vollends zutage. Diese wiederum spiegelt sich repräsentativ für den Roman des 20. Jahrhunderts in Peter Handkes *Der kurze Brief zum langen Abschied* in der Sichtweise des entfremdeten Individuums und gipfelt zudem in der Frage nach der Möglichkeit beziehungsweise Unmöglichkeit des Erzählens von Geschichten in der tradierten Weise.

3. Charakteristisch für die Romane der sogenannten Postmoderne sind intertextuelle Schreibweisen, bei denen Bezüge zu fremden Werken oder klassischen Genres beispielsweise durch literarische Anspielungen wie Zitate, Nacherzählungen oder die Verwendung von Motti anderer Autoren Eingang in die jeweiligen Handlungsgänge finden. Auch Peter Handkes Roman *Der kurze Brief zum langen Abschied* weist ein solches Geflecht innerliterarischer Verweise auf. Unter dem hier untersuchten Blickwinkel interessieren neben den Anleihen aus anderen Genres im besonderen die Verweise auf Moritz' *Anton Reiser* wie auch die figurenperspektivische Rezeption

[3] Vgl. Scheffel (1997).

des *Grünen Heinrich* durch Handkes Ich-Erzähler.[4] Der *Kurze Brief zum langen Abschied* wird dabei nicht aus der Sicht der Bildungsromane des 18. und 19. Jahrhunderts beurteilt, sondern es gilt, die Bedeutung und Funktion solcher Anspielungen für einen Roman des 20. Jahrhunderts aufzuzeigen. Von hier aus sollen zum einen sowohl Differenzen als auch Analogien in den jeweiligen Lesedarstellungen aufgespürt und zum anderen der Frage nachgegangen werden, inwiefern diese Form der innerliterarischen Reflexion von Literatur ein poetologisches Konzept offenlegt.

Die folgende Darstellung der Forschungsperspektiven des fiktiven Lesers in der modernen Literatur liefert zunächst einen Überblick über die verschiedenen Disziplinen, die sich mit der Thematik innerliterarischer Bezüge auseinandersetzen, und beleuchtet im Anschluß die unterschiedlichen Zweige der Leseforschung, deren Erkenntnisse über außerliterarische Veränderungen mögliche Hinweise über die Verwendung und Entwicklung der fiktiven Leserfigur geben können. Daran anknüpfend sollen einige Überlegung den bereits angerissenen Fragenkatalog bezüglich der Konfiguration 'Leser im Buch' weiter erhellen. Dabei wird zunächst allgemein die Bedeutung und Funktion der Konfiguration analysiert, um anschließend kurz auf den Roman als derjenigen Gattungen einzugehen, die seit dem letzten Drittel des 18. Jahrhunderts am häufigsten mit fiktiven Leserdarstellungen operiert.

---

[4]Die aus der Erzähltheorie entnommene Bezeichnung 'figurenperspektivische Rezeption' meint jenen Rezeptionsvorgang, bei dem der Bezugstext direkt als konkret vorkommender Handlungsgegenstand in die Handlungsebene eingeht und dort von einer Figur benutzt wird, z.B. wenn der fiktive Held eines Romans in einem real existierenden Buch liest. Vgl. hierzu auch Sudau (1985), S. 234. Vgl. des weiteren die Ausführungen im folgenden Kapitel.

1. Erlesene Welten: Theorie und Forschung

1.1. Literarische Selbstreferenz im Blickfeld moderner Literaturtheorien

Programmatische Forderungen nach einer Literaturgeschichte aus der Sicht der Leserschaft wurden erstmals mit Harald Weinrich ab der Mitte der sechziger Jahre laut. Seinem Appell an die Literaturwissenschaft, den er unter Berufung auf literarische Autoritäten wie Aristoteles, die alte Rhetorik, bis hin zu Sartre mit seinem berühmten Essay *Qu'est-ce que la littérature?* (1948) formulierte,[5] folgten in den folgenden zwanzig Jahren eine stattliche Zahl von Veröffentlichungen, darunter allerdings nur wenige, die sich der Darstellung des Umgangs mit Literatur in der Literatur angenommen haben.[6] Edgar Bracht sieht einen der möglichen Gründe im "wissenschaftlichen Entstehungszeitpunkt"[7] der breitgefächerten Lektüreforschung: Auf die Herausforderungen an die traditionelle Literaturbetrachtung durch russische Formalisten und amerikanische und französische Strukturalisten antwortete die Germanistik zunächst mit literatursoziologischen und rezeptionsästhetischen Studien.[8] Diese markieren auch den Anfang der sich weit verzweigenden Leseforschung: Zu den Erkenntnissen aus der Wissenschaft des Buchwesens[9] kamen ergänzend die Studien der Literatursoziologie, mit dem Ziel der Darstellung der gesellschaftlichen Formen von Lektüre und ihrer sozial-historischen Voraussetzungen.[10]

Von der Erforschung des Buchmarktes und den Ergebnissen der Literatursoziologie zu unterscheiden sind wiederum jene Beiträge, in denen der Versuch unternommen wird, die Geschichte des Lesens, die jeweils epochenspezifischen Erwartungen, die mit dem Akt des Lesens verbunden waren, nachzuzeichnen.[11] Hinzu kommen wissenschaftliche Untersuchungen zu den Entwicklungen und Einflüssen von Lesege-

---

[5]Vgl. Weinrich (1967), S. 1027-1030.

[6]Einen Überblick über die verschiedenen Zweige dieser Leseforschung liefern Suleimann u. Crosman (1980). Zur deutschsprachigen Lektüreforschung vgl. Baumgärtner (1974) sowie der Aufsatz und das Literaturverzeichnis von Schlieben-Lange (1985).

[7]Bracht (1987), S. 19.

[8]Vgl. ebd., S. 19.

[9]Vgl. z.B. Kapp u. Goldfriedrich (1886-1913), Göpfert (1977(1)), Göpfert (1977(2)), Wittmann (1981), Wittmann (1982).

[10]Vgl. z.B. Schenda (1970), Habermas (1971), Engelsing (1973(1)), Engelsing (1974), Langenbucher (1975), Schenda (1976), Kiesel u. Münch (1977), Raabe (1984).

[11]Hier besonders Schön (1987), außerdem Erning (1974). Gert Mattenklott fordert eine "historische Philosophie des Lesens" ohne jedoch auf epochenspezifische wirkungsästhetische Einflüsse einzugehen. Vgl. Mattenklott (1983), S. 119. Für den historischen Ausgangspunkt der Untersuchung vgl. weiterhin McCarthy (1983).

sellschaften[12] und Leihbibliotheken in Gesamtdeutschland[13] sowie detaillierte Lokal- und Regionalstudien.[14] Lesegesellschaften und Leihbibliotheken wurden auf diese Weise von Literaturwissenschaftlern und Historikern als neue fachübergreifende Forschungsfelder im Schnittpunkt der Sozial-, Buchmarkt-, Zensur-, Bibliotheks-, Zeitungs- und Lese(r)geschichte entdeckt.

Die verschiedenen Zweige dieser sich im letzten Drittel des 20. Jahrhunderts formierenden Leseforschung, insbesondere die Erkenntnisse der Bibliotheks- und Buchwissenschaft, der Literatursoziologie und der empirischen Leseforschung, führten zwar allgemein zur Aufwertung des Lesers, Position und Wandlung des 'fiktiven Lesers' wurden jedoch weitgehend außer acht gelassen. Für die Frage nach der Bedeutung und Funktion der literarischen Konfiguration 'Leser im Buch' lassen sich aus den Ergebnissen dieses Forschungsfeldes aber insofern wichtige Hinweise extrahieren, als außerliterarische Veränderungen wie die Entwicklung des Buchmarktes und des Lesepublikums oder Veränderungen im Lektüreverhalten auf die Verwendung und Entwicklung des literarischen Motivs durchaus entscheidenden Einfluß ausüben. Denn im Motiv des Lesers oder der Lektüre wird über den Text hinaus auf eine Realität verwiesen, die gleichsam analog zur imaginären Wirklichkeit steht und von dieser selbst mitgeformt wird. Literatur äußert sich hier sowohl über Literatur als auch über ihre Leser, sie reflektiert sich selbst und beginnt sich im eigenen Medium zu spiegeln.

Mit diesem Aspekt haben sich, abgesehen von der romantischen Romantheorie, erstmals die russischen Formalisten, besonders Viktor Sklovskij und Jurij Tynjanov, und in ihrer Folge die amerikanischen und französischen Strukturalisten auseinandergesetzt. Den Formalisten zufolge besitzt die literarische Selbstreflexion in bezug auf die literarische Evolution eine konstitutive Funktion: Die Entstehung von neuen literarischen Formen und Gattungen unterliegt einem ständigen innerliterarischen Prozeß der Alternanz, bei dem durch Überbietung und Verfremdung bestehende alte Formen durch neue Formen abgelöst werden. So schreibt Viktor Sklovskij:

> Die Form des Kunstwerks bestimmt sich nach ihrem Verhältnis zu anderen, bereits vorhandenen Formen. [...] Nicht nur die Parodie, sondern überhaupt jedes Kunstwerk wird geschaffen als Parallele und Gegensatz zu einem vorhandenen Muster. Eine neue Form entsteht nicht, um einen neuen Inhalt auszudrücken, sondern um eine alte Form abzulösen, die ihren Charakter als künstlerische Form bereits verloren hat.[15]

[12]Vgl. z.B. Prüsener (1973), Herrmann (1975), Dülmen (1982), Dann (1982); aus zeitungsgeschichtlicher Sicht Jentsch (1937).

[13]Vgl. u.a. Jäger u. Schönert (1980); zum Leihbibliothekspublikum Martino (1977); zu den Leihbibliotheksbeständen Jäger (1977).

[14]Vgl. u.a. Marwinski (1982) u. Sirges (1991).

[15]Sklovskij (1969(2)), S. 51.

Die Schwachpunkte des formalistischen Gattungskonzepts liegen allerdings in der Reduktion literarischer Traditionsbrüche auf einen rein formalen Vorgang der Abnutzung bestehender Formen.[16] Außerliterarische Faktoren wie epochenspezifische, wirkungsästhetische Theorien werden dabei vollständig ausgeklammert. Auf diese Weise gelingt es den Formalisten auch nicht, wie Friedrich Marx betont, eine glaubwürdige Erklärung dafür abzugeben, warum eine bestimmte literarische Form, wie beispielsweise der Roman im 18. Jahrhundert, den Vorzug vor einer Vielzahl anderer Formen im evolutionären Prozeß erhält und sich gegen all diese durchzusetzen vermag.[17]

Die Strukturalisten gehen in zweifacher Hinsicht über die formalistische Annahme hinaus, ohne allerdings die herausgestellte konstitutive Funktion des literarischen Selbstbezugs zu schmälern: Für den Literaturtheoretiker Tzvetan Todorov ist innerliterarische Selbstreflexion zum einen Merkmal *jedes* literarischen Textes. Zum anderen wird der Einfluß der außerliterarischen Wirklichkeit insofern berücksichtigt, als "der Text zugleich das Produkt eines Systems präexistenter literarischer Kategorien und die Transformation eben dieses Systems"[18] ist. Die Literaturgeschichte erscheint somit als ein Wechselspiel der Strukturen, bei dem literarische Normen kontinuierlich aufgehoben werden. Für den literarischen Selbstbezug bedeutet dies, daß er zugleich Auskunft über den literaturhistorischen Stellenwert eines Werkes gibt.

Auf solche Funktionszuweisungen literarischer Selbstreflexion hat die Literaturwissenschaft mit dem Entwurf einer eigenen Theorie geantwortet. Der Romanist Hans Robert Jauß zählt in seinem programmatischen Aufsatz *Literaturgeschichte als Provokation der Literaturwissenschaft* den literarischen Selbstbezug, d.h. die "impliziten Beziehungen zu bekannten Werken der literarhistorischen Umgebung", zu denjenigen Faktoren, die die besondere Anordnung eines Werkes bestimmen und den "Erwartungshorizont"[19] des Lesers beeinflussen. Jauß hat dabei allerdings keine spezifische Form der literarischen Selbstreflexion wie zum Beispiel die des 'Buches im Buche' vor Augen, wenn er deren Funktion wie folgt beschreibt:

> Der Idealfall der Objektivierbarkeit solcher literarhistorischen Bezugssysteme sind Werke, die den durch eine Gattungs-, Stil- oder Formkonvention geprägten Erwartungshorizont ihrer Leser erst eigens evozieren, um ihn sodann Schritt für Schritt zu destruieren, was durchaus nicht nur einer kritischen Absicht dienen, sondern wieder poetische Wirkung erbringen kann.[20]

Die verschiedensten Verfahren literarischer Selbstreflexion wie beispielsweise Übersetzung, Entlehnung, Imitation, Stilisierung, Paraphrase, Reminiszenz, Zitat, Parodie,

---

[16]Vgl. zur formalistischen Theorie der literarischen Evolution auch Striedter (1969).

[17]Vgl. Marx (1995). Marx spricht in diesem Zusammenhang auch vom "Charakter der Beliebigkeit", der der formalistischen Konzeption anhafte. Vgl. ebd., S. 42.

[18]Todorov (1972), S. 238.

[19]Jauß (1970), S. 176f.

[20]Ebd., S. 176.

Travestie usw., die immer eine Wiederverwendung vorgegebener Literatur oder auch, wie im Fall der biographischen Fiktion,[21] eine Belebung früherer Autoren bedeuten, werden in der Rezeptionstheorie unter dem Begriff der 'produktiven Rezeption' gefaßt. Dieser bezeichnet Formen *literarischer* Produktion, die aus dem Vorgang reiner literarischer Rezeption hervorgegangen sind: Ein Autor verarbeitet in seinem eigenen Text einen älteren Text in seiner Gesamtheit, Teile von diesem, die literarische Form oder er orientiert sich grundsätzlich am Gesamtwerk eines Autors.[22] Bei der Konfiguration 'Buch im Buch' kann zwar auch davon ausgegangen werden, daß das zitierte Buch im Text zuvor eine autorperspektivische Rezeption erfahren hat, unter den unterschiedlichen Verfahrenstypen nimmt es als 'figurenperspektivische Rezeption' allerdings eine Sonderstellung ein: Der literarische Bezugstext erfährt keine Umorganisierung, sondern geht unangetastet direkt als konkret vorkommender Handlungsgegenstand in die Handlungsebene ein und wird dort von einer Figur benutzt, das heißt, der fiktive Held eines Romans liest in einem realen Buch, wobei die Betonung auf der tatsächlichen Existenz des Buches liegt, denn nur dann kann freilich von produktiver Rezeption die Rede sein. Darüber hinaus ist der innerliterarische Bezug tatsächlich handlungsimmanent, denn er besitzt für den fiktiven Helden Realität. Für Ralf Sudau drückt sich in der Lokalisation zugleich die Funktion des literarischen Bezugstextes aus: Mit Hilfe einer vorgeschobenen fiktiven Figur verschaffe sich der Autor die Möglichkeit, sich unmittelbar mit der literarischen Tradition auseinanderzusetzen. Außerdem werde auf fiktionale Weise Rezeptionsgeschichte lebendig: "Die allgemeine Bestimmung der Funktion dieses Typus produktiver Rezeption ist: Geltungsprüfung eines historischen Werkes, ist: anschauliche Vergegenwärtigung von Rezeptionsgeschichte."[23] Eine solche Bestimmung reduziert allerdings die Bedeutung der 'Buch im Buch'- oder 'Leser im Buch'-Gestaltung auf nur einen möglichen Aspekt. Die fiktionale Dimension von Lesedarstellungen in Romanen und Erzählungen wird ebenso ignoriert wie die Tatsache, daß sich die Wertungen, die in der figurenperspektivischen Rezeption zutage treten, weit häufiger gegen ein spezifisches Rezeptionsverhalten denn gegen ein bestimmtes Werk richten.

Zum Schluß dieses knappen Überblicks über die verschiedenen Disziplinen, die sich mit der Thematik innerliterarischer Bezüge auseinandersetzen und dabei mehr oder weniger konkret 'Buch im Buch'- oder 'Leser im Buch'-Gestaltungen berücksichtigen, sei noch das Feld der Intertextualitätstheorie genannt. Der von Julia Kristeva in den sechziger Jahren des vergangenen Jahrhunderts geprägte Begriff

---

[21]Vgl. zur biographischen Fiktion Sudau (1985), S. 97-217.

[22]Vgl. zu den Formen 'produktiver Rezeption' auch Grimm (1977), S. 147-153. Wolfgang Haubrichs führt zur 'produktiven Rezeption an: "Die 'produktive Rezeption' ist partiell bereits Gegenstand von Stoff- und Motivforschung sowie vor allem der 'Vergleichenden Literaturwissenschaft'. Hier geht es (vor allem in der Sagen-, Märchen- und Epenforschung) um Kriterien, mit denen sich 'genetische Zusammenhänge (Kontaktbeziehungen)' von 'typologischen Zusammenhängen' scheiden lassen." Haubrichs (1974), S. 107, Anm. 30.

[23]Sudau (1985), S. 79.

'Intertextualität', mit dem sie das von Michail Bachtin zuvor entworfene 'Dialogizitäts-Theorem' zu erweitern sucht, kennzeichnet den Kernbereich der poststrukturalen Poetik und markiert den Angriff auf die Grundlagen des traditionellen Literatur-Konzepts mit der Vorstellung von Einheit, Einzigartigkeit, struktureller Totalität und der Systemhaftigkeit des Kunstwerks. Kristevas Auffassung vom Zitatcharakter eines *jeden* Textes im unendlichen Bezugssystem von Texten geht insofern über die von Bachtin entwickelte Theorie hinaus, als es dessen Konzept der Dialogizität"[24] weitgehend entgrenzt: Während Bachtin noch grundsätzlich zwischen monologischen und polylogischen Texten differenziert, bescheinigt Kristeva *allen* Texten die Immanenz eines anderen, vorgängigen Textes, wobei der Begriff 'Text' zugleich auf jegliches kulturelle System ausgedehnt wird. Ihre Definition von Intertextualität lautet:

> Wir nennen Intertextualität dieses textuelle Zusammenspiel, das im Inneren eines einzigen Textes abläuft. Für den Sachkenner ist Intertextualität ein Begriff, der anzeigt, wie ein Text die Geschichte »liest« und sich in sie hineinstellt.[25]

Manfred Pfister weist in seiner Darstellung der unterschiedlichen Intertextualitätskonzepte bereits auf Nachteile hin, die mit der von Kristeva vorgenommenen totalen Entgrenzung des Textbegriffs verbunden sind: Zum einen ist damit Intertextualität nicht länger ein "besonderes Merkmal bestimmter Texte oder Textklassen"[26], da jeder Text nun allein durch seine Textualität bereits intertextuell ist. Zum anderen dezentriert Kristeva in ihrem Konzept den Autor und überträgt die Produktivität vollständig auf den Text.[27] Mit der Vorstellung von einem ununterbrochen fortlaufenden Universaltext, in dem jeder einzelne, subjektlose Text auf wieder andere verweist, die alle miteinander textuell verbunden sind, schwindet jede Individualität des einzelnen Werkes und sein kreatives Potential droht überdies bedeutungslos zu werden.

Im Hinblick auf den Gegenstand dieser Arbeit, der Analyse dreier Werke, deren innerliterarische Bezüge sich entscheidend in Leser- und Lektüredarstellungen manifestieren, müssen die genannten Einwände bekräftigt werden. Die Vorstellung von Intertextualität als einem textontologischen Kriterium, das *alle* Texte gleichermaßen für sich reklamieren, negiert die besondere Funktion innerliterarischer Verweise, die *explizit* auf einen oder mehrere fremde Texte Bezug nehmen, wie dies beispielsweise in der figurenperspektivischen Rezeption geschieht. Auf den Roman übertragen, der im besonderen Maße seit dem 18. Jahrhundert Leser- und Lektüredarstellung zur selbstreflexiven Auseinandersetzung nutzt, bedeutet eine solche ahistorische Sichtweise ein Ausklammern der außerliterarischen Faktoren, die zur Konstitution der

---

[24]Vgl. zu Bachtins Konzept der Dialogizität u.a. Pfister (1985(1)), S. 1-6.

[25]Kristeva (1971), S. 500.

[26]Pfister (1985(1)), S. 8.

[27]Vgl. Ebd., S. 8f.

Konfiguration und zu ihren variierenden Ausprägungen in den verschiedenen Zeiten entscheidend beigetragen haben.[28]

Daß die Intertextualitätstheorie dennoch hilfreiche Erklärungsansätze auch für die Frage nach Funktion und Bedeutung von fiktiven Leser- und Lektüredarstellungen in fiktionalen literarischen Texten liefert, zeigen diejenigen Arbeiten, die Kristevas globale Konzeption wiederum entscheidend eingrenzen und Intertextualität als spezifische Eigenschaft bestimmter literarischer Texte oder Textsorten definieren.[29] Vor allem Gérard Genettes ausdifferenzierte Theorie der Intertextualität ermöglicht weitgehend auch eine Einordnung fiktiver Lesevorgänge innerhalb der von ihm aufgestellten fünf Typen transtextueller Beziehungen.[30] Demnach ließen sich zumindest die fiktiven Lesevorgänge, in denen ein real existierendes fremdes Buch tatsächlich benannt wird oder doch wenigstens durch Anspielungen identifizierbar ist,[31] dem ersten Typus zuschreiben, dem der *Intertextualität*, die von Genette als "Beziehung der Kopräsenz zweier oder mehrerer Texte, d.h. in den meisten Fällen, [...], als effektive Präsenz eines Textes in einem anderen Text"[32], definiert wird. Freilich können Werke, in denen wiederum andere Werke durch produktive Rezeption erwähnt, also von fiktiven Personen gelesen werden, zugleich mehrere Transtextualitätstypen beinhalten. Peter Handkes Roman *Der kurze Brief zum langen Abschied* beispielsweise vereint, wie seine Analyse zeigen wird, insgesamt drei der fünf Typen: den der *Intertextualität* durch explizite Nennung der von Handkes Erzähler gelesenen Bücher, ihrer streckenweise wörtlichen Wiedergabe wie auch durch die den beiden Romanteilen vorangestellten Motti, den der *Paratextualität* in Form des Titels und den der *Architextualität* durch Anlehnung an eine bestimmte Gattung, selbst wenn diese nicht eigens genannt wird.[33]

---

[28]Vgl. auch Marx (1995), S. 48f. Zur Entwicklung von Leser- und Lektüredarstellungen im 18. Jahrhundert vgl. die Ausführungen in Kapitel 2.1.

[29]Hier vor allem Renate Lachmanns grundsätzliche Unterscheidung zwischen Dialogizität als einer "generelle[n] Dimension von Texten überhaupt" und Dialogizität "als spezifische Form der Sinnkonstitution von Texten". Letztere unterteilt Lachmann in "den Dialog mit fremden Texten (Intertextualität), den Dialog mit verschiedenen in einem kulturellen Kontext konkurrierenden 'sozialen Dialekten' (Redevielfalt) oder den Dialog mit einer fremden Sinnposition, die im 'zweistimmigen Wort', das zwei interferierende Redeinstanzen errichten, aufgezeichnet ist (Dialogizität im primären Sinne)." Lachmann (1982), S. 8 (Vorwort).

[30]Genettes fünf Typen der Transtextualität lauten: Intertextualität, Paratextualität, Metatextualität, Hypertextualität und Architextualität. Vgl. Genette (1993), S. 9-15.

[31]Auf die Unterscheidung zwischen faktischer und fiktiver Lektüre in fiktionalen Texten wird ausführlich in Kapitel 2.2. hingewiesen.

[32]Genette (1993), S. 10. Als Beispiele für diesen Typus nennt Genette Zitat, Anspielung oder Plagiat.

[33]Der von Genette definierte Typus *Architextualität* läßt sich in Form des Untertitels 'Roman' explizit auch für die untersuchten Werke *Anton Reiser* und *Der grüne Heinrich* ausmachen.

Hilfreich für die Analyse von Texten und folglich auch für die Betrachtung der im Zentrum dieser Arbeit stehenden Werke ist zum einen Genettes Einschränkung der Intertextualität bzw. Transtextualität, wie er sie nennt, auf spezifische Bezüge zwischen literarischen Texten und zum anderen seine Einbeziehung taxonomischer Zugehörigkeiten wie zum Beispiel Gattungen, die ebenfalls als intertextuelle Vorgaben berücksichtigt werden.[34] Mit dieser Einbeziehung wird eine zu strenge Trennung von Einzeltextreferenz und Systemreferenz verhindert. Beide Referenzen schließen sich in der Regel ja nicht gegenseitig aus, sondern dienen in erster Linie der Unterscheidung und Eingrenzung. Zudem beinhaltet der Bezug auf einen bestimmten einzelnen Prätext vielfach auch den Bezug auf eine Gruppe von Texten, denn hinter einem Prätext stehen meist ihn strukturierende, textbildende Systeme.[35] Es ist also durchaus sinnvoll, das Zusammenwirken beider Phänomene innerhalb eines erzählerischen Werkes deutlich zu machen.

Zusammenfassend läßt sich sagen, daß die Intertextualitätstheorie für die Untersuchung des Lesermotivs in der Literatur dort Erkenntnispotential bereithält, wo Intertextualität nicht als universelles Prinzip eines *jeden* Textes verstanden wird, sondern auf Bezüge zwischen literarischen Texten beschränkt bleibt. Die Analyse der verschiedenartigen innerliterarischen Bezüge in einem Werk, die auch mittels fiktiver Lesergestalten und Lesesituationen markiert sein können, aus dem Blickwinkel einer hermeneutisch ausgerichteten Intertextualitätsforschung bietet die Möglichkeit der Differenzierung und Kategorisierung der einzelnen, durchaus ineinandergreifenden Verfahren. Denn in der Konfiguration ‘Buch im Buch’ zeigt sich besonders deutlich, wie sehr ‘Lektüre’ Text produziert und vernetzt, insofern sie Texte immer und notwendigerweise an Texte anschließt. Für eine Rekonstruktion jener internen Selbstreflexion und Selbstprogrammierung moderner Literatur, wie sie in Motiven literarischer Selbstreferenz (‘Buch im Buch’, ‘Leser im Buch’ usw.) erfolgt, greift eine ausschließlich intertextualitätstheoretische Perspektive allerdings zu kurz, da sich im Motiv des ‘Lesers’ textkonstitutive und literatursoziologische Fragestellungen schneiden. Gerade für die Beantwortung der Frage, inwiefern die Literatur mittels solcher Motive literarischer Selbstreferenz ihre eigene Kommunikation in der Gesellschaft konstruiert, ist es sinnvoll, die fiktiven Leser- und Lektüreentwürfe mit den Spielräumen und Möglichkeiten realer Lektüren realer Leser, von denen wiederum die Lesergeschichte berichtet, zu vergleichen. Deshalb werden in die vorrangig textwissenschaftlich orientierten Analysen der ausgewählten Werke dieser Arbeit auch sozial- und kulturgeschichtliche sowie rezeptionsästhetische Aspekte miteinbezogen.

---

[34]Andere Theoretiker wie Klaus W. Hempfer oder Rolf Kloepfer lehnen eine solche Einbeziehung ab und differenzieren explizit zwischen Intertextualität und Systemreferenz. Vgl. Pfister (1985(1)), S. 17-20.

[35]Vgl. zur Abgrenzungsproblematik Broich (1985), S. 51f. und besonders Pfister (1985(2)), der vorschlägt, den Begriff ‘Systemreferenz’ auf “sprachliche oder versprachlichte Systeme” einzuengen. Ebd., S. 53.

1.2. Forschungsperspektiven des fiktiven Lesers in der modernen Literatur

Wie bereits angesprochen erwachte in der Mitte der sechziger Jahre des vergangenen Jahrhunderts das Interesse am Leser, dem knapp zwanzig Jahre später die zögerliche Beschäftigung mit der literarischen Figur des fiktiven Lesers und den verschiedenen Formen innerliterarisch dokumentierter Lektüren folgte. Vor allem für den literaturgeschichtlich markanten Schnittpunkt 18. Jahrhundert und - etwas magerer - für das 19. Jahrhundert liegen nunmehr einige grundlegende Studien vor, die auch die jeweils epochenspezifischen, mentalitätsgeschichtlichen Entwicklungen und rezeptionsästhetischen Theorien bei der Analyse von Lektürethematisierungen in Romanen im Blick haben.[36] Doch besonders für die Literatur des 20. Jahrhunderts stehen solche Untersuchungen immer noch weitgehend aus, abgesehen von spezifischen Analysen der Werke einzelner Autoren. Einen detailliert recherchierten Überblick über den aktuellen Forschungsstand zum Thema 'Lesen' in der deutschsprachigen Literatur des 20. Jahrhunderts liefert Günther Stockers Forschungsbericht.[37] Auch er dokumentiert in der Kategorie *Allgemeine Darstellungen* eine Konzentration auf frühere Zeiträume; Lektüreromane des 20. Jahrhunderts werden in den aufgeführten Untersuchungen zumeist nur vereinzelt und ausblicksartig behandelt.[38]

Im folgenden werden die wesentlichen Ausrichtungen des aktuellen Forschungsstandes zum Thema 'Leser und Lektüre in der modernen Literatur' skizziert und jene Studien näher beleuchtet, die erst in jüngster Zeit veröffentlicht wurden und im Hinblick auf den hier verfolgten Fragenkomplex wichtige Hinweise geben.

Allgemein auffallend ist eine zunächst recht spärliche Beteiligung germanistischer Beiträge an diesem Thema, die zudem dazu tendieren, sich an den Ergebnissen der romanistischen Forschung zum *nouveau roman* zu orientieren und die Figur des Buches im Buche als spezifischen Akt der Verschlüsselung epochenunabhängig zu definieren.[39] Motivgeschichtliche Untersuchungen, unter denen Karl Justus Obenauers Studie der "Problematik des ästhetischen Menschen"[40] eine der frühesten ist, versäumen es dagegen oftmals, Bezüge zu den wirkungsästhetischen Kategorien der jeweiligen Epoche herauszuarbeiten.[41] Neben denjenigen Arbeiten, die das Lektüremotiv in

---

[36]Hierzu zählen besonders Wuthenow (1980), Wolpers (1986), Bracht (1987), Neubauer (1991), Stockhammer (1991) u. Nelles (2002).

[37]Vgl. Stocker (2002).

[38]Vgl. Ebd., S. 211-226, der hier u.a. Pabst (1975), Goetsch (1983), Stückrath (1984), Schröder (1988), Goetsch (1996), Scheffel (1997) u. Anz (1998) anführt.

[39]Vgl. z.B. Japp (1975) u. Wuthenow (1980).

[40]So im Titel: Obenauer (1933). Obenauer konzentriert sich mit solchen Figuren wie der Weißlingen-Gestalt in Goethes *Götz von Berlichingen* oder des Höflings Herrn von Oefel in Jean Pauls *Die unsichtbare Loge* allerdings überwiegend auf Opfer ästhetischer Verführung.

[41]So auch Wuthenow (1980).

Einzelwerken oder im Gesamtwerk einzelner Autoren beleuchten,[42] ist das umfangreichste Feld der Forschungsliteratur das der allgemeinen Studien, die Formen des 'Buches im Buche' oder des 'Lesers im Buche' anhand exemplarischer Texte untersuchen.[43] Ihren Untersuchungsschwerpunkt setzen sie häufig auf das 18. Jahrhundert unter Ausdehnung allenfalls noch auf das 19. Jahrhundert.[44] Berücksichtigungen der Thematisierung des Lesens in der Literatur des 20. Jahrhunderts finden oftmals nur in kurzen Ausblicken und hypothetischen Funktionsbestimmungen statt.[45] Zumeist erweckt die Zusammenstellung der analysierten fiktionalen Leseerzählungen den Eindruck der Zufälligkeit, hinter dem sich das grundsätzliche Problem einer Systematisierung des Untersuchungskanons verbirgt. Aus diesem Grund orientiert sich die Auswahl häufig an epochalen Veränderungen und damit einhergehenden soziokulturellen Umbrüchen, aber auch an einzelnen Aspekten und Ausprägungen der Lektüren wie dem der 'Lesesucht' oder - damit eng verbunden - der Gefährdung durch Bücher.

Der These Walter Pabsts, die Darstellung von Leseopfern in Romanen bilde gleichsam eine jahrhundertelange "literarische Konstante"[46], schließt sich so auch Annemarie Kleinert an. Anhand von fünfundzwanzig Werken der europäischen Literatur vom Mittelalter bis ins 20. Jahrhundert, deren Entstehungszeitpunkt und Autorschaft sie ebenso tabellarisch auflistet, wie die Namen der jeweils lesenden Helden, die Folgen ihrer Lektüren sowie die Werke, in denen gelesen wird, versucht sie "allgemeine Gesetzmäßigkeiten" herauszufiltern, "nach denen Lektüre - gemäß der Ansicht der Autoren - schädliche Folgen haben kann."[47] Ohne Rücksicht auf das Handlungsgeschehen der jeweiligen Lektürewerke kommt Kleinert zu dem Ergebnis, daß unabhängig von der Qualität des Lesestoffes oder der Zugehörigkeit zu einem bestimmten Genre die Bedrohung für den Leser in gleichem Maße von klassischen als

[42]Die von Stocker genannten Studien zum Lektüremotiv in Einzelwerken wie z.B. Frenzel (1986) u. Karpenstein-Eßbach (1996) oder in Gesamtwerken wie Stierle (1980), Northcote-Bade (1983) u. Vogel (1988) beschäftigen sich freilich - so der Fokus seines Forschungsberichts - mit Autoren des 20. Jahrhunderts. Vgl. Stocker (2002), S. 226-236. Für den hier zu analysierenden Kanon sind vor allem Weber (1977), Cersowsky (1993), Pestalozzi (1994) u. Schüre (1997) zum *Anton Reiser*, Scherrer (1978), Rohe (1993) zum *Grünen Heinrich*, Mayer (1979), Pakendorf (1981), Bartmann (1984) zum *Kurzen Brief* von Interesse. Vgl. des weiteren die angeführten Studien zu den jeweiligen Werkanalysen.

[43]Einen Großteil der Untersuchungen listet Stocker (2002), S. 211-226 auf.

[44]Für das 18. Jahrhundert vgl. u.a. Brüggemann (1958), Wuthenow (1980), Bracht (1987), Neubauer (1991), Stockhammer (1991). Für das 19. Jahrhundert vgl. u.a. Brüggemann (1958), Roloff (1985), Eilert (1991), S. 30-32. Siehe weiterhin bei Pott (1995) u. Nelles (2002).

[45]Vgl. z.B. Uwe Japp (1975) u.a. zu Jan Potockis *Die Handschrift von Saragossa*, zu Canettis *Die Blendung*, Arno Schmidts *Das steinerne Herz* oder zu Borges' *Die Bibliothek von Babel*. Goetsch (1983) u.a. zu Canettis *Die Blendung*, Thomas Manns *Doktor Faustus* und Günter Grass' *Der Butt* oder Schröder (1988) zu Endes *Unendliche Geschichte*, Anderschs *Sansibar oder der letzte Grund* u. Thomas Manns *Buddenbrooks*.

[46]So im Titel: Pabst (1975).

[47]Kleinert (1983), S. 94.

auch von unbedeutenden, rein unterhaltenden Werken ausgeht.[48] Opfer ihrer Lektüren seien entweder die literarisch unerfahrenen Leser, die zwischen Phantasie und Wirklichkeit nicht unterscheiden könnten, oder diejenigen, die durch ein Zuviel an Lektüre den Blick für die sie umgebende Wirklichkeit verlieren würden. Ausschlaggebend für die Gefährdung sei insgesamt eine nicht näher erläuterte "Bereitschaft" der Leser, "sich negativ beeinflussen zu lassen"[49]. Hinter der literarischen Thematisierung solcher 'Negativlektüren' vermutet Kleinert schließlich eine "versteckte Kritik an den geistigen Vorvätern der Autoren."[50]

Weitaus differenzierter argumentiert dagegen Volker Roloff. In seiner Studie über Lektürethematisierungen bei Autoren der Jahrhundertwende geht es weniger um die Analyse bestimmter literarischer Texte, sondern vielmehr um Veränderungen in den Lektürekonzeptionen der Autoren, zu deren Beurteilung er sozialgeschichtliche Aspekte heranzieht.[51] Sein Augenmerk liegt im besonderen auf den neuen Schreibweisen der Autoren, in denen der Versuch unternommen wird, die zunehmend problematisch gewordene Wirklichkeit in entsprechenden literarischen Lektüreentwürfen zu thematisieren. Verwendete Motive in diesem Zeitraum seien die "Suche nach dem alten Buch oder Manuskript"[52], pervertierte Ausprägungen der Bibliophilie wie auch radikale Leserverwandlungen durch Lektüre. Kennzeichnend für viele Literaten dieser Epoche sei eine ambivalente Bewertung der Lektüre, die zwischen den beiden Polen "Faszination und Problematisierung"[53] schwanke und sich in unterschiedlichen Lektürekonzeptionen widerspiegele.

Die Auffassung, daß sich hinter fiktionalen Leser- und Lektüredarstellungen zugleich die Absicht des Autors verbirgt, das eigene poetologische Konzept zu begründen, vertritt auch Heide Eilert, die im Rahmen ihrer Studie zum Kunstzitat in der Literatur um 1900 ein kurzes Kapitel solchen 'Buch im Buch'-Gestaltungen widmet.[54] Allerdings erfolgt auch hier nur eine Aufzählung von Werken des 18. und 19. Jahrhunderts, in denen Büchern eine entscheidende Funktion für ihre lesenden Helden zugeschrieben wird, ohne Berücksichtigung epochenspezifischer Faktoren oder rezeptionsästhetischer Gesichtspunkte. Für Eilert beinhalten solche 'Buch im Buch'-Erscheinungen Aufforderungen an den realen Leser, "nach möglichen Bezugspunkten

---

[48]Vgl. Kleinert (1983), S. 95. Fälschlicherweise geht Kleinert davon aus, daß sich eine nähere Betrachtung des gesammten Handlungsverlaufs, in dem Lektüreszenen vorkommen, für solche Fälle erübrige, in denen das gelesene Buch eine gewisse Bekanntheit besitze. Vgl. ebd., S. 94.

[49]Ebd., S. 96.

[50]Ebd., S. 96.

[51]Vgl. Roloff (1985).

[52]Ebd., S. 191.

[53]Ebd., S. 194.

[54]Vgl. Eilert (1991), S. 30ff.

zwischen beiden Werken zu suchen."[55] Darüber hinaus würden sie der Charakterisierung der lesenden Figuren, ihrer Seelenlage und Gesinnung dienen. Der bedeutende Aspekt der Selbstreflexion, also der bewußten Auseinandersetzung der Literatur mit sich selbst, der sich hinter Lektüre- und Leserdarstellungen verbirgt, wird in dieser Untersuchung ignoriert.

Für Reinhold Viehoff ist es dagegen gerade dieser Aspekt, der die entscheidende Funktion von Lektürethematisierungen aus systemtheoretischer Perspektive ausmacht.[56] Im innerliterarischen Diskurs werde zeitgenössisches literarisches Handeln thematisch und formal reflektiert und dies sowohl zum Zweck der Belehrung durch Vorführung verschiedenster Modelle literarischer Sozialisation als auch zum Zweck der "Selbstregulation"[57] des Literatursystems. Wenngleich in Viehoffs Studie die unterschiedlichen sozialen und kulturellen Bedingungen literarischen Handels angesprochen werden, erfahren die innerliterarischen Modelle literarischer Sozialisation damit jedoch keine differenzierte, epochenspezifische Funktionsbeschreibung. Als endogene Maßnahmen, "die 'innerhalb' des Handlungssystems Literatur von den dominant literarisch Handelnden selbst entwickelt, ausgehandelt und ausformuliert werden"[58], würden sie seit Beginn des 18. Jahrhunderts den Autoren dazu dienen, eben dieses System zu erhalten und zu modernisieren. Dies freilich ist wiederum nur eine mögliche Antwort auf die Frage, welche Bedeutung und Funktion Lektürethematisierungen in fiktionalen literarischen Texten übernehmen.

Eine andere Richtung verfolgt Hans-Georg Pott, dessen ebenfalls systemtheoretisch orientierte Studie zur Klärung der Frage des Verhältnisses von Literatur und Lebenswelt beitragen will und sich damit nach eigenen Angaben in die Tradition Max Webers, Niklas Luhmanns, Georg Lukács und Robert Musils begibt.[59] Potts Untersuchung der Bedeutung literarischer Bildung am Beispiel lesender Helden und Heldinnen des 18. und 19. Jahrhunderts beleuchtet Probleme der Identität und Individualität, die sich "aus den Folgen der Unbestimmtheit und der Kontingenz der Welt"[60] für die fiktiven Leser ergeben. Dem häufig gemachten Vorwurf, Werther, Anton Reiser und ihre Artgenossen könnten ebenso wie ihr die Literatur nachahmender Vorfahre Don Quijotte zwischen Wirklichkeit und Illusion nicht unterscheiden, setzt Pott die Ansicht entgegen, daß nur ein experimentell geführtes Leben Individualität und

---

[55]Eilert (1991), S. 30.

[56]Vgl. Viehoff (1993).

[57]Ebd., S. 261.

[58]Ebd., S. 259f.

[59]Vgl. Pott (1995).

[60]Ebd., S. 9. Potts nach eigenen Angaben eher willkürlich getroffe Auswahl der Quellen besteht aus Cervantes *Don Quijote* und seiner Rezeption im 18. Jahrhundert, Goethes *Werther* und Jacobis Roman *Eduard Allwills Briefsammlung*, Moritz' *Anton Reiser* und Bräkers *Lebensgeschichte und natürliche Ebentheuer des armen Mannes im Tockenburg*, Tiecks Novelle *Des Lebens Überfluß* und Kellers *Grüner Heinrich*, aus Flauberts *Madame Bovary* und Fontanes *Effi Briest* sowie Leopold von Sacher-Masochs *Venus im Pelz*.

Selbstbestimmung in Aussicht stelle.[61] Da bisherige Regulative wie beispielsweise die Religion mit ihren Vorgaben für die persönliche Lebensführung zunehmend versagen würden, erhielten die Protagonisten nun aus den Büchern Impulse für ihre individuellen Lebensmodelle. Die Synthese von Welt- und Lektüreerfahrung bringe schließlich das Individuelle, die Ausbildung der eigenen Persönlichkeit hervor. Insofern gehe es in den genannten Werken auch nicht nur um bloße Nachahmung. Daß aber Werther und Reiser gleichwohl an ihren Versuchen scheitern, mit Hilfe ihrer Lektüren die eigene Identität zu ergründen, um so die Utopie vom selbstbestimmten Leben wahrzumachen, ist nach Ansicht Potts "auf der Folie der Gesellschaft ihrer Zeit" auch nicht anders denkbar. Die bei ihm untersuchten Leser seien eben "Pioniere für eine neue Moral und Vernunft, für gesellschaftlichen Wandel"[62]. So zutreffend solche Behauptungen sind, vor allem in bezug auf die Orientierungsfunktion der Bücher für die lesenden Helden, eine grundsätzliche Analyse der 'Buch im Buch'-Gestaltungen bleibt auch bei Pott aus, Funktionszuweisungen sind weitgehend auf die Inhaltsebene der genannten Werke beschränkt und beziehen den intertextuellen Charakter nicht mit ein.

Am ehesten an den hier verfolgten Fragenkomplex heran reicht die bereits erwähnte Arbeit von Friedhelm Marx.[63] Wenngleich auch er sich auf den mentalitätsgeschichtlich markanten Zeitpunkt 18. Jahrhundert konzentriert und sich so bekannter Werke wie Wielands *Don Sylvio von Rosalva*, Goethes *Werther* und *Wilhelm Meister* widmet, so stellt er doch im besonderen die konstitutive Funktion des literarischen Selbstbezugs für den Roman heraus: Die spezifische Form literarischer Selbstreflexion, wie sie in den oben genannten Lektüreromanen zutage trete, lege eine "innerliterarische Reflexionsebene" offen, die zur "ästhetischen Selbstlegitimierung des Romans"[64] beitrage. Vor dem Hintergrund der gattungsgeschichtlichen Entwicklung des Romans im 18. Jahrhundert zeichnet Marx die verschiedenen Ausprägungen des Motivs 'erlesenes Heldentum' nach. Im Gegensatz zu Pott sieht er im Lektüreverhalten der fiktiven Leser, besonders in deren Versuchen, literarische Lebensmodelle in die eigene Wirklichkeit zu transponieren, weniger eine avantgardistische Leistung, denn eine unumgängliche Notwendigkeit: Die "Mechanisierung der Lebenswelt"[65] des 18. Jahrhunderts verbanne jeglichen Wunsch nach Abenteuern in die phantastische Welt des Romans, der dadurch gattungstypologisch aufgewertet werde. Ganz richtig wertet Marx die dargestellten Lektüreerlebnisse zudem als innerliterarisch ausgetragene, kritische Reflexionen, die sowohl das poetologische Kon-

---

[61]Vgl. Pott (1995), S. 118.

[62]Ebd., S. 118.

[63]Vgl. Marx (1995).

[64]Ebd., S. 51

[65]Ebd., S. 10.

zept des Romans selbst, seine Möglichkeiten und Grenzen als auch andere Gattungen betreffen.[66]

Abschließend sei noch die Habilitationsschrift von Jürgen Nelles erwähnt, die sich der Darstellung von Büchern in Büchern aus medientheoretischer Perspektive nähert und dabei besonders die Präsentationsweisen von Büchern in ausgewählten Romanen des 18. und 19. Jahrhunderts beleuchtet.[67] Im Kontrast zu anderen Massenmedien des Untersuchungszeitraums, wie Zeitungen und Wochenschriften, wird unter anderem der Frage nachgegangen, wie das Buch als "dinglicher Gegenstand"[68] in den Romanen präsentiert wird und inwiefern der Roman selbst seine mediale Form als Buch reflektiert. Daran anknüpfend verfolgt Nelles zu beobachtende Veränderungen in den Buchdarstellungen, die Auskunft geben sowohl über einen Bedeutungswandel von Romanen in der außerliterarischen Wirklichkeit als auch über innerliterarische Entwicklungen der Präsentations- und Funktionsweisen von Büchern in Romanen.

Zusammenfassend kommt Nelles zu dem Ergebnis, daß sich allgemein die wachsende Bedeutung des Mediums Buch und im besonderen die zunehmende Popularität des Romans in der Aufklärungsepoche in einer steigenden Zahl von Romanen widerspiegele, in denen von Büchern die Rede ist. Bei der Auswahl dieser Bücher zeige sich, daß die Bibel, analog zum Rezeptionsverhalten im 18. Jahrhundert, am häufigsten von fiktiven Lesergestalten gelesen werde, gefolgt von erbaulichen oder theologischen Schriften, einigen Abenteuerromanen und, ab der Jahrhundertmitte, wissenschaftlichen und gesellschaftspolitischen Abhandlungen. Eine Zunahme der Lektüre von Romanen in Romanen sei dagegen erst im letzten Drittel des Jahrhunderts zu beobachten, nun jedoch auf Kosten der bisherigen Monopolstellung religiöser Werke. Die Thematisierung von Büchern, vor allem der Umgang mit ihnen, diene in der Regel der Belehrung und Erziehung wie auch der "Verbreitung von aufklärerischen Ideen und Idealen"[69]. Zugleich aber seien die Entwürfe fiktiver Romanlektüren Reflexionen des Autors, die sowohl das Buch in seiner medialen Form als auch den Roman als Gattung selbst betreffen.[70] Den Höhepunkt dieser Entwicklung bilde der "romantische Reflexionsroman", der die Konfiguration 'Buch im Buch' vollends zum "gattungskonstituierenden Spezifikum"[71] erhebe und Bücher jeglicher Façon thematisiere. Das Rezeptionsverhalten der lesenden Helden dieser Werke gestalte sich zur Suche

---

[66]Vgl. Marx (1995), S. 51.

[67]Vgl. Nelles (2002). Die Auswahl der untersuchten Werke gereicht u.a. von Daniel Defoes *Robinson Crusoe*, Johann Gottfried Schnabels *Die Insel Felsenburg*, Richardsons *Clarissa* und Gellerts *Leben der schwedischen Graefinn* bis hin zu Goethes *Werther* und *Wilhelm Meister* sowie Hoffmanns *Die Elixiere des Teufels* und *Lebens-Ansichten des Katers Murr*.

[68]Ebd., S. 16.

[69]Ebd., S. 289.

[70]Vgl. Ebd., S. 290.

[71]Ebd., S. 291.

nach der eigenen Identität, zur Suche nach dem "eigenen 'Lebensbuch'"[72]. Nelles' Studie korrespondiert in diesem Punkt in besonderer Weise mit der hier verfolgten Untersuchung des Lektüremotivs in Karl Philipp Moritz' *Anton Reiser*, der wie kaum ein Werk des ausgehenden 18. Jahrhunderts die Auseinandersetzung eines Menschen mit Literatur, seine vollständige literarische Infizierung zum Zweck der Selbstfindung beschreibt.[73]

Wenngleich Nelles den zitierten Werken selbst wenig Aufmerksamkeit schenkt, die "semantische Explosion"[74] bei der Berührung von 'alten' und 'neuen' literarischen Texten unbeachtet läßt, so liefert seine Untersuchung dennoch wichtige Einblicke in die epochalen Veränderungen der Präsentationsweisen von Lektüren in Romanen. Seine Vermutung schließlich, daß Bücherthematisierungen bei Autoren der Moderne und Postmoderne experimentelle Veränderungen erfahren, die sowohl die herkömmliche Lektüre in Frage stellen als auch die Materialität des Buches bedrohen,[75] wird in dieser Arbeit durch die Analyse der innerliterarischen Bezüge bei Peter Handkes *Der kurze Brief zum langen Abschied* bestätigt werden: Die spezifische Rezeptionsweise des Protagonisten hebt die Linearität seiner Lektüre des *Grünen Heinrich* dergestalt auf, daß ein speziell auf ihn zugeschnittener, individueller Text entsteht.[76]

---

[72]Nelles (2002), S. 291.

[73]Vgl. hierzu auch die Ausführungen zu Moritz' *Anton Reiser* in Kapitel 3.

[74]Lachmann (1984), S. 134. Vgl. zu diesen Vorgängen das folgende Kapitel.

[75]Vgl. Nelles (2002), S. 292.

[76]Vgl. die Ausführungen in Kapitel 5.4.

2. Funktions- und Bedeutungsebenen von Leserdarstellungen

Grundsätzlich läßt sich sagen, daß jegliche Form der literarischen Darstellung von Lesern und ihrem Umgang mit Büchern als Äußerung der Literatur über Literatur verstanden werden muß, denn wie schon angedeutet thematisiert und reflektiert sich die Literatur in der Darstellung des Leseaktes ja zunächst einmal selbst. Während Michael Scheffel unter dem Begriff der 'Selbstreflexion' "unterschiedliche Formen der Selbstbezüglichkeit einer bestimmten Erzählung (oder einzelner Teile)"[77] versteht und damit solche Werke ausklammert, die auf *andere* Texte Bezug nehmen, erfährt der Terminus hier also eine inhaltliche Erweiterung: Unter 'Selbstreflexion von Literatur in der Literatur' wird jede Art von Reflexion über Literatur verstanden, sei es in Form einer Thematisierung der *eigenen* Erzählung, eines oder mehrerer *fremder* Texte oder in Form von Äußerungen über bestimmte literarische Strömungen, Gattungen oder poetische Konzepte.

Im Gegensatz zu allgemeinen innerliterarischen Erörterungen über Literatur, die nicht an einen fiktiven Rezeptionsvorgang gebunden sind, findet für den realen Leser aber nur in der expliziten Darstellung eines fiktiven Lesers und seiner Lektüre eine unmittelbare Spiegelung des eigenen Rezeptionsaktes statt. Zwischen dem realen Leser außerhalb des Buches und dem vom Autor gestalteten fiktiven Leser kann dabei ein "Spannungsverhältnis von Differenz und Identität"[78] entstehen, das sich im Moment des Wiedererkennens offenbart. Dieser Vorgang vollzieht sich sozusagen auf einer ersten Ebene und ist umso deutlicher, je mehr die im Text dokumentierten Lektüreprozesse auf der zweiten Ebene den Handlungsverlauf dominieren, d.h. je mehr der dargestellte Rezeptionsakt an Relevanz für die Entwicklung des fiktiven Lesers gewinnt und damit auf der Inhaltsebene eine bedeutungstragende Rolle im Hinblick auf die Erzählhandlung einnimmt.

Eine der häufigsten und einfachsten Erscheinungsformen der Konfiguration 'Leser im Buch' tritt in der Form auf, daß der fiktive Held selbst in einem Werk liest und sich hieraus die eigentliche Geschichte entspannt. Erzähltechnisch dient der Vorgang zunächst einmal nur der Kennzeichnung der Rahmenhandlung, von der aus die Binnenhandlung einleitet wird. Das fiktive Buch in der Erzählung erhält dabei paradoxerweise die Aufgabe, die Glaubwürdigkeit der sich anschließenden Geschichte zu unterstreichen: Durch Erhöhung der Fiktionalität soll eine Anbindung an die Wirklichkeit erzielt werden. Das fiktive Buch operiert so in erster Linie im Bereich der Leserlenkung, denn mit seiner Hilfe wird die Verbindung zum realen Leser hergestellt.[79]

Eine zusätzliche Bedeutungsdimension tritt hinzu, wenn der fiktive Leser durch die Lektüre seine eigene Geschichte erfährt und sich die Spiegelung des Leseaktes

---

[77] Scheffel (1997), S. 48.

[78] Stockhammer (1991), S. 11.

[79] Vgl. auch Japp (1975), S. 654f.

zugleich auf mehreren Ebenen vollzieht: Zum einen sieht sich der reale Leser außerhalb des Buches wie schon bei der eben beschriebenen Form selbst in das Medium der Literatur überführt, er liest quasi synchron mit dem fiktiven Leser. Zum anderen aber tritt die eigentliche Geschichte als eine bereits zuvor geschriebene in Erscheinung. Ihr Held ist selbst schon ihr Leser, der Bezug von Rahmen- und Binnenhandlung hinterläßt dabei einen irritierenden Effekt. Bekanntes Beispiel einer solchen Verdoppelung von Leser und Leseakt, die Michael Scheffel als "einfache Spiegelung des Erzählten auf der nächsthöheren Ebene des Erzählten"[80] bezeichnet, ist Michaels Endes *Die unendliche Geschichte*: Sein fiktiver Leser Bastian greift aus Unbehagen an der eigenen Welt zum Buch und findet sich selbst mit seinen Bedürfnissen und Vorstellungen und vor allem seine Rezeption eben dieses Buches gespiegelt in der sich unendlich wiederholenden Geschichte:

> Was da erzählt wurde, war seine eigene Geschichte! Und die war in der Unendlichen Geschichte. Er, Bastian, kam als Person in dem Buch vor, für dessen Leser er sich bis jetzt gehalten hatte! Und wer weiß, welcher andere Leser ihn jetzt gerade las, der auch wieder nur glaubte, ein Leser zu sein - und so immer weiter bis ins Unendliche![81]

Der "Kreis der ewigen Wiederkehr"[82] kann nur durch das Eingreifen Bastians durchbrochen werden, der mit seinen Träumen von nun an nicht nur die Welt Phantásiens, sondern auch seine eigene Wirklichkeit gestaltet und dadurch zum Autor seiner persönlichen Geschichte avanciert.[83] Die auffallende äußerliche Ähnlichkeit zwischen dem fiktiven Buch, in dem Bastian liest, und dem tatsächlichen von Michael Ende - sich abwechselnde kupferfarbene und grüne Kapitel, beginnend mit den fortlaufenden Buchstaben des Alphabets sowie zwei zu einem Oval verschlungener Schlangen auf dem Einband - unterstützt zudem den gewollten Vorgang der Assimilation von fiktivem und realem Leser. Der Leser außerhalb des Textes sieht sich so nicht länger einem hermetischen Text gegenüber, sondern spürt unmittelbar die Inanspruchnahme des Autors, Teil der sich ins Unendliche fortschreibenden Geschichte zu werden.

Für diesen Vorgang der Spiegelung hat sich in Anlehnung an André Gides bekannte Tagebucheintragung der aus der Heraldik stammende Begriff 'mise en abyme' als Terminus technicus für den Prozeß des Ineinanderverschachtelns in der Kunst eingebürgert.[84] Während Gide jedoch in seinen Bemühungen bis zur Verdreifachung des

[80] Scheffel (1997), S. 77.

[81] Ende: Die unendliche Geschichte von A bis Z, S. 188.

[82] Ebd., S. 186.

[83] Vgl. zur Leserfunktion in Michael Endes Roman z.B. Renk (1984). Wolfgang Schröder ordnet den Leser Bastian in seiner Lesertypologie dem Typus "Leseverhalten der Hingabe oder der Identifikation" zu. Schröder (1980), S. 15.

[84] Im *Journal* 1893 fordert Gide: "J'aime assez qu'en une œuvre d'art, on retrouve [...] transposé, à l'échelle des personnages, le sujet même de cette œuvre. Rien ne l'éclaire mieux et n'établit plus sûrement toutes les proportions de l'ensemble." Gide (1932-1939), Bd. 1, S. 511.

zugrunde liegenden Textes geht und daran anknüpfend eine Vervielfältigung des Rezeptionsvorgangs anstrebt,[85] wird in der Regel bei der Verwendung dieser Technik wie im Falle des Romans von Michael Ende nur eine Verdoppelung von Text und Rezeptionsvorgang vorgenommen. Strenggenommen läge eine identische Wiederholung des Sujets eines Werkes innerhalb eines Werkes wie sie André Gide fordert ohnehin nur dann vor, wenn sich der Wiederholvorgang ad infinitum fortführen würde, wenn also am Beispiel der Erzählung von Michael Ende das Buch, in dem der kindliche Protagonist liest und dessen Autor er zugleich wird, unendlich wäre. Daß die Verwendung des Begriffs 'mise en abyme' im Anschluß an Gide eine gewisse Beliebigkeit erfährt, zeigt Dällenbach in einer Studie.[86] Mittlerweile werden darunter vielfach auch solche Werke gefaßt, in denen nicht ausschließlich das vorliegende Werk oder Teile aus diesem, sondern durchaus auch andere Werke rezipiert oder auch nur dem Titel nach zitiert werden. Das Interesse konzentriert sich dabei auf die Funktion des Buches im Buch als Analogon, das den in der Handlung zugrundeliegenden Sinn erhellen soll.[87]

Unter dem Aspekt der Sinnkonstitution gewinnt auch der einfache Verweis auf ein fremdes Buch in einer Erzählhandlung durchaus an Bedeutung, denn es ist nicht unerheblich, ob solche fremden Werke nur dem Titel nach zitiert oder gar in expliziten Lesesituationen auszugsweise wörtlich wiedergegeben oder zusammenfasssend nacherzählt werden. In seiner komparatistischen Studie über Leseerzählungen im letzten Drittel des 18. Jahrhunderts betont Robert Stockhammer, daß die Auswahl des jeweiligen Typus unter anderem "von Faktoren poetischer Darstellung" determiniert sei: "[...]; daß im Text des *Werther* der des 'Ossian' wörtlich erscheint, läßt sich unter anderem damit begründen, daß dieser noch nicht ebenso bekannt war wie der Homers."[88] Hinter der Übertragung ganzer Auszüge eines Textes in einen anderen z.B. mittels fiktiver Lesesituationen, steckt aber mehr als nur der Wunsch nach unterstützender Publicity. Grundsätzlich setzt die Einarbeitung vorgeprägten Sprachguts den integrierenden Text immer auch in Relation zu dem Buch, aus dem dieses Sprachgut entwendet wurde. Die auszugsweise wörtliche Wiedergabe, wie sie unter anderem mit Kellers *Grünem Heinrich* in Peter Handkes *Der kurze Brief zum langen Abschied* oder eben mit der *Ossian*-Passage im *Werther* erfolgt, verweist zugleich auf das Werk, dem sie entnommen wurde. In seiner grundlegenden Untersuchung zum Zitat

[85] So im 1925 erschienenen Roman *Les faux-monnayeurs*. Vgl. Gide (1932-1939), Bd. 12.

[86] Vgl. Dällenbach (1977), S. 15-31.

[87] Vgl. zur Verwendung des Begriff 'mise en abyme' auch Stockhammer (1991), S. 11ff. Scheffel (1997) fordert eine Reservierung des Terminus allein für solche Werke, in denen das "Verfahren der narrativen Metalepse" zugrunde liegt. Eine mise en abyme läge dann nur vor, wenn eine "wörtliche, d. h. unmittelbare und unendliche Wiederholung der Rahmen- in der Binnenerzählung" bestehe, "wobei die Fiktion einer faktualen Erzählung notwendig gebrochen wird, sobald Binnen- und Rahmenerzählung einander wechselseitig enthalten, also nicht nur die Binnenerzählung zur Rahmenerzählung, sondern auch die Rahmenerzählung zur Binnenerzählung wird." Ebd., S. 75f.

[88] Stockhammer (1991), S. 13.

in der Erzählkunst beschreibt Herman Meyer den Reiz des literarischen Zitats folgendermaßen: "Es verbindet sich eng mit seiner neuen Umgebung, aber zugleich hebt es sich von ihr ab und läßt so eine andere Welt in die eigene Welt des Romans hineinleuchten."[89] Damit die beabsichtigte "Spannung zwischen Assimilation und Dissimilation"[90] allerdings zustande kommen könne, müsse das Zitat seine Eigenheit innerhalb des neuen Sprachkontextes bewahren und sich dennoch in diesen einfügen.

Wenn Goethe seinen Werther aus dem *Ossian* vorlesen läßt und die Lektüre als literarisches Zitat einbaut, so kann dies zwar durchaus auch aufgrund mangelnder Bekanntheit des Werkes geschehen. Weit wichtiger ist jedoch die Funktion, die ein solches Zitat *für* die Erzählung des *Werther* übernimmt: Ganz im Sinne einer 'mise en abyme' erhellt es den Gemütszustand des Protagonisten, denn bezeichnenderweise liest Werther jene Stelle, die das Motiv des Todes beinhaltet:

> Werther zitterte, sein Herz wollte bersten, er hob das Blatt auf und las halb gebrochen: "Warum weckst du mich, Frühlingsluft? Du buhlst und sprichst: Ich betaue mit Tropfen des Himmels! Aber die Zeit meines Welkens ist nahe, nahe der Sturm, der meine Blätter herabstört! Morgen wird der Wanderer kommen, kommen der mich sah in meiner Schönheit, ringsum wird sein Auge im Felde mich suchen und wird mich nicht finden.-"[91]

Eben in diesem Todesmotiv liegt die Berührung zwischen Werthers Gedanken und der Welt Ossians, einer Welt, in der ein Mensch schuldlos in tragische Lage gerät und nichts weiter vermag, als würdig zu sterben. Zwischen den von Homer beschriebenen Empfindungen Ossians und denen Werthers besteht folglich eine Analogie, die durch das literarische Zitat zum einen seiner Zuhörerin Lotte und zum anderen natürlich den Lesern des *Werther* vor Augen geführt werden soll.

Im Vergleich dazu erscheint zwar auch die literarische Anspielung, beispielsweise in Form einer bloßen Erwähnung eines anderen Werkes oder einer versteckten Entlehnung, als "Fremdkörper"[92] innerhalb des neuen Textes und wirkt somit in diesen hinein. Diese Wirkung ist jedoch unmittelbar an den literarischen Horizont des Lesers geknüpft. Von seinem Vermögen hängt es ab, inwiefern die mit dem literarischen Vorläufer verbundenen Begrifflichkeiten im 'neuen Text' sichtbar werden und diesen erhellen. Harald Weinrich vertritt zwar die Auffassung, daß eine "allgemeine literarische Belesenheit" für die "Leserrolle" zuweilen "nicht konstitutiv" sei, da sie durchaus die "Suggestion"[93] stören könne. Wenn jedoch die Form der Anleihe das Dechiffrierungsvermögen des Lesers überschreitet, dann mißlingt auch die beabsichtigte

[89]Meyer (1967), S. 12.

[90]Ebd., S. 12.

[91]Goethe: Die Leiden des jungen Werther. 2. Buch, S. 114.

[92]Meyer (1967), S. 12.

[93]Weinrich (1967), S. 1037.

Suggestion und löst im schlimmsten Fall einzig Irritation beim Leser aus.[94] Natürlich ist nicht in jedem Fall eine Kenntnis der literarischen Anspielung erforderlich, denn im allgemeinen geht es, wie Gerhard Goebel am Beispiel von Nathalie Sarrautes *Portrait d'un inconnu* darlegt, "weniger darum, die zitierte Literatur zu kennen, als ihre Funktion zu erkennen"[95], d. h. die dem fremden Werk zugeschriebene Aufgabe innerhalb des neuen Kontextes und im besonderen natürlich seine Funktion in bezug auf den fiktiven Rezipienten.

Außer Acht gelassen darf bei diesen Vorgängen allerdings nicht, daß, unabhängig vom Typus der Leseerzählung - ob nun wörtliche Wiedergabe der Rezeption eines Werkes, bruchstückhafte Nacherzählung oder Zusammenfassung der Lektüre oder bloßes Zitieren eines Werktitels -, die Thematisierung eines fremden Buches in einem fiktionalen literarischen Text immer auch einen Rückgriff auf den literarischen Vorläufer bedeutet, eine, im wörtlichen Sinne, Wiederholung eines vordem geschriebenen Textes ins Bewußtsein des Rezipienten. Die Berührung zwischen altem und neuem Text löst auf diese Weise eine "semantische Explosion"[96] aus, deren Intensität freilich abhängig ist vom Erfahrungshorizont des Lesers. Und auch für das 'fremde Buch' bleibt dieser Vorgang nicht ohne Folgen, denn die Wirkung, die dieses auf ein 'neues Werk' ausübt, in dem es referentiell eingebettet ist, kann sich im gewissen Sinne in dem Augenblick umkehren, in dem der Leser zur Lektüre des 'fremden Buches' greift, sich des letzten Kontextes, in dem es erwähnt wurde, erinnert und dieses Wissen in seine Rezeptionsweise integriert.[97]

2.1. Leser und Lektüre im Roman

Als ergiebigster Fundort solcher fiktiven Lektüredarstellungen läßt sich der Roman ausmachen, der wegen seiner epischen Grundform und der dadurch vorhandenen gestalterischen Möglichkeiten, Abbilder menschlichen Lebens zu entwerfen, der Entwicklung des Motivs Lesen ausreichend Spielraum bietet. Darüber hinaus zeigen sich aber vor allem literatur- und sozialgeschichtliche Ursachen verantwortlich für dessen Bevorzugung, die, da in einer Fülle von Forschungsarbeiten bereits hinreichend dokumentiert,[98] hier nur in aller Kürze skizziert werden.

---

[94]Vgl. auch Goebel (1972), S. 45. Ein verstärktes Dechiffrierungsvermögen fordern besonders die Werke der Postmoderne. Zu denken ist hier z.B. an Peter Handkes *Langsame Heimkehr*, in dem Fremdtext und Originaltext durch apokryphe Zitierweise beinahe ununterscheidbar sind.

[95]Goebel (1972), S. 45.

[96]Lachmann (1984), S. 134.

[97]Vgl. ebenso Goebel (1972), S. 45.

[98]Vgl. zu den lesergeschichtlichen Veränderungen z.B. Engelsing (1970), Engelsing (1973(1)), Jäger (1969), Kiesel u. Münch (1977), Raabe (1984), Wittmann (1982), im besonderen auch Koselleck (1979) u. Schön (1987).

Den Beginn bildet das 18. Jahrhundert, in dem der Roman nicht nur an Popularität im privaten und gesellschaftlichen Bereich gewinnt, sondern zunehmend zu einem Genre avanciert, das durch seine thematische Verlagerung auf bürgerliche Interessen und Lebensweisen das in diesem Zeitraum so aktuelle Thema des Lesens und seiner Ausprägungen immer stärker reflektiert.[99] "Der 'neue' Roman", so Erich Schön, "bezieht seit der Jahrhundertmitte seine Legitimation aus seiner Funktion als aufklärerische Zweckform zur Belehrung und Erbauung. Nachdem er sich aber einmal etabliert und sein Publikum gefunden hat, emanzipiert er sich von dieser Beschränkung; das Lesen von Romanen trägt nun seine Funktion in sich selbst."[100] Freilich liegen die Wurzeln solcher 'Buch im Buch'- respektive 'Leser im Buch'-Gestaltungen nicht erst in diesem Zeitraum, sondern reichen bis zu mittelalterlichen Vorläufern zurück, wie dem im Fünften Gesang des *Inferno* in Dantes *Divina Comedia* (1307-1321) entworfenen Spiel mit der Literatur, der Schilderung der Verführung durch Literatur: Francesca da Rimini büßt die Folgen ihrer Artus-Lektüre im Hölleninferno. Traditionsbildend hat aber bekanntlich der Roman *El ingenioso Hidalgo Don Quijote da la Mancha* (1605/1615) von Miguel de Cervantes gewirkt, der das Auseinandertreten von Fiktion und Wirklichkeit dialektisch ausformuliert: Cervantes Don Quijote beschließt über der allzu unkritischen Lektüre erfundener Ritterabenteuer diese zu imitieren, um seinem Traum vom Rittertum nachzuhängen. Die Vielzahl der gerade im 18. Jahrhundert entstehenden 'Don Quijotiaden', englische, amerikanische wie auch deutschsprachige Nachgestaltungen, belegen zum einen die didaktische Absicht der Autoren, ihren Lesern den richtigen Umgang mit Literatur zu vermitteln und zum anderen das Bedürfnis der Leserschaft, am vorgeführten Modell literarischer Sozialisation eigenes Leseverhalten zu reflektieren.[101] Die Verantwortung für dieses verstärkte Interesse ist bekanntermaßen den einschneidenden sozio-ökonomischen und lesergeschichtlichen Veränderungen zuzuschreiben wie zum Beispiel der Expansion des Buchmarkts, der Ausbildung eines vorwiegend bürgerlichen literarischen Publikums und dem gerade für diese Leserschaft geltenden Bedürfnis nach Orientierungshilfen für die persönliche Lebensführung. So dringt der vielzitierte Mentalitätswandel in der Auseinandersetzung um Leser und Leseverhalten im 18. Jahrhundert verstärkt in den Themenbereich der Romane und findet sich wieder in thematischen und formalen Entwürfen der Leserrolle wie auch des literarischen Produzierens an sich.[102] Reinhold Viehoff sieht hierin vor allem bewußte Erhaltungs- und Modernisierungsstrategien des Literatur-

---

[99]Vgl. u.a. Neubauer (1991), S. 6-52.

[100]Schön (1999), S. 30.

[101]Beispiele solcher lehrreichen 'Don Quijotiaden' sind *The female Quixote or the Adventures of Arabella* (1752) von Charlotte Lennox, Ehrenfried Neugebauers *Der teutsche Don Quichotte* (1753) oder Wielands *Der Sieg der Natur über die Schwärmerei oder Die Abenteuer des Don Sylvio von Rosalva* (1764). Vgl. hierzu auch Habel (1986), Jacobs (1992) u. Neubauer (1991), S. 64-111.

[102]Vgl. zu den mentalitätsgeschichtlichen Veränderung besonders Schön (1987) u. Koselleck (1979).

systems, "denn damit wird der literarische Diskurs selbst zum sozialisatorischen Medium, er verhilft sich sozusagen selbst zur Rekrutierung seiner Teilnehmer [...]."[103] So richtig solche Annahmen gerade im Hinblick auf die sich im 18. Jahrhundert vollziehende Ausdifferenzierung des Literatursystems sind, so darf dennoch nicht außer Acht gelassen werden, daß der anwachsenden Zahl von fiktiven Lesergeschichten auch ein ganz reales Bedürfnis seitens der Leserschaft gegenübersteht: In dem Maße nämlich, in dem die bisherigen religiösen Regulative bei der Bewältigung des Lebens, bei der Sorge um das eigene Seelenheil, zunehmend versagen, wächst der Wunsch, Handlungsmuster für die persönliche Lebensführung aus der Literatur, vor allem dem Roman, zu entnehmen.[104] Dafür allerdings muß sich die Realität des Lesers oder Teile dieser in den romanhaften Erzählungen widerspiegeln. Da das Lesen im 18. Jahrhundert fester Bestandteil der gesellschaftlichen Realität des Bürgertums ist, gar zur Prägung des ständischen Bewußtseins beiträgt, finden somit auch zunehmend Lektüreschilderungen Eingang in die Dichtungen. Die Selbstreflexionen der Literatur in diesem Zeitraum sind also durchaus auch als Rückkoppelungseffekte zu werten.

Die oben beschriebene Entwicklung einer ansteigenden Thematisierung von Literatur, der erzählerischen Gestaltung von Leserfiguren und dem demonstrierten Umgang mit Lektüre ist auch für das folgende Jahrhundert ungebrochen. Explizit der Bildungsroman des 19. Jahrhunderts beschreibt das Lektüreerlebnis zumeist als festen Bestandteil innerhalb der Entwicklung des Individuums auf dem Weg zur Klarheit des Bewußtseins. Skizzierte Leseeindrücke dienen in diesem Prozeß ebenso der Überwindung eines jugendlichen Subjektivismus hin zur Ausbildung einer gereiften, die Gemeinschaft bejahenden Persönlichkeit als auch der Dokumentation von Krisen und Auseinandersetzungen mit den Realitäten der Welt. Während der Bildungs- und Entwicklungsroman des 18. Jahrhundert solche Kämpfe vielfach noch mit der Reifung des Individuums zu lösen sucht, wird ab der Mitte des 19. Jahrhunderts die zunehmende Unvereinbarkeit zwischen innerer und äußerer Welt in den Werken immer deutlicher spürbar und weitet sich allgemein zu *dem* Problem des Realismus dieser Zeit aus, wie Richard Brinkmann betont:

> Wenn man genauer zusieht, muß man entdecken, daß in der Erzählkunst des sogenannten Realismus die tatsächliche Wirklichkeit erst recht eigentlich problematisch geworden ist. Das 'Objektive' ist gerade das Problem des Subjektiven, der Subjektivität; anders gewendet: des Verhältnisses des Subjekts zur Tatsächlichkeit oder der 'Wirklichkeit' des Subjekts, d.h. der Wirklichkeit, die das einzelne Subjekt erfassen und 'haben' kann.[105]

Diese Problematik findet sich verstärkt auch in den fiktiven Lektüredarstellungen wieder. Es wäre falsch, die Romane dieser Epoche allein nach solchen Belegen abzusuchen, in denen Literatur als "Quelle einer bourgoise-resignativen Haltung" oder

---

[103]Viehoff (1993), S. 260.

[104]Vgl. dazu auch Pott (1995), S. 103-108.

[105]Brinkmann (1969), S. 225.

als Ursache für "revolutionäre Auflehnung"[106] beschrieben wird und diese als alleinige Funktion der 'Leser im Buch'-Gestaltungen dieses Zeitraums anzusehen. Freilich existieren auch solche Zuweisungen,[107] auffallender ist aber der Anstieg differenzierterer Funktionsbeschreibungen von Lektüre: Die Auswirkungen der Bücher auf ihre fiktiven Rezipienten sind zunehmend determiniert von der psychischen Konstitution ihrer Leser, ihres Intellekts, ihres Charakters, ihrer Gemütslage und ihres Erfahrungshorizonts wie auch ihrer Bereitschaft zum Einlassen auf die Lektüre. Im Gegensatz zum etwas späteren Typus des Revolutionärs, der durch vorwiegend sozialkritische und revolutionäre Lektüre seinen Blick für soziale Ungerechtigkeiten schärft, markieren die Lektüren der lesenden Helden des Bildungs- und Entwicklungsromans die Stationen ihrer meist verschlungenen Lebenswege. Wirkung und Folgen des Bücherkonsums spiegeln zudem zunehmend den empfundenen Widerspruch zwischen Wirklichkeit und Ideal.

Gerade für den Zeitraum des Fin de siècle (1890-1906) sind neben einer andauernden Thematisierung der Lektüre, die das Lesen und Schreiben gleichermaßen betrifft, vor allem experimentelle Bemühungen der Autoren zu beobachten, sich in neuen Schreibweisen zu erproben.[108] Volker Roloff bezeichnet die für den genannten Zeitraum zu beobachtenden Veränderungen in der theoretischen und praktischen Konzeption von Lektüre als einen "Prozeß der zunehmenden Problematisierung und Differenzierung von Lesererfahrungen"[109]. Ursache für diese Entwicklung ist sowohl ein verschärftes "Bewußtsein von der Bedeutung des Buches"[110] als auch eine zunehmende Skepsis gegenüber dem literarischen Weltentwurf. Die hieraus resultierenden Reflexionen über Lektüre finden Eingang in den Roman, der weiterhin die "bevorzugte literarische Form [ist], in der Erkenntnisse über die Lektüre aufgenommen und reflektiert werden: sei es als Spiegelung der Bücher im Buch, der 'Selbstlektüre' der Autoren, oder, wie z.B. bei Proust, als Realisierung einer neuen Ästhetik der Lektüre, in der bereits - avant la lettre - das Lesen und Schreiben als ein Spiel der *Intertextualität* verstanden wird."[111]

Bereits diese knappe Skizzierung der literatur- und mentalitätsgeschichtlichen Veränderungen des 18. und 19. Jahrhunderts bis zur Jahrhundertwende liefert einen ersten Eindruck über die Diversität der fiktiven Leserentwürfe, deren Gestaltungen sowohl exogenen Strategien wie beispielsweise erziehungs- oder bildungspolitischen

---

[106]Viehoff (1993), S. 268. Leider liefert Viehoff auch keine Belege für die von ihm getroffene Einschätzung.

[107]Als Beispiele für revolutionäres Handeln hervorgerufen durch Lektüre seien hier *Le rouge et le noir* (1830) von Stendhal und Gorkis *Die Mutter* (1906/07) genannt.

[108]Vgl. die komparatistische Studie von Roloff (1985).

[109]Ebd., S. 187.

[110]Wuthenow (1980), S. 27.

[111]Roloff (1985), S. 188.

Faktoren als auch endogenen Maßnahmen wie bestimmten Romantheorien folgen.[112] Darüber hinaus sind solche Entwürfe aber immer auch Ergebnisse künstlerischer Intention der jeweiligen Autoren und können durchaus nur bedingt oder gar nicht den geltenden Realitäten entsprechen.

Der Versuch eines umfassenden Überblicks über sämtliche fiktive Lesergestalten und Variationen des Motivs Lesen in dieser Zeit birgt die Gefahr, in eine kommentierte Zitatensammlung auszuufern. Quantitativ zwar durchaus reizvoll, würde eine solche Dokumentation die funktionelle Bedeutung der Thematisierung von Lektüre in Romanen allerdings nicht ausreichend erfassen und eine Einbeziehung der jeweils geltenden zeit- und texttypischen Lektürekonzepte und Schreibweisen enorme Ausmaße annehmen. Aus diesem Grund konzentrieren sich auch ein Großteil der Untersuchungen, die sich der Analyse des Lesers im Roman verschrieben haben, wie schon angesprochen zumeist auf den literaturgeschichtlich markanten Zeitpunkt 18. Jahrhundert unter Ausdehnung allenfalls noch auf das 19. Jahrhundert.[113] Gerade aber das 20. Jahrhundert reagiert mit einer Vielzahl von Spielarten der Thematisierung von Literatur auf die medialen Veränderungen und Umbrüche, die nun die Dominanz des Buches als Wissensträger und -vermittler bedrohen. Neben der bekannten Figur des lesenden und die Literatur nachahmenden Helden nach dem Vorbild eines Don Quijotes finden verstärkt 'Büchernarren' und 'Buchmenschen' wie zum Beispiel in Stefan Zweigs *Buchmendel* und Elias Canettis *Blendung* Eingang in die Erzählungen.[114] Jörn Stückrath bezeichnet diesen Typus als "kontemplative Figuren"[115]. Im Gegensatz zu solch aktiven Gestalten wie Wilhelm Meister oder Heinrich Lee, die aus der Lektüre Impulse für ihr Leben gewinnen, scheint das Leben dieser von Büchern besessenen Figuren nur noch im Umgang mit der Literatur Sinn zu haben, denn sie tauschen die sie umgebende Wirklichkeit vollständig gegen eine imaginäre Bücherwelt ein.[116] Mit solchen Variationen wie dem 'mordenden Bibliomanen' Johann Georg Tinius in Klaas Huizings Roman *Der Buchtrinker* oder einem sich in *Das Buch* verwandelnden Herrn Bibli im gleichnamigen Roman von Alfons Schweiggert bilden sie mit einer "Verbindung von Buch- und Menschengestaltigkeit"[117] jeweils verschiedenartige Ausprägungen des Themas. Literatur öffnet hier nicht mehr nur Teilbereiche des Lebens, sie *ist* das Leben. Und wohl kaum ein Autor des 20. Jahrhunderts hat derart

---

[112]Unter exogenen und endogenen Strategien werden jeweils solche Maßnahmen verstanden, die zur Existenzbewahrung des Literatursystems beitragen. Vgl. auch Viehoff (1993), S. 259f.

[113]Eine Auswahl an Beispielen wurde bereits im Forschungsüberlick erbracht.

[114]Welche Funktion die Literatur im Werk Canettis einnimmt, dokumentiert der Band von Neumann (1996).

[115]Stückrath (1984), S. 104.

[116]Japp (1975) setzt das Erscheinen solcher Buchmenschen in der Literatur des 20. Jahrhunderts in Beziehung zu der zunehmenden Isolation der Intellektuellen und literarischen Kultur vom praktischen Leben. Ebd., S. 660.

[117]Hölter (1999), S. 121.

intensiv die Verwandlung der Wirklichkeit ins Buch beschrieben wie Jorge Luis Borges.[118] Freilich stellt sich die Frage, inwiefern die Literatur hier noch realistische Leseerfahrungen abbildet, denn viele dieser Buchgeschichten enden bekanntlich in der psychischen und oftmals auch physische Vernichtung ihrer fiktiven Lesergestalten verbunden mit einer umfassenden, meist durch einen Brand verursachten Zerstörung ihrer Lesetempel.[119] In jedem Fall aber widerlegen solche Lesergeschichten die weitverbreitete Annahme, es ließe sich in der Einschätzung der Lesesucht ein historischer Wandel erkennen: Von den abschreckenden Beispielen intensiver Romanlektüren des 18. Jahrhunderts sollen sich die Lesedarstellungen des 20. Jahrhunderts dadurch unterscheiden, daß in ihnen übermäßiger Lektürekonsum sogar empfohlen werde als "bewußtseinsverändernde Weltentrückungsdroge"[120] oder "Impfstoff gegen all jene Verführungen, die jetzt in nicht-gedruckter Form die Subjekte ergreifen könnten."[121] Vielmehr enthalten solche Darstellungen apokalyptischer Lektüren doch wohl eine Kritik an der weltabgewandten Elfenbeinturm-Existenz des Intellektuellen. Sie zeugen damit auch vom Wissen der Autoren um die aktuelle Bedrohung des Literatursystems durch die einschneidenden medialen Veränderungen. Die Reaktionen darauf sind innerliterarische Reflexionen über die Literatur, hinter denen sich paradoxerweiser zugleich Beschwörungen der ungebrochenen Aktualität des Mediums Buch verbergen als auch die Angst vor seinem Ende.[122]

Grundsätzlich offenbart sich an solchen und einer Vielzahl anderer Variationen generell ein immenses Entwicklungspotential des Motivs. Speziell in bezug auf das 20. Jahrhundert dokumentiert die Diversifikation, wie entschieden die Literatur neue Möglichkeiten der internen Selbstreflexion und Selbstprogrammierung erprobt und sich im Spiel mit virtuellen Welten literarischer Texte versucht.

2.2. Spezifika faktischer und fiktiver Lektüre

Die bisherigen Überlegungen haben gezeigt, daß neben den Konturen der verschiedenartigen fiktiven Lesergestalten vor allem den Büchern selbst, in denen auf unterschiedliche Weise gelesen wird, besondere Aufmerksamkeit zukommen muß. Wichtig

---

[118]Vgl. Borges' *Ficciones*. Vgl. zu Borges auch Wuthenow (1980), S. 172f.

[119]Zu denken ist hier auch an Umberto Ecos *Der Name der Rose*. Vgl. zum Motiv der Bibliothek in der Literatur des 20. Jahrhunderts und besonders zum Bibliotheksbrand Stocker (1997) u. (1998).

[120]Goetsch (1996), S. 405. Goetsch führt als Beispiel seiner Theorie u.a. Alfons Schweiggerts Roman *Das Buch* an, in dem der Protagonist Herr Bibli allerdings unter grausamsten Schmerzen seine leibliche Metamorphose in ein Buch erlebt.

[121]Karpenstein-Eßbach (1996), S. 215.

[122]Hubert Winkels sieht darin auch eine Sicherung des Literatursystems: "Die schreibenden Leser und lesenden Schreiber bilden dann die Gemeinschaft, in der eben jene Literatur des Weiterschreibens zirkuliert, die eine des Weiterlesens ist." Winkels (1989), S. 105.

ist dabei die grundsätzliche Unterscheidung zwischen real existierenden, also faktischen, und fiktiven Werken mit jeweils fiktionalem oder auch nicht-fiktionalem Inhalt. Eine solche Differenzierung ist schon insofern notwendig, da davon ausgegangen werden muß, daß die Wahl des jeweiligen Lesestoffes normative Bedeutung hat.[123]

Der junge Werther liest Klopstock und Homer und tauscht sich mit Lotte über den *Ossian* aus. Goethes Wilhelm Meister studiert die Werke Shakespeares und zeigt sich vor allem von *Hamlet* fasziniert. Anton Reiser berauscht sich an Shakespeares Dramen ebenso wie am *Werther*, dessen Lektüre auf ihn eine besondere Wirkung ausübt, sein Denken und Handeln nachhaltig beeinflußt. Gottscheds *Erste Gründe der gesammten Weltweisheit* und Christian Wolffs *Deutsche Metaphysik* dagegen systematisieren seine Vorstellungskraft. All dies sind faktische Werke, die in einer figurenperspektivischen Rezeption Eingang in den jeweiligen Roman finden. Interessant sind bei diesen Vorgängen vor allem die Wirkungen und Folgen, die den faktischen Büchern auf die lesenden Figuren zugeschrieben werden. Dabei verdienen natürlich auch die in den Romanen beschriebenen Begleitumstände Beachtung, wie etwa bei Anton Reiser die Intensivierung der Lektüre durch besondere Inszenierung des Lesevorgangs.

Neben solchen motivgeschichtlichen Gesichtspunkten gilt es, die funktionalen und kompositorischen Aspekte zu beleuchten, d.h. der Frage nachzugehen, welche Absichten sich hinter der Bezugnahme auf faktische Werke verbergen. Freilich bieten literarische Verweise wie die auf Goethes *Werther*, Shakespeares *Hamlet*, Klopstocks *Messias* oder auf die Trauerspiele Lessings kurze Einblicke in die literarische Sozialisation derjenigen Autoren, die solche Bezüge in ihren Romanen und Erzählungen herstellen. Doch das ist nur ein Aspekt. Weit wichtiger sind die implizit ausgesprochenen Bewertungen, die die Bücher durch die Beschreibungen ihrer Auswirkungen auf die fiktiven Rezipienten erfahren. Solche Urteile sind natürlich "gebrochen durch die subjektive Linse"[124] des jeweiligen Autors und können nicht einfach als Spiegelbilder eines zeitgenössischen literarischen Geschmacks angesehen werden. Es handelt sich hier um einen innerliterarisch entworfenen Kanon, der korrespondierend, aber eben auch kontrastierend zu tatsächlichen historischen Lektürevorlieben stehen kann.

Zugleich greifen solche Interpretationen zu kurz, die die literarischen Verweise auf faktische Werke als Indizien für die ästhetische Position des Autors in bezug auf die literarische Tradition bewerten. So gelangt Walter Pabst in seiner Studie über das Motiv der unheilbringenden Lektüre in literarischen Texten vom Mittelalter bis ins 20. Jahrhundert zu der Ansicht, daß die durchaus zahlreichen Schilderungen von

---

[123] Viele der Untersuchungen zur Thematisierung von Literatur lassen leider gerade eine solche Differenzierung vermissen. Vgl. auch den umfangreichen Forschungsbericht von Stocker (2002), S. 238.

[124] Neubauer (1991), S. 3.

Lektüreopfern immer auch Kritiken der Autoren darstellen gegen “literarische Vorläufer und Erzieher”, gegen “eine literarische Richtung” oder “eine ganze literarische Gattung”[125]. Einer solchen Annahme muß allerdings entgegengehalten werden, daß es neben sogenannter ‘Schundliteratur’ gerade auffallend häufig Werke der klassischen Literatur sind, denen eine verhängnisvolle Wirkung auf die fiktiven Leser zugeschrieben wird.[126] Viel häufiger richten sich die in den Texten eingeschriebenen Wertungen gegen einen bestimmten Umgang mit Büchern, gegen eine spezifische Lesart oder gegen die Lektüre einer bestimmten Gattung.[127] Außerdem darf auch hierbei nicht übersehen werden, daß es sich um fiktive Lektüreentwürfe der Autoren handelt, die freilich Impulse der Wirklichkeit in sich tragen können, durchaus aber auch auf eigenen, künstlerischen Maßstäben beruhen. Wie schnell solche Tatsachen zugunsten einer erwünschten Kongruenz zwischen der Realität und den in den Erzählungen entworfenen Wirklichkeitsmodellen ignoriert werden, zeigt der Umgang mit jenen Romanen des 18. Jahrhunderts, in denen ein pathologischer, extensiver Lektürekonsum thematisiert wird: Vielfach wurden sie schlicht als fiktionale, literarische Beiträge zur vieldiskutierten Lesesucht-Debatte gewertet. Solchen Aussagen muß aber dort widersprochen werden, wo die Wirklichkeit ein gänzlich anderes Bild vermittelt. Tatsächlich nämlich wird für das Ende des 18. Jahrhunderts der Anteil der Erwachsenen, die mindestens einmal im Jahr ein belletristisches Buch lasen, mit nur 1% angenommen.[128] Die zeitgenössischen Befürchtungen, daß ganze Teile der Bevölkerung von einem literarischen Suchtverhalten befallen seien, entspringen also wenig der Realität und werden von Rudolf Schenda gar als “ideologische Fälschung”[129] entlarvt.

Auch bei der Beurteilung der Funktion faktischer Lektüre in Romanen gilt es also, kultur-, literatur- und lesergeschichtliche Entwicklungen im Blick zu haben. Nur so lassen sich Aussagen über die Bedeutung des innerliterarisch formulierten Kanons treffen, der freilich auf die Wirklichkeit der Literatur ebenso Einfluß ausüben kann wie eine nachträgliche Literaturkritik.

Solche Überlegungen treten bei der Erwähnung fiktiver Bücher fiktionalen oder nicht-fiktionalen Inhalts zugunsten des geschilderten Rezeptionsvorgangs in den Hintergrund. Erzähltechnisch unterscheiden sich beide Arten zunächst in der Öffnung oder Schließung der imaginären Welt zur tatsächlichen. Denn während das faktische Buch wie bereits angesprochen mit seinem direkten Bezug zur Wirklichkeit die hermetische Geschlossenheit des Textes durchbricht, weist das fiktive Buch, für das es

---

[125]Pabst (1975), S. 506.

[126]Zu denken ist hier z.B. an Anton Reisers *Werther*-Lektüre wie auch an die Auswirkungen der Jean Paul-Lektüre auf Kellers Helden Heinrich Lee. Vgl. auch Goebel (1972), S. 37f.

[127]Vgl. auch Stocker (2002), S. 213.

[128]Vgl. Schön (1995), S. 144.

[129]Schenda (1970), S. 88. Vgl. auch Langenbucher (1975), S. 13ff.

keine Entsprechung gibt, in diesen hinein.[130] Wird allerdings bereits in der einfachen Spiegelung von Leser und Buch - als rein gegenständliches - eine Öffnung zur Außenwelt gesehen, so reduziert sich die Differenz zwischen beiden Lesestoffen auf ihre Funktionen, die sie auf die fiktiven Rezipienten in den Werken einnehmen. Entscheidend ist dabei die Tatsache, daß es im Gegensatz zu literarischen Darstellungen faktischer Lektüren bei fiktiven Werken um das Aufzeigen von Wirkungen und Folgen von Lektüre im allgemeinen sowie von Formen und Gattungen im speziellen geht. Wenn beispielsweise Gottfried Keller in seinem *Grünen Heinrich* ganz allgemein die Auswirkungen "schlechter Romane" aus Leihbibliotheken auf die "Leserfamilie" (SW XVI, 196)[131] schildert, so richtet sich die dahinter verborgene Kritik in erster Linie an das literarische Angebot eben dieser Institutionen, vor allem an diejenigen, deren Sortiment überwiegend aus Ritter- und Schauerromanen und gefälligen Verführungsgeschichten besteht.[132] Wieder aber ist es erst die Verbindung mit der besonderen psychischen Konstitution der Leser, die die gefährliche Wirkung der Bücher hervorbringt.[133]

---

[130]Goebel (1972), sieht in der Thematisierung fiktiver Bücher in Werken den Versuch, "eine in sich geschlossene, gleichsam autarke, imaginäre Welt zu erdichten, die nicht nur gegen die geographische und historische, sondern auch gegen die literarische Wirklichkeit [...] abgedichtet wäre". Ebd., S. 38.

[131]Zur Abkürzung der Quellenangabe vgl. Anm. 256 im Kapitel 4.1. Lesespuren in Gottfried Kellers *Der grüne Heinrich.*

[132]Vgl. zum Angebot der Leihbibliotheken und zu deren Konsumenten Hohendahl (1985), S. 317ff.

[133]Vgl. dazu die Ausführungen im Kapitel 4.5. Frauen und Lektüre.

3. Leser und Lesemuster in der Literatur des 18. Jahrhunderts

3.1. Karl Philipp Moritz' pädagogisches Lehrstück *Anton Reiser*

> *Um fernern schiefen Urteilen, wie schon einige über dies Buch gefällt sind, vorzubeugen, sehe ich mich genötigt, zu erklären, daß dasjenige, was ich aus Ursachen, die ich für leicht zu erraten hielt, einen >psychologischen Roman< genannt habe, im eigentlichsten Verstande >Biographie<, und zwar eine so wahre und getreue Darstellung eines Menschenlebens, bis auf seine kleinsten Nuancen, ist, als es vielleicht nur irgend eine geben kann.* - (AR, 120)[134]

Mit den einleitenden Worten zum zweiten Teil seines Buches ordnet Karl Philipp Moritz seinen Roman *Anton Reiser* der Gattung 'Biographie' zu, ergänzend müßte jedoch hinzugefügt werden, daß es sich im eigentlichen Sinne um die autobiographische Jugendgeschichte des Verfassers handelt. Hugo Eybisch' Untersuchung der Parallelen zwischen den biographischen Fakten des Autors und denen seines fiktiven Helden gab denn auch lange Zeit Anlaß zur Diskussion, inwiefern Moritz' Roman als Autobiographie zu interpretieren oder der Klassifizierung "psychologischer Roman" (AR, Untertitel) Vorrang zu geben sei.[135] Die Debatte spiegelt die methodischen und typologischen Schwierigkeiten wider, vor denen sich die Forschung sah angesichts der sich am Ende des 18. Jahrhunderts vollziehenden Annäherung zwischen Autobiographie und Roman. Durch die wechselseitige Übernahme poetischer Elemente - Literarisierung der Autobiographie und Integration biographischer Strukturen im Roman - kommt es zwischen beiden Gattungen zunehmend zu einer Assimilation.[136] Diese Beobachtung gilt auch für den Roman *Anton Reiser*, der biographische Stationen seines Autors literarisiert und mit der Fixierung auf die seelischen Vorgänge des fiktiven Helden der Forderung Blanckenburgs nachkommt, "das *Seyn* des Menschen, sein[nen] *innrer[en] Zustand*"[137] abzubilden. Im Hinblick auf die biographische Parallele zwischen Karl Philipp Moritz und seiner Figur Anton Reiser stellt das Werk im literaturwissenschaftlichen Erkenntnisinteresse ein kulturhistorisches Zeugnis dar, an dem sich Strukturen des Lesens im letzten Abschnitt des 18. Jahrhunderts offenbaren. In einer Zeit, in der Bücher eine besondere Stellung einnehmen und vor allem das

---

[134]Meiner Untersuchung liegt die v. Horst Günther im Insel Verlag hrsg. *Anton Reiser*-Ausgabe zugrunde: Karl Philipp Moritz. Werke. Bd. 1. 1. Aufl. Frankfurt/M. 1981. Die Zitate werden im Text mit AR und der Seitenzahl abgekürzt.

[135]Vgl. Eybisch (1909). Die unverkennbare Nähe zwischen Verfasser und literarischem Helden wurde besonders auch von Catholy (1962) betont. Martens (1998) sieht dagegen in Moritz' Werk Autobiographie und Roman gleichermaßen vereint, denn es sei "kulturgeschichtliches Zeugnis und psychologische Studie, persönlichstes Bekenntnis und lehrhafter Traktat zugleich". Ebd., S. 545.

[136]Vgl. Müller (1976(2)), S. 1-5.

[137]Blanckenburg: Versuch über den Roman, S. 18.

Studieren dieser beinahe epidemische Ausmaße gewinnt,[138] kann die Schilderung einer individuellen Leserentwicklung ebenso Aufschluß geben über zeitgenössisches Rezeptionsverhalten wie über die frühe Verwendung von "Literatur als Konsumgegenstand und Manipulationsmittel"[139]. Auch von hier aus läßt sich eine Geschichte des Lesens erhellen, werden Funktionen des Leseakts im Sozialisationsprozeß des Lesenden sichtbar.

Bereits im Vorwort des Romans heißt es, es gehe um die "innere Geschichte des Menschen", darum, "den Blick der Seele in sich selber [zu] schärfen" (AR, Vorwort). Der Platz, den die Lektüre im Prozeß dieser menschlichen Entwicklung einnimmt, ist offenkundig: Kaum ein Werk des ausgehenden achtzehnten Jahrhunderts beschreibt in dem Maße die Auseinandersetzung eines Menschen mit Literatur, seine vollständige literarische Infizierung, wie dies im *Anton Reiser* geschieht. Äußere *Einflüsse* und innere *Eindrücke* - häufig wiederkehrende Termini im Roman - bestimmen die Entwicklung des Helden und treiben sie voran, doch besonders die durch Lektüre gewonnenen Erfahrungen nehmen in diesem Prozeß eine derart zentrale Stellung ein, daß ohne Einwände der Feststellung Neubauers zugestimmt werden kann:

> Kaum eine Seite, auf der nicht über Lesen, Schreiben oder das Theater gesprochen wird; kaum auch ein anderes Werk dieser Zeit, wenn nicht der deutschen Literatur überhaupt, in dem die Bedrohung durch Lektüre, sprich: die Lesesucht, in ihren extremsten Auswucherungen so genau protokolliert wird, in dem Segen und Fluch des gedruckten Wortes dermaßen eng beisammen liegen. Dominierend wie sonst nirgends tritt Lektüre als substantielles Element der Existenz in den Vordergrund.[140]

Die Fülle der Untersuchungen zur Lektüre in diesem Werk zeugt für seinen exemplarischen Charakter der innerliterarischen Selbstreflexion.[141] Neben der bereits hinlänglich geklärten Frage, was Anton Reiser liest,[142] soll das Augenmerk im folgenden auf dem eigentlichen Akt des Lesens, auf der Motivation für seine Lektüren und auf den daraus resultierenden Folgen liegen. Fragen wie die nachstehenden geben dabei

---

[138]Vgl. zur "Lesesucht"-Debatte im ausgehenden 18. Jahrhundert Beaujean (1964), Schenda (1970), Engelsing (1970), Kreuzer (1977), Erning (1974). Neuere Untersuchungen zur Geschichte des Lesens liefern McCarthy (1983), Schön (1987), Manguel (1998), Schön (1999).

[139]Scherrer (1978), S. 9, weist diese moderne Funktionsbeschreibung von Literatur im Werk Gottfried Kellers nach. Doch bereits für Moritz' *Anton Reiser* ist die Bezeichnung von 'Literatur als Ware', die das Bewußtsein ihres Lesers beeinflußt, durchaus zutreffend.

[140]Neubauer (1991), S. 265.

[141]Vgl. u.a. Weber (1977), S. 58-62, Wuthenow (1980), S. 87-95, Born-Wagendorf (1989), S. 51-56, Stockhammer (1991), S. 193-204, Neubauer (1991), S. 264-311, Cersowsky (1993), S. 76-85, White (1994), S. 93-112, Pestalozzi (1994), S. 115-128, Pott (1995), S. 103-119, Parada (1997), S. 199-230 u. speziell zum Verhältnis *Anton Reiser* und *Werther* das gleichnamige Kapitel in der Untersuchung von Dörr (1999), S. 49-115.

[142]Besonders umfassend zeichnet Neubauer (1991), S. 267-275, den Lektürekanon im AR nach.

die Richtung der Ausführungen an: Welche Funktion übernimmt die Lektüre im Sozialisationsprozeß des lesenden Helden? Dient sie als Ausgleich zwischen Wirklichkeit und Phantasie, als Realisation von Empfindungen und Erfahrungen, die die tatsächliche Welt dem Leser Anton Reiser versagt? Wirkt die Lektüre auf Reiser als Orientierung und Anstoß, sein Leben in bestimmte Bahnen zu lenken, oder behindert gerade sie die erfolgreiche Eingliederung in eine Gesellschaft, in der "Orientierungsschwierigkeiten für das neuzeitliche *Subjekt* - mit Anspruch auf Individualität und Identität, gesellschaftliche Vermittlung, hinreichende Unterschiedenheit von 'allen anderen'"[143] bestehen? Denn der autobiographische Roman *Anton Reiser* spielt in einer Zeit, in der eigenes Erleben und Handeln nicht länger durch ein normatives Regelwerk hilfreiche Unterstützung findet. Bisherige unumstößliche Richtlinien treten in Konkurrenz zu einer Vielzahl von Lebensmöglichkeiten, zwischen denen das Individuum nunmehr auszuwählen hat. Besonders das persönliche Erleben wird zum Maßstab der eigenen Bewertung. Literarische Texte, vor allem Romane, übernehmen in diesem Prozeß Funktionen, die vormals einzig dem Buch der Bücher, der Heiligen Schrift, oder allenfalls den moralischen Erbauungsschriften vorbehalten waren. Sie skizzieren Möglichkeiten, entwerfen Orientierungs- und Handlungsmuster für die persönliche Lebensführung.[144] Handeln solche Texte von Taten und Erlebnissen, die selbst durch Lektüre motiviert sind, von Lesern, die ihrerseits ihr Leben nach Büchern ausrichten, so scheint zweierlei möglich: Die Verwirrung angesichts des Wahrheitsgehaltes solcher Werke nimmt in dem Maße auf seiten des Lesers *außerhalb* des Buches zu, in dem dieser vor der Entscheidung steht, sein eigenes Leben nach Lektüre auszurichten. Andererseits steigt gerade der Identifikationswert eines solches Buches, in dem der Leser nicht nur seine augenblicklich eigene Tätigkeit, sondern womöglich sich selbst mit seinen persönlichen Lesegewohnheiten im Text wiedererblickt. Leser, Lesegewohnheiten und Lektüre finden ihr Abbild im Medium der Literatur, die sich nunmehr mit der Aufgabe konfrontiert sehen kann, nicht nur mögliche Orientierung, sondern normative Vorgaben für die persönliche Lebensführung leisten zu müssen. Denn nicht immer gelingt es ihren Lesern, Fiktion und Wirklichkeit voneinander zu trennen, nicht immer gelingt es ihnen, die Identifikation mit den literarischen Helden im Bereich der Fiktion zu belassen und es im wirklichen Leben doch anders zu machen. Auch davon zeugt Karl Philipp Moritz' *Anton Reiser*.

3.2. Die Erziehung zum Leser

Bereits zu Beginn des Romans wird deutlich, welchen Stellenwert die Lektüre in der Entwicklung des Protagonisten Anton einnimmt. Als Lesende zeichnen sich bereits

---

[143] Pott (1995), S. 24.

[144] Vgl. zu den hier in aller Kürze skizzierten Betrachtungen die ausführlichen Untersuchungen von Pott (1995), S. 20-24, denen ich mich anschließe.

seine Eltern aus; ihre Lektüre wird zur Richtschnur für die Erziehung des Sohnes. Dieser erste Einfluß der Literatur auf den Sohn ist allerdings geprägt von der Uneinigkeit der Eltern: Der Vater, Anhänger der Quietisten in Deutschland unter der Führung des Herrn von Fleischbein und glühender Verehrer der Schriften von Madame Guion, folgt den Lehren seiner Glaubensgemeinschaft. Um die "hohen Geheimnisse" (AR, 4) der Guionschen Schriften auf die eigene Lebensführung anzuwenden, bemühen sich die Quietisten, "in ihr Nichts (wie es die Mad. Guion nennt) wieder einzugehen, alle Leidenschaften zu *ertöten* und alle *Eigenheit* auszurotten" (AR, 37). Zur Erreichung dieses Ziels dient neben der täglichen Meditation vor allem ein intensives Studium ausgewählter religiöser Lektüre:

> Der Herr v. F. bestimmte auch die Lektüre seiner Leute, und wer von den Knechten oder Mägden eine müßige Viertelstunde hatte, den sahe man nicht anders, als mit einer von der Mad. Guion Schriften, vom *innern Gebet*, oder dergleichen, in der Hand, in einer nachdenkenden Stellung sitzen und lesen. (AR, 37)

Der so beschriebene Umgang mit Literatur prägt auch die Lesart des Vaters, dessen Lektüregewohnheiten und die daraus resultierende Lebensanschauung konträr zu denen der Mutter verlaufen. Auch sie ist Leserin, und auch sie wird mit dem Hinweis auf ihre Lektüre im Roman eingeführt:

> Antons Mutter hatte eine starke Belesenheit in der Bibel, und eine ziemlich deutliche Erkenntnis von ihrem Religionssystem, sie wußte z. E. sehr erbaulich davon zu reden, daß der Glaube ohne Werke tot sei, u.s.w.
> In der Bibel las sie wirklich zu ganzen Stunden mit innigem Vergnügen. (AR, 40)

Ihr 'Wissen' über die Lutherische Rechtfertigungslehre gewinnt die Mutter also ebenfalls aus einer intensiven Lektüre, doch im Gegensatz zum Vater resultiert dieses Wissen nicht aus innerer Erleuchtung und fester Überzeugung, sondern aus einen Vergnügen, das ihr das Studium der biblischen Geschichte bereitet. Der väterliche Umgang mit Literatur dagegen offenbart in erster Linie die latente Suche nach Handlungsmustern für die persönliche Lebensführung, die im Einklang mit den religiösen Lebenszielen der Quietisten stehen sollen. Für ihn ergibt sich nur eine Konsequenz aus seiner Lektüre: der lebendige Nachvollzug, die Umsetzung des Gelesenen in die eigene Wirklichkeit, und das heißt auch im kommunikativen Umgang mit der Familie:

> Er redete daher auch eine Art von Büchersprache, und Anton erinnert sich noch sehr genau, wie er im siebenten oder achten Jahre oft sehr aufmerksam zuhörte, wann sein Vater sprach, und sich wunderte, daß er von allen den Wörtern, [...], keine Silbe verstand, da er doch sonst, was gesprochen wurde, verstehen konnte. (AR, 54)

In der Erziehung Antons setzt zunächst der Vater die Maßstäbe: Ein intensives Studium Guionscher Schriften, der Bibel, antiker Erzählungen, einer Götterlehre, *Acerra philologika*, und Fénelons *Abenteuer des Telemach*, jenes staatspolitisch-pädagogischen Bildungsromans, der die quietistischen Ideen der Madame Guion preisgibt, sollen den Sohn bereits frühzeitig den rechten Umgang mit Büchern lehren. Eben für diese Lektüre bringt Antons Mutter keinerlei Verständnis auf, vielmehr fürchtet sie deren irreführenden Einfluß und damit eine Erschütterung ihres eigenen Glaubens:

> [...] sobald ihr Mann es versuchte, ihr aus den Guionschen Schriften vorzulesen, so empfand sie eine Art von Bangigkeit, die vermutlich aus der Vorstellung entstand, sie werde dadurch in dem rechten Glauben irregemacht werden. (AR, 40)

Bei aller Diskrepanz zeigt sich jedoch, daß väterliche und mütterliche Lesart eine gemeinsame Komponente besitzen: Die Stabilisierung der eigenen Identifikation durch Lektüre. Diese setzt auf beiden Seiten ein selektives zweckgebundenes Lesen derjenigen Schriften voraus, die die jeweiligen selbstgewählten Richtlinien bestätigen. Der persönliche Nutzen determiniert dabei als Kriterium ebenso die Lektürewahl der Mutter, für die in erster Linie das Vergnügen am Lesen zählt, wie auch die des Vaters, der die Beschäftigung mit Büchern vor allem zum Zweck der Weiterbildung im Sinne einer Festigung und Bestätigung bereits erworbener Ansichten betreibt. Bücher, die den eigenen Anschauungen, den persönlichen Lektüreerwartungen widersprechen, stoßen auf beiden Seiten, wenn auch mit unterschiedlicher Ausprägung, auf Ablehnung. Bei der Mutter äußert sich diese in präventiver Abwehr vor einer Lektüre, die ihr wenig Unterhaltung verspricht und zudem eine Bedrohung ihres Selbstverständnisses darstellt. Letzteres trifft auch auf den Vater zu, dessen aggressive Reaktion - die Androhung eines Autodafé - die der Mutter jedoch bei weitem übersteigt: Als "abgesagter Feind von allen Romanen" lehnt er jegliche Lektüre, die nicht theologischen oder hagiographischen Inhalts ist, gänzlich ab und droht "ein solches Buch sogleich mit Feuer zu verbrennen, wenn er es in seinem Hause fände." (AR, 55)

Die Divergenz der elterlichen Letürevorlieben ist zugleich Ursache eines andauernden Disputs über 'richtige' oder 'falsche' Lektüre, der Antons gesamte Kindheit überschattet.

> So wurde der häusliche Friede und die Ruhe und die Wohlfahrt einer Familie Jahre lang durch diese unglücklichen Bücher gestört, die wahrscheinlich einer so wenig, wie der andere verstehen mochte. (AR, 40)

Dieser Konflikt um die *richtige* Lektüre betrifft sowohl den Inhalt als auch die Lesart, das heißt die jeweils persönliche Ausübung des Leseakts und die Übertragung des Gelesenen in die eigene Lebenswelt. Auf Antons Erziehung wirken väterliches und mütterliches Lesen wechselseitig, aber auch in Kombination sowohl auf den Lesestoff als auch auf die Form der Rezeption. Auf diese Weise gerät der Sohn im Privaten zwischen die Fronten eines jahrhundertealten Reformationsstreits um die Frage nach dem "rechten Weg der Erlösung aus der menschlichen Sündhaftigkeit."[145]

---

[145]Pestalozzi (1994), S. 117.

Unter der Anleitung des Vaters - nicht der Mutter - unternimmt Anton mit acht Jahren seine ersten Leseversuche, bei denen sich bereits seine spätere ambivalente Haltung gegenüber jeglicher Form von Lektüre abzeichnet: Die ersten Werke, mit denen er in Berührung kommt, sind zwei im 18. Jahrhundert methodisch konkurrierende pädagogische Abhandlungen: Die bekannte Buchstabiermethode, bei der Anton die Worte "Nebukadnezar, Abednego, usw." (AR, 42) aus der Abfolge der einzelnen Buchstaben zu entschlüsseln sucht, und die vom königlich baierischen Kirchen- und Schulrat Heinrich Stephani gepriesene Lautiermethode, bei der die einzelnen Buchstaben von vornherein als Schriftbild eines Lautes eingeführt werden.[146] Trotz ihrer Gegensätzlichkeit kann Anton schnell erste Lernerfolge verzeichnen, die ihm zumindest kurzzeitig die ersehnte Anerkennung der Familie sichern. Der Anreiz zum Lesenlernen entsteht allerdings aus anderer Quelle: Die Lektüre weist ihm den Weg in eine Welt, die ihm Entschädigung von familiären Leiden, von Zurücksetzung und Mißachtung seiner Person, gewährt.[147] Die Welt der Bücher wird zum Zufluchtsort sowohl vor einem Elternhaus, in dem die literarische Kontroverse der Eltern ein harmonisches Familienleben unmöglich macht und das "sehnliche Verlangen nach einer liebreichen Behandlung" (AR, 41) des ältesten Sohnes unerfüllt bleibt als auch vor einer freudlosen Außenwelt, in der ihm der Anschluß an seine Altersgefährten nicht gelingt:

> Wenn nun rund um ihn her nichts als Lärmen und Schelten und häusliche Zwietracht herrschte, oder er sich vergeblich nach einem Gespielen umsah, so eilte er hin zu seinem Buche.
> So ward er schon früh aus der natürlichen Kinderwelt in eine unnatürliche idealische Welt verdrängt, wo sein Geist für tausend Freuden des Lebens verstimmt wurde, die andre mit voller Seele genießen können. (AR, 43)

In der doppelseitigen Funktion der Lektüre spiegelt sich die schon beim anfänglichen Lesen erkennbare Dialektik wider: Bücher zeigen Anton einen Weg, seinen mißlichen Lebensumständen zumindest kurzzeitig zu entkommen, und sie erweisen sich als Kameraden, die er ihm wirklichen Leben nicht besitzt:

> [...], und wann es ihm damals an einem Buche fehlte, so war es, als wenn es ihm jetzt an einem Freunde fehlt: denn das Buch mußte ihm Freund, und Tröster, und alles sein. (AR, 44)

Als Erweiterung seiner persönlichen Lebenswelt bietet das Lesen ihm nunmehr Liebes-, Freundschafts- und Erlebnisersatz in einem. Zugleich aber verstärkt die "unnatürliche idealische Welt" (AR, 43), die sich Anton durch die Lektüre öffnet, sein Empfinden für eine Wirklichkeit, der er letztlich doch nicht entfliehen kann. Diese Problematik steht im Widerspruch zum gelebten Vorbild der Eltern, deren Umgang

---

[146] Vgl. zu den konkurrierenden Lesebüchern um 1800 Kittler (1987), S. 31-59.

[147] Vgl. AR, 43.

mit Büchern keinen kritischen Ausgang zuläßt. Vor allem der Vater nutzt Lektüre als Wahrheitsbeleg von Vorstellungen und Ansichten, die außerhalb der Literatur begründet sind, diese lediglich verifizieren: Durch persönlich erfahrenes Unglück vollzog sich die Hinwendung zum Glauben, dessen theoretische Untermauerung mittels der quietistischen Schriften erst im nachhinein erfolgte. Antons Bücherwelt dagegen tritt in Konkurrenz zur tatsächlichen, sie zeigt sich gar als Widerspruch, denn Wirklichkeit und Lektürewelt begegnen sich nicht als deckungsgleiche, sich einander bestätigende Instanzen.

Zunächst dient Anton das Lesen also als Flucht vor der Wirklichkeit, als Kompensation seiner tatsächlichen Lebensumstände, doch der Versuch, durch Literatur die Umstände seines Lebens besser zu ertragen, sich mit ihrer Hilfe einen Platz in der Gesellschaft zu sichern, mißlingt. Lektüre schafft hier eine Isolation, die sich durch eine langjährige Krankheit noch verstärkt und Anton zunehmend an die Welt der Bücher bindet:

> Dies entfernte ihn natürlicher Weise noch mehr aus der Welt und von dem Umgange mit seinesgleichen, und fesselte ihn immer mehr an das Lesen und an die Bücher. (AR, 44)

Literarische Begleiter seiner Krankheit sind die Bücher des Vaters, zu deren Helden Anton rasch eine starke Bindung aufbaut, die ihren Ursprung gleichermaßen im Bedürfnis nach Bewunderung und Identifikation hat. So ist es weniger der religiöse Inhalt der Werke, der ihn fesselt, denn die heroischen Beschreibungen von "Moses, Samuel, oder David" oder die Namensgleichheit des heiligen Antonius, welchem "ähnlich zu werden, und wie dieser Vater und Mutter zu verlassen und in eine Wüste zu fliehen", für Anton eines der "würdigsten Muster zur Nachahmung" (AR, 45) wird.

Gleichwohl zeigt sich, wie nachhaltig Antons eigenes Leseverhalten vom väterlichen Vorbild geprägt ist, "denn was er las, das suchte er auch gleich auszuüben." (AR, 46) Die Folgen dieser ersten Leseerfahrungen zeigen sich nicht allein in Antons Versuchen, die Vorbilder seiner Lektüren nachzuahmen. Bücher nähren seinen Hunger nach weiteren Büchern, nach wiederholtem Lesen bereits bekannter Werke. Eigens angefertigte Plagiate der Lektüren dienen sowohl der eigenen Ausbildung als auch der Sicherung von Lob und Anerkennung durch seine Mitmenschen, vornehmlich durch seine Lehrer:

> Er bekam nun auch Fenelons Totengespräche, nebst dessen Erzählungen zu lesen, und sein Schreibmeister fing an, ihn eigne Briefe und Ausarbeitungen machen zu lassen.
> Dies war für Anton eine noch nie empfundene Freude. Er fing nun an, seine Lektüre zu nutzen, und hie und da Nachahmungen von dem Gelesenen anzubringen, wodurch er sich den Beifall und die Achtung seines Lehrers erwarb. (AR, 60)

Antons Versuch, das Gelesene in die Wirklichkeit zu übertragen, Literatur gleichsam zu leben, zeigt sich besonders deutlich bei einem Besuch im Haus des Herrn von Fleischbein. Inspiriert von den Guionschen Schriften und anderer geistiger Lektüre, fährt Anton im Garten ein imaginiertes Jesulein als Spielkameraden in einem Schubkarren umher. Dies "Geschöpf seiner Einbildungskraft" (AR, S. 50) legitimiert das Spiel des Kindes und verwandelt Literatur in Wirklichkeit. Anton projiziert dabei die väterliche Lektüre auf sich selbst und auf seine Umwelt mit Hilfe dieser *Einbildungskraft*[148], die zugleich rezeptiv und produktiv wirkt und verantwortlich ist für "die meisten Leiden und Freuden seiner Kindheit" (AR, 56). Eine Prägung, die sich auch in seinem späteren Umgang mit Literatur nicht verlieren wird. Sein Unvermögen zwischen der literarischen und seiner tatsächlichen Welt zu unterscheiden, wird zum einen der elterlichen Erziehung zugeschrieben, denn "da ihm nie eigentlich gesagt worden war, daß jenes wahr, und dieses falsch sei" (AR, 51), hat Anton auch nicht gelernt, die Fiktionalität jener Bücher zu begreifen. Statt dessen "fand er sich gar nicht ungeneigt, die heidnische Göttergeschichte mit allem, was da hineinschlug, wirklich zu glauben." (AR, 51) Zum anderen aber ist es gerade die im 18. Jahrhundert umstrittene Wirkung der Einbildungskraft, der im Roman eine nicht unerhebliche Schuld an Antons Leiden zu kommt. Während die Spätaufklärung der 'Einbildungskraft' generell eine Aufwertung beschert, indem sie sie aus den Sinneswahrnehmungen ableitet und sie als ästhetisches Erkenntnis- und produktives Wahrnehmungsvermögen begreift, sieht die zeitgenössische Pädagogik in der ungezügelten 'Einbildungskraft' nach wie vor einen Antrieb zur Unzucht.[149] Offenbar vermag auch Moritz in diesem Streit nicht eindeutig Stellung zu beziehen, denn während er in den *Reisen eines Deutschen in Italien* noch betont, daß "die Einbildungskraft keine Grenzen mehr kennt, sobald sie durch eine vernünftige Übersicht des Ganzen nicht in Schranken gehalten wird"[150], so räumt er in einer *Revision* seines *Magazins zur Erfahrungsseelenkunde* doch immerhin ein, daß sich "der Mechanismus der Einbildungskraft [...] durch keine Räsonnements auseinanderlegen"[151] läßt. Als Teil der ästhetischen Wahrnehmung stellt er sie in seiner 1788 erschienenen Schrift *Über die bildende Nachahmung des Schönen* schließlich gleichberechtigt an die Seite der Sinne.[152] Im Roman *Anton Reiser* aber fällt der Einfluß der Einbildungskraft auf den Protagonisten ein-

---

[148]Im 18. Jahrhundert existiert bis auf wenige terminologische Differenzierungen keine klare Trennung zwischen den Begriffen 'Einbildungskraft' und 'Phantasie'. Selbst Moritz schreibt in seinem Wörterbuch: "Fantasie. Dies Wort bezeichnet bald die Einbildungskraft der menschlichen Seele selbst, bald die Bilder, welche sich die Seele vermöge dieser Kraft vorspiegelt." Moritz: Grammatisches Wörterbuch der deutschen Sprache. Bd. 2., S. 162.

[149]Vgl. den Exkurs II: *Zur ästhetischen Kraft der "Einbildungskraft"* bei Utz (1990), S. 129-146. Über die Aufwertung der Einbildungskraft in der Philosophie, Psychologie und Poetik des 18. Jahrhunderts vgl. die ausführliche Darstellung v. Marx (1995), S. 12-22. Einen Überblick über die Entstehung der Ästhetik liefern Hans Joachim Schrimpf und Hans Adler in: Moritz: Beiträge zur Ästhetik (1989). Nachwort, S. 116-140.

[150]Moritz: Reisen eines Deutschen in Italien, S. 391.

[151]Moritz: Gnothi sauton oder Magazin zur Erfahrungsseelenkunde. 7. Bd. 1. Stück, S. 198.

[152]Vgl. Moritz: Über die bildende Nachahmung des Schönen, S. 558f.

deutig negativ aus: Hier ist sie zumindest mitverantwortlich für die "Leiden" (AR, 95) des Helden, die seine Jugend überschatten.

3.3. Vom Sündenfall zur Suchterkrankung

Trotz des Verbots des Vaters erfolgt im Alter von elf Jahren Antons erster Ausbruch aus der vertrauten geistlichen Lektüre in die Welt der Romane und Komödien. Bereits die Art und Weise, wie Anton an diese Bücher gelangt, deuten das Unglück an, das von ihnen auszugehen droht: Die Beschaffung der *Asiatischen Banise* von Klipphausen, Johann Gottfried Schnabels *Insel Felsenburg* und *Tausend und eine Nacht* durch eine verführende Base trägt alle Merkmale eines Sündenfalls. Anton liest diese Bücher "heimlich und verstohlen, [...], und gleichsam mit unersättlicher Begierde" und erlebt mit stillem Einverständnis der Mutter, die "ehemals ein ebenso entzückendes Vergnügen" bei dieser Lektüre hatte, "einige der süßesten Stunden in seinem Leben" (AR, 55). Unter den Augen der Mutter vollzieht sich also die Verführung zur Romanlektüre, der bereits hier die ersten Anzeichen einer Droge, einer literarischen Sucht, anhaften. Und dennoch dominiert in Antons Rezeptionsverhalten noch der Einfluß väterlicher Lektüre, der Prosa des Telemach und der geistlichen Lieder, die ästhetisches Empfinden geweckt und damit ein erstes Bollwerk gegen die mütterliche Romanwelt errichtet haben.

> Durch diese einzige so oft wiederholte zufällige Lektüre [Karl Wilhelm Ramlers *Tod Jesu*; Anm. ad.] bekam sein Geschmack in der Poesie eine gewisse Bildung und Festigkeit, die er seit der Zeit nicht wieder verloren hat; so wie in der Prose durch den Telemach; denn er fühlte bei der schönen Banise, und Insel Felsenburg, ohngeachtet des Vergnügens, das er darin fand, doch sehr lebhaft das Abstechende und Unedlere in der Schreibart. (AR, 60)[153]

Die Fähigkeit zur ästhetischen literarischen Wertung ist folglich eine Prägung väterlicher Lektüre, die auch durch die 'unwerten Bücher' der Mutter nicht verdrängt wird.

Dem eigenen Urteil zum Trotz sind es dennoch gerade Romane und Komödien, die Anton gefangennehmen und das Verlangen nach weiteren bis hin zur suchthaften Begierde steigern. Dieser Vergleich fällt an späterer Stelle ausdrücklich:

> Das Lesen war ihm nun einmal so zum Bedürfnis geworden, wie es den Morgenländern das Opium sein mag, wodurch sie ihre Sinne in eine angenehme Betäubung bringen -. (AR, 177)

---

[153]Moritz selbst hebt in einem Brief den Eindruck und die Wirkung, die Ramlers *Tod Jesu* in jungen Jahren auf ihn ausübte, hervor: "Schon als Knabe, da ich kaum lesen konnte, gewöhnte sich unvermerkt mein Ohr an den harmonischen Silbenfall, welcher durchgängig in dieser vortrefflichen Kantate herrscht, die mir damals zufälligerweise in die Hände fiel, und welche ich so oft las und wieder las, bis ich sie auswendig wußte." Moritz: Schriften zur Ästhetik und Poetik, S. 322.

Mit dem zweiten Buch beginnt Antons schulische Ausbildung und damit seine weitere Entwicklung zum Leser. Neben "Lessings kleinen Schriften" (AR, 160), zeitgenössischen Schulbüchern wie Holbergs *Universalgeschichte*, Hübners *Geographie*, der *Märkischen Grammatik*[154], lateinischen Klassikern wie den Komödien von Terenz, den Fabeln von Phädrus und den Werken Eutropius[155] kommt Anton erneut in Berührung mit Romanen, an denen sich seine Phantasie entzündet. Übernahm beim ersten Kontakt mit der verderblichen Romanlektüre eine weibliche Verwandte die Rolle der Verführerin, so ist es jetzt ein Antiquar, der sich an der Romanleidenschaft seiner Kunden bereichert und Anton nach und nach in finanzielle Abhängigkeit treibt:

> [...]; und da nach einiger Zeit der Antiquarius ihn kennen lernte, und ihm ohne jedesmalige bare Bezahlung Bücher zum Lesen liehe, so hatte sich Reiser, ehe er es merkte, tief in Schulden hineingelesen, die so klein sie sein mochten, damals für ihn unerschwinglich waren. (AR, 177)

In einer Phase inneren und äußeren Elends liest Reiser wahllos, "mit einer Art von Wut" das, was traditionellerweise dem Verdikt verfällt: "[...] nichts als Romane und Komödien" (AR, 177). Er liest selbstvergessend und selbstbezogen, empfindet im eigenen Hunger die Hungerszene aus Gerstenbergs *Ugolino*.[156] Elementare Bedürfnisse wie Nahrung und Kleidung verschwinden hinter einem unstillbaren Verlangen nach Lektüre:

> Wenn es ihm an einem Buche fehlte, so hätte er seinen Rock gegen den Kittel eines Bettlers vertauscht, um nur eins zu bekommen. (AR, 177)

Halbverhungert liest er so die Sammelbände des *Deutschen Theaters* und mehrmals sogar Laurence Sternes romantischen Reisebericht *A sentimental Journey through France and Italy*.[157]

Der Beschreibung von Antons seelischem und körperlichem Zustand während dieser Lesestunden haften alle Symptome einer Suchterkrankung an, deren Befriedigung nur durch große materielle Opfer und Zurückstellung aller Forderungen der Wirklichkeit erfolgen kann. Die Lektüre wird zum existentiellen Nahrungsmittel einer Diätetik, die alle übrigen Bedürfnisse, wenn nicht ersetzt, so doch zumindest entbehrlich erscheinen läßt. Dieser Lektürezustand hat für Anton etwas derart Berauschendes, daß er darüber seine ständig steigende finanzielle Not vergißt und, um seine literarischen Bedürfnisse zu befriedigen, sich selbst noch weiter vernachlässigt, wie zur nachträglichen Bestätigung der über ihn verbreiteten Vorurteile:

---

[154]Vgl. AR, S. 142.

[155]Vgl. ebd., S. 160.

[156]Vgl. ebd., S. 177f.

[157]Vgl. ebd., S. 178.

> Es war unter diesen Umständen keinem zu verdenken, der Reisern für einen lüderlichen, aus der Art geschlagnen jungen Menschen hielt, welcher seine Schulbücher verkaufte, statt seine Kenntnisse zu vermehren und den Unterricht seiner Lehrer zu nutzen, nichts als Romane und Komödien las - und dabei sein Äußeres ganz vernachlässigte; denn es war sehr natürlich, daß Reiser keine Lust zu seinem Körper hatte, da er doch niemanden in der Welt gefiel. (AR, 177)

Diese Sucht nach geistiger Nahrung, nach Büchern, die ihm das gesamte Spektrum menschlicher Leidenschaften fühlen lassen,[158] bringt ihn in eine stetig wachsende finanzielle Verschuldung, die ihn weiter in die gesellschaftliche Isolation treibt. Spartanisch lebt Anton ein Eremiten-Dasein, bei dem die Wahrnehmung der Innenwelt über die der Außenwelt siegt:

> Indes waren diese Stunden noch die glücklichsten, welche er gleichsam aus dem Gewirre der übrigen herausriß - seine Denkkraft war vollkommen wie berauscht - er vergaß sich und die Welt. (AR, 178)

Die Motivation für die hier geschilderten Leseexzesse entspringt zu gleichen Teilen der Ausgrenzung, die Anton durch seine Mitschüler während einer geplanten Theateraufführung erfährt, wie auch der Diskriminierung durch den Rektor, der seinem Schützling beständig seine soziale Stellung vor Augen führt. Die erfahrene Zurücksetzung im familiären Kreis findet damit ihre Fortsetzung in der schulischen Gemeinschaft und festigt so die frühe Codierung Antons zum Außenseiter, der Erlebnisse und Abenteuer, Empfindungen wie Freude und Trauer, Glück und Unglück nur in der fiktionalen Welt der Bücher, explizit der Romane, ausleben kann. Unter diesen Umständen ist es nicht verwunderlich, daß sich Antons Verlangen nach Werken, die Entwürfe anderer, in jedem Fall besserer Welten enthalten, zu einer "Begierde" steigert, die zugleich "Betäubung" (AR, 177) verspricht. Je mehr die Lektüre allerdings seine Bedürfnisse befriedigt, umso weniger verlockend erscheint ihm freilich wiederum die Wirklichkeit. Die Ernüchterung, die der Betäubung in dem Augenblick folgt, in dem er sich erneut der Realität zuwendet, löst einen Zustand der Reue aus, in dem Anton selbst das Urteil über seine Lektüre fällt: "*Exerzitium extemporaneum*" (AR, 178) notiert er in bezug auf Johann Gottlieb Schummels Reisebeschreibungen, und schuldbewußt empfindet er die vertane Zeit, die er zum Lesen des Werkes aufgewendet hat. Sein ästhetisches Empfinden, ausgebildet am väterlichen und schulischen Lektürekanon, läßt ihn "von selbst allmählich das Mittelmäßige und Schlechte von dem Guten immer besser unterscheiden." (AR, 178) Sein mangelndes Ansehen und die beständige Zurücksetzung in der Schule lassen Anton jedoch stets aufs neue zum erprobten Mittel des Ausgleichs, der Stabilisierung seiner Gemütslage greifen, wenn auch die Wahl der Lektüre allmählich seinen steigenden qualitativen Ansprüchen Rechnung trägt. In der Folge sind es neben historischen und moralischen Schriften Friedrichs II. von Preußen und Werken von Alexander Pope in der Übersetzung von

---

[158] Vgl. AR, S. 178.

Johann Jakob Dusch[159] vor allem zeitgenössische Trauerspiele und Tragödien, die sein empfindsames Gemüt rühren. An Lessings *Emilia Galotti*, Gerstenbergs *Ugolino* oder *Der Tod Abels* von Gessner fesselt ihn nicht nur die Lektüre an sich, sondern stets auch die Möglichkeit der selbstgefälligen Deklamation, besonders im bibliophilen Zirkel eines zwar ungebildeten, seiner Darbietungen gegenüber aber empfindsamen Publikums:

> [...], wenn er z. B. bei seinem Vetter dem Perückenmacher, ein kleines, freilich eben nicht glänzendes Auditorium, um sich her versammlen, und dem mit aller Fülle des Ausdrucks und der Deklamation, die ihm nur möglich war, irgend eines seiner Lieblingstrauerspiele, [...], vorlesen konnte, wobei er denn ein unbeschreibliches Entzücken empfand, wenn er rund um sich her jedes Auge in Tränen erblickte, und darin den Beweis las, daß ihm sein Endzweck, durch die Sache, die er vorlas, zu rühren, gelungen war. - (AR, 183)

Ziel seiner Darbietung ist die Rührung der Zuschauer, denn Rührung - so lehren ihn Lessings Schriften - setzt Mitleid voraus, und dieses schließt wiederum eine innere Anteilnahme am Schicksal des rührenden Helden, also an Reiser persönlich, mit ein. "Der mitleidigste Mensch", resümiert Lessing, "ist der beste Mensch, zu allen gesellschaftlichen Tugenden, zu allen Arten der Großmut der aufgelegteste. Wer uns also mitleidig macht, macht uns besser und tugendhafter"[160]. Reiser allerdings interessiert sich weniger für eine moralische Besserung des Publikums wie sie den Theoretikern bei der poetologischen Konzeption des bürgerlichen Trauerspiels vorschwebt. Bei seiner affektvollen Deklamation hat er einzig die Evokation der Emotionen vor Augen, seiner und die seiner Zuhörer, denen in Lessings Trauerspiel die "bedrohliche Macht des Irrationalen" ebenso vorgeführt wird wie die "Unfähigkeit des Menschen, Affekt und Vernunft in ein ausgeglichenes Verhältnis zu bringen."[161] Gerade Anton Reiser ist empfänglich für derlei Empfindungen, sieht er doch in Lessings Schauspiel einer gestörten Sozialordnung den Zerfall der eigenen Familie gespiegelt, die sich ohne gegenseitige Rücksichtnahme in dogmatische und pietistische Frömmigkeit spaltet und dem Sohn damit eine lebenstaugliche Sozialisation verwehrt.[162]

3.4. Bücherfluchten und Lebenshilfen

Anton Reiser erfüllt alle Voraussetzung eines empfindsamen Lesers: Seine seelische Disposition verhilft ihm, sich in die Gefühle seiner Romanhelden zu versetzen, ihr Glück und Leid als eigenes zu empfinden. Bereits bei den mitreißenden Predigten des

159 Vgl. AR, S. 198.

160 Lessings Werke. Bd. 10, S. 488.

161 Alt (1994), S. 262.

162 Vgl. dazu auch Pott (1995), S. 108.

Pastors P. genießt er ein "unaussprechliches Vergnügen an der wehmütigen Empfindung".

> Niemand hat wohl mehr die Wonne der Tränen (the joy of grief) empfunden, als er bei solchen Gelegenheiten. Eine solche Erschütterung der Seele (...) war ihm mehr wert, als aller andre Lebensgenuß, er hätte Schlaf und Nahrung darum gegeben. (AR, 113)

Jede Lektüre, seien es nun Romane, Gedichte oder Theaterstücke, führt fast immer zur sofortigen Identifikation mit den literarischen Helden, denn der fremde Text bietet ihm die Möglichkeit, sich "über allen Kummer der Erde hinaus, in heitre Szenen" (AR, 172) zu träumen. Mit welcher Intensität Anton diese Träume erlebt, hängt ganz unmittelbar von seiner tatsächlichen Situation ab: Je mehr es ihm gelingt, sich physisch aus einer beengenden Situation der äußeren Realität zu entziehen, zum Beispiel durch eine Reise, um so stärker wirkt seine "Einbildungskraft", und "der Gesichtskreis seiner Seele erweiterte sich dann mit dem Gesichtskreis seiner Augen." (AR, 165)

> Er fühlte sich aus dem umschränkten Zirkel seines Daseins in die große weite Welt versetzt, wo alle wunderbaren Ereignisse, die er je in Romanen gelesen hatte, möglich waren - (AR, 165)

Reisers Träume sind freilich keine wirklichen Träume, keine geistigen Gebilde, die den Menschen vornehmlich in jener Phase zwischen Wachen und Schlafen begegnen, in welcher der Verstand und mit ihm die Vernunft gleichsam ausgeschaltet sind.[163] Seine geistigen Evasionen widerfahren ihm bei völligem Bewußtsein. Und doch erinnern die Deskriptionen der Phantasien Reisers an eben jene Beschreibungs- und Erklärungsmodelle von Träumen, wie sie in Moritz' *Magazin zur Erfahrungsseelenkunde* und in anderen einschlägigen Publikationsorganen von Autoren und Psychologen wie Karl Friedrich Pockels und Salomon Maimon entworfen und diskutiert werden.[164] So unterschiedlich die einzelnen Theorien bezüglich Ursache, Zusammensetzung und Wirkung des Traums und seines Verhältnisses zur Wirklichkeit auch sind, ihnen allen gemein ist die Auffassung, daß für das Traumgeschehen die Einbildungskraft zuständig ist, deren Einzelbilder überwiegend der sozialen Umwelt des Träumenden entstammen.[165] Moritz' hat diese Vorstellung der Psychologen als Erklärung für die Tagträume seines Helden übernommen. Die Regie über die pathologischen Träume Antons führt seine Einbildungskraft, die ihre Impulse aus der äußeren Realität bezieht. Dort aber, und das ist das Entscheidende, sind es wiederum überwiegend die fiktiven Erlebnisse aus Büchern, die Antons Phantasie beflügeln, denn sie kompensieren jenen Mangel, den die Wirklichkeit für ihn vorweist und der für die zeitge-

---

163 So die gängige Auffassung des Traums im 18. Jahrhundert. Vgl. Alt (2002), S. 177.

164 Vgl. ebd., S. 173-189.

165 Darüber, wie sich diese Bilder im Einzelnen zusammensetzen, nach welchen Gesetzmäßigkeiten Träume ablaufen, herrscht allerdings Uneinigkeit. Vgl. dazu wiederum Alt (2002), S. 173-189.

nössischen Psychologen das Traumgeschehen überhaupt erst hervorbringt. "Die Kunst des Traums ist eine Kunst der Ersatzformen; die Ermächtigung der Phantasie eine Folge der Ohnmacht des Verstandes; [...]. Selbst der neue Empirismus arbeitet folglich mit Restriktionen, die es gestatten, das Traumgeschehen als Ergebnis eines Mangels zu begreifen."[166] Im Traum verbindet sich für Anton schließlich das eigene Erleben mit dem fiktiven fremden; er markiert die Grenze zwischen Wirklichkeit und Fiktion und verbindet beide Ebenen zugleich miteinander. So lebt Anton zeitweise "ein doppeltes Leben, eins in der Einbildung und eins in der Wirklichkeit" (AR, 318) - zwei Existenzen, die aber durchaus auch ineinandergreifen, in denen Realität und Phantasie sich wechselseitig bestimmen. "Sein Wachen selber war ein fortgesetzter Traum" (AR, 394), heißt es an späterer Stelle über Reisers seelische Disposition während mehrerer Wochen, die er in einem Zustand andauernder Tagträume verbringt. Sowohl im Kindesalter als auch als junger Mann gelingt es Anton nur schwer, das "Wachen vom Traume zu unterscheiden" (AR, 97), denn immer wieder sucht er in Augenblicken der Verzweiflung, der psychischen oder physischen Not, die schützende Sphäre der Gedankenflucht auf, deren Auswirkungen auf sein Verhältnis zur Realität äußerst ambivalent ausfallen: Teils empfindet er den träumerischen Zustand als "glücklichsten seines Lebens" (AR, 394), bei dem sich Körper und Geist gleichermaßen erholen; teils erwacht er aus diesem Zustand mit einem Gefühl der Melancholie, da ihm die "Einschränkung"(AR, 243) der eigenen Person, die Gefangenschaft innerhalb der Grenzen der Wirklichkeit nun um so deutlicher vor Augen tritt. Solche Empfindungen unterliegen aber in der Regel seinen durch die Lektüre motivierten Phantasien, mit denen er den engen Kreis seines unglücklichen Daseins durchbricht.

"Der empfindsame Mensch", so Neubauer, "verschreibt sich ohne Einschränkungen oder Hemmungen allem Erzählten oder Geschriebenen. Hat er sich fremden Erfahrungen einmal ausgeliefert, so kennt seine Anteilnahme kein Halten mehr."[167] Reisers Anteilnahme gipfelt in der vollständigen Identifikation mit den fiktiven Helden, die durch den Besuch einiger Theatervorstellungen der Ackermannsche Truppe - jener Aufführungen, auf die sich Lessings *Hamburgische Dramaturgie* größtenteils bezieht - reale Gestalt annehmen. Die Rührung, die er während der Inszenierungen von *Emilia Galotti, Romeo und Julia* und einigen Opern empfindet,[168] die Tränen, die er vergießt, gelten gleichermaßen den dargestellten Schicksalen wie seiner eigenen Person, deren Empfindungen er auf der Bühne gespiegelt sieht:

> Die häufigen Tränen, welche er oft beim Buche und im Schauspielhause vergoß, flossen im Grunde eben sowohl über sein eignes Schicksal, als über das Schicksal der Personen, an denen er teilnahm, er fand sich immer auf eine nähere oder entferntere Weise in dem unschuldig Unterdrückten, in dem Unzufriednen, mit sich und der Welt, in dem Schwermutsvollen und dem Selbsthasser wieder. (AR, 190).

---

[166] Alt (2002), S. 186.

[167] Neubauer (1991), S. 38.

[168] Vgl. AR, S. 189-193.

Seelische Bereitschaft gepaart mit räumlicher Zurückgezogenheit lassen die Lektüre zur wahren Empfindung werden. Dieser Genuß ist für den Empfindsamen nur im Verborgenen, im abgeschlossenen Zimmer, in der einsamen Natur, in der den einzelnen Zuschauer abschirmenden Welt des Theaters oder allenfalls in der intimen Atmosphäre einer kleinen Gesellschaft erfahrbar. Unter diesem Aspekt ist auch Antons Freundschaft mit seinem Namensvetter Philipp Reiser zu erklären. An ihm zieht Anton besonders dessen Fähigkeit zur "feinen Empfindung" (AR, 157) an, und daß dieser "den Kopf beständig voll romanhafter Ideen" (AR, 158) hat. In seiner Vorstellung trägt der Freund viele der Züge, die die ritterlichen Helden seiner Romane kennzeichnen:

> [...], so war es immer, als hörte man einen Liebhaber aus den Ritterzeiten. - Seine Treue in der Freundschaft, seine Begierde, den Notleidenden zu helfen, und selbst seine Gastfreiheit kam auf diesen Schlag heraus, und gründete sich zum Teil auf die romanhaften Begriffe, womit seine Phantasie genährt war. (AR, 158)

Anton Reiser lebt in und mit seiner Lektüre, denn die fiktiven Helden seiner Bücher lassen ihn nicht nur das eigene Dasein vergessen, sie zeigen darüber hinaus Verhaltensweisen auf und geben Orientierungshilfen vor, die Anton im faktischen Leben umzusetzen sucht. So überwindet er bereits in jungen Jahren die Angst vor finanziellen Nöten in einem späteren Studium mit der Erinnerung an einen "lehrbegierigen Jüngling" aus seinen Büchern, "der für seinen Unterhalt Holz haute und Wasser trug, um die Zeit, die noch übrig blieb, dem Studieren widmen zu können." (AR, 117) An späterer Stelle reicht ihm allein der Gedanke an Shakespeares König Lear und dessen Verdammung "in der stürmischen Nacht" aus, seine Wanderung durch Erfurt bei starkem Unwetter mit "Wollust" (AR, 385) zu ertragen. Dergleichen Belege für Antons Vermögen, mit Hilfe fiktiver Helden und deren Leiden die reale Lebenswelt zu meistern, finden sich im Verlauf des Romans viele. Literarische Figuren und deren Handlungsweisen bestimmen so eigenes Verhalten und *erheben* das persönliche Schicksal zum gelebten Abbild der Lektürevorlage. Zugleich wird die Wirklichkeit für den Lesenden in dem Maße faßbar, indem er Gelesenes im eigenen Erleben wiedererkennt. Und ebenso gilt die Umkehrung: Die Identifikation mit der literarischen Figur erfolgt dort, wo die eigene Realität sich scheinbar in der Lektüre widerspiegelt, wo Welt symbolisch wiederholt wird. "Die beiden Ebenen der Empirie - Erfahrung aus Büchern und Erfahrung aus der erlebten Realität - beeinflussen sich gegenseitig"[169] und geben ein komplexes Geflecht von Wirklichkeit und Fiktion frei, welches durch die Phantasie und damit zusammenhängend durch die so häufig von Anton praktizierten Tagträume verbunden ist.

Inwieweit die Lektüre Antons Handeln bestimmt, wie sehr er bemüht ist, literarische Eindrücke umzusetzen, zeigt sich besonders deutlich bei seinem Versuch, seinen Gönner und Förderer von der Notwendigkeit weiterer Unterstützung zu überzeugen.

---

[169] Neubauer (1991), S. 279.

In einem Zustand äußerster sozialer und seelischer Not, dessen Ursache er zwar selbst in seiner "Wut, Romane und Komödien zu lesen und zu sehen" erkennt, beschuldigt er sich in einem Brief an den Pastor mit "den überspanntesten Ausdrücken der Selbstverachtung und Selbstherabwürdigung" als ein "Ungeheuer von Bosheit und Undankbarkeit" (AR, 205). Wie wenig sich allerdings hinter solchen Selbstanschuldigungen eine wahre Einsicht und der ehrliche Wunsch nach Besserung verbergen, offenbart seine Vorstellung vom Ablauf der bevorstehenden Aussprache:

> Er wollte nämlich dem Pastor M ... zu Füßen fallen, und seine ganzen Zorn auf sich herab erbitten. - Die ganze Anrede an ihn hatte er sich schon in seinen Gedanken entworfen, und nun trug er sich beständig mit dieser Idee herum, wo er ging und stund, bis zu dem Tage, wo er bei dem Pastor M ... sollte vorgelassen werden. (AR, 206)

In der theatralischen Inszenierung seiner Phantasie geht Reiser also mit "mit lauter großen Dingen schwanger" (AR, 206), beschimpft sich selbst "als einen recht großen Bösewicht" und fordert die "härteste Strafe für sein Verbrechen" (AR, 207), all die in ihn gesetzten Erwartungen enttäuscht zu haben. Auch hier führt die Literatur Regie, in diesem Fall Richardsons berühmter Briefroman *Clarissa*, den Anton in der Operettenbearbeitung *Klarisse oder das unbekannte Dienstmädchen* von Johann Christian Bock zu einem Zeitpunkt sieht, in dem er schmerzlich feststellt, daß alle Bemühungen um (literarische) Bildung die Schranken seines sozialen Standes nicht einreißen können. Die in der Operette dargestellte Geschichte, "daß ein *gebildeter junger Mensch* sich entschließt," - aus welchen Gründen auch immer - "ein Bauer zu werden, und nun ein so feiner, höflicher, und gesitteter Bauer ist, daß er sich unter allen übrigen auszeichnet" (AR, 193), fasziniert ihn in seiner gegenwärtigen Lage über alle Maßen. Die Lösung heißt Autonomie, heißt "selbst gewählte freiwillige Niedrigkeit" (AR, 345), denn nur so scheint die Möglichkeit gegeben, dem demütigenden Gefühl der Ausgrenzung zu entkommen. Freilich denkt Reiser nicht ernsthaft an eine Realisierung des Plans, ihm genügt bereits die Vorstellung vom idealisierten Leben, um das eigene Dasein heroisch zu ertragen und erneut die "süße Empfindung des Mitleids mit sich selber" (AR, 195) zu verspüren. Dieses Mitleid erhofft er auch in der bevorstehenden Aussprache zu erlangen und zwar dadurch, daß er sich mit allen Mitteln der tragischen Schauspielkunst vor seinem Zuschauer selbst beschuldigt. Denn dann, so lehrt ihn schließlich die zeitgenössische Trauerspieldebatte, erregt selbst das Unglück des größten Schurken Anteilnahme. In Antons Phantasie gerät die bevorstehende Begegnung auf diese Weise zur herzzerreißenden Szene, bei der er am Ende unter Tränen der Rührung vom Pastor in die Arme geschlossen wird.[170]

Die profane Wirklichkeit entwirft allerdings ein gänzlich anderes Szenario: Phantasie und Realität prallen durch den überraschenden Besuch des Vaters vollständig aufeinander, und statt der erhofften Rührung steht Reiser nun "bis zur Verachtung gedemütigt, wie ein Missetäter" da:

[170]Vgl. AR, S. 206.

> [...]- alles ging nun so *kalt*, so *gemein*, so *gewöhnlich* zu - - Reiser stand so unausgezeichnet, wie ein ganz gemeiner, alltäglicher Bösewicht da, dem man über sein Betragen die verdienten Vorwürfe macht - und er wollte sich doch selbst, als einen recht großen Bösewicht schildern, und selbst die härteste Strafe für sein Verbrechen nun auf sich herab erbitten. (AR, 207)

Solche Erfahrungen sind heilsam, auch für Reiser, dessen plötzliche Desillusionierung zumindest für den Augenblick "unzählige gute Vorsätze und Entschließungen" hervorruft, denn das "rauhe und harte Betragen" des Pastors reißt ihn tatsächlich für eine Weile "aus seiner idealischen Romanen- und Komödienwelt wieder in die wirkliche Welt" (AR, 208). Doch es sind weniger die Bücher, die im Urteil des psychologisierenden Erzählers zu Beginn dieser Szene ursächlich verantwortlich gemacht werden für Antons Hang zu überspannten, theatralischen Auftritten, als vielmehr seine leidvolle Kindheit.[171] "Weil der empfindsame Anton in Elend und Unverständnis aufwächst, sucht er Trost bei den verlockenden Früchten phantastischer Welten."[172] Die ungenügende Außenwelt bereitet den Boden für die Flucht in träumerische Sphären, deren Eindrücke sein Empfinden für die Wirklichkeit dergestalt verändern, daß eine wiederholte Evasion mittels Lektüre unabdingbar wird.

Das erkennbare Schema der "wechselseitigen Verkettung von Ursache und Wirkung"[173], das auch den weiteren Verlauf des Romans dominiert, deutet darauf hin, daß Moritz nicht allein im übermäßigen Lektüregenuß die Gefahr für den Leser erblickt. Wie sich noch im weiteren Verlauf stärker herauskristallisieren wird, zeigt sich der Umgang mit Literatur und deren Auswirkungen auf den Lesenden als ein ambivalenter, vielschichtiger Prozeß, bei dessen Analyse eine Vielzahl von Faktoren zu berücksichtigen sind. Neben dem eigentümlichen, hochsensiblen Charakter des Helden, wirken gleichermaßen soziale Einflüsse, wie zum Beispiel konventionelle Standesmuster, auf die Wahrnehmung Antons.[174] Neben den Auswirkungen des literarischen Genusses ist in der eben untersuchten Szene vor allem der angesprochene Zusammenhang zwischen Bildung und sozialem Aufstieg von Bedeutung. Auch er muß bei einer Analyse aller am literarischen Sozialisationsversuch beteiligten Faktoren beachtet werden, denn er tritt als wichtiges Element zur Charakterisierung des Protagonisten auf.[175] Zunächst bedeutet Bildung für Reiser eine Möglichkeit zur erfolgreichen Eingliederung in eine Gesellschaft, an dessen Rand er sich von Geburt an gedrängt

---

171 Vgl. AR, S. 205.

172 Schüre (1997), S. 10.

173 Weber (1977), S. 59.

174 Vgl. auch Viehoff (1993), S. 265-269, der in der Moritzschen Darstellung literarischer Sozialisation den didaktischen Aspekt betont. Im Gegensatz zu älteren Lesergeschichten, besonders zum *Don Quijote*, sieht Viehoff im *Anton Reiser* ein Sozialisationsmodell, das die "Verführung durch Literatur" als eine "überwindbare Entwicklungsphase" im Leben junger Leser beschreibt. Ebd., S. 265.

175 Vgl. Neubauer (1991), S. 286-290.

sieht. Zeigt sich Bildung bereits in seiner Kindheit als halbwegs verläßliches Mittel, die Achtung der Mitmenschen zu erlangen,[176] so erscheint sie ihm mit zunehmendem Alter verstärkt als ein Gut, welches einen vor allen anderen auszeichnet. Unabhängig von Geburtsprivilegien signalisiert der Besitz von Bildung, besonders von literarischer, die Zugehörigkeit zu Höherem, zu einem Kreis von Auserwählten. Diese Einschätzung spiegelt sich in Antons Verhalten gegenüber scheinbar Gebildeten. Seine Hochachtung vor den Lehrern der Lateinschule, besonders vor dessen Rektor, aber eben auch vor dem mittellosen gebildeten Essigbrauer K. erfolgt einzig nach dem Kriterium ihrer Belesenheit, nicht nach dem ihres sozialen Status. Und da das Erreichen von Bildung nun mal über die Lektüre von Büchern erfolgt, gerät das Buch für Reiser zum unverwechselbaren Symbol des “Litteratus” (AR, 324).[177]

Mittels Büchern versucht Anton sein Ziel der gesellschaftlichen Anerkennung und des beruflichen Aufstiegs zu realisieren. Wie ambivalent jedoch die Auswirkungen dieses literarischen Sozialisationsversuches ausfallen, zeigt sich bei näherer Betrachtung:[178] Die Diskrepanz zwischen der Höhe des Bildungsstandes und dem tatsächlich erreichten sozialen Status schließt einen direkten Zusammenhang zwischen beiden aus; vielmehr offenbart sie, daß Belesenheit nicht unbedingt zu beruflichem Erfolg führt. Denn gelesen wird auch in unteren Kreisen wie das Beispiel des “philosophischen Essigbrauer” (AR, 259) zeigt, in dessen Kreis Anton allabendlich “wahre sokratische Gespräche” (AR, 259f.) hört. Trotz seiner Zugehörigkeit zur unteren Schicht, versteht es der Mann “zwischen seinen Fässern Weisheit” zu vermitteln: Seinen Deklamationen aus dem *Tom Jones* in der humorvollen Manier von Laurence Sterne lauscht Anton mit “Vergnügen” und “Bewunderung” (AR, 260).

Keinesfalls ist hier eine Kritik an der feudalen Gesellschaftsordnung des 18. Jahrhunderts zu lesen; allenfalls gilt die Anklage einem unberechenbaren Schicksal, das den Einzelnen trotz aller Bemühungen um Bildung am sozialen Aufstieg hindert. Im Falle des Essigbrauers erweist sich diese Fügung gar als ‘sinnvoll’, denn, so die Einschätzung des Erzählers, zu all den “menschenfreundliche[n] Tugend[en], welche ihm in seiner Lage auszuüben möglich war[en]” (AR, 261), hätte er wohl an höherer Stelle wenig Gelegenheit gehabt. Nur jenseits ständischer Wertungen lassen sich ethische Werte wie Tugend, Sittlichkeit, Würde und Herzensbildung bewahren, deren Ausbildung auch mittels Lektüre erfolgt. Aus diesem Grund gibt Anton seine Idee von einem freiwilligen Leben in niedrigem Stand, als Bauer oder Soldat, auch nicht vollständig auf. Sie gewinnt im vierten Teil des Romans erneut in seiner Vorstellung Platz.

---

[176] Zu erinnern ist hier an das Lob, das Anton angesichts seiner ersten Lern- bzw. Leseerfolge im Sinne des Bildungssystems seiner Zeit erhält.

[177] Als solcher verschafft sich Anton auf seiner Wanderung im vierten Teil des Buches Respekt vor einem Wirt und einer Gruppe Dorfbewohner. Vgl. AR, S. 321-325. Siehe hierzu auch Neubauer (1991), S. 287.

[178] Vgl. auch Pott (1995), S. 112-119.

Eine erstaunlich apolitische Funktion weist Moritz hier der Lektüre zu, zumal er in der Figur des Essigbrauers jenen belesenen Typus konturiert, vom dem er in den *Reisen eines Deutschen in England im Jahre 1782* noch begeistert berichtet: Bürger "von geringerm Stande", die "alle ihre Nationalschriftsteller kannten und teils gelesen hatten". Diese umfassende Lektürebildung der unteren Stände "veredele" dieselben und "bringe sie den Höhern näher"[179]. Bereits vorhandene, positive Anlagen würden durch eine dergestalt lehrreiche Lektüre unterstützt und gefördert. Die hier angesprochene 'Nähe' zwischen niederen und höheren Ständen bezieht sich allerdings nur auf die Dekomposition sprachlicher Attribute, auf die allgemeine Fähigkeit zur literarischen Konversation, und nicht auf eine Auflösung der starren Gesellschaftsgrenzen.

3.5. Denkkraft versus Einbildungskraft

Der umfassender Blick auf die chronologisch verfaßte Biographie Anton Reisers verdeutlicht, daß die der Lektüre jeweils zugesprochenen Eigenschaften eine Relativierung ihrer selbst oftmals bereits in sich tragen. Die Koexistenz und die gelegentliche Interferenz positiver und negativer Lektüreauswirkungen erschwert eine eindeutige Beantwortung der Frage, ob das Lesen für Anton Reiser nun 'gut' oder 'schlecht' ist. Denn neben den exemplarisch untersuchten Lektüreexzessen, deren opiate Auswirkungen sich sowohl im psychischen als auch im physischen Bereich bemerkbar machen, existieren auch solche Textbegegnungen, die, anstatt Verwirrung zu stiften, ordnend, ja beinahe heilsam auf Reisers Geist wirken. Freilich sind auch sie nicht frei von exzessiven Ausprägungen, die den positiven Einfluß somit erneut in Frage stellen. Besonders auffällig ist dies bei Antons Beschäftigung mit wissenschaftlichen Büchern.

Im Alter von vierzehn Jahren beginnt er ein Studium verschiedener ästhetischer Schriften, wozu neben den bereits erwähnten Schriften von Lessing (AR, 160) etwas später Moses Mendelssohns *Philosophische Schriften* und eine Sammlung der berühmten *Berliner Literaturbriefe* von Lessing, Mendelssohn, Nicolai, Abbt und Sulzer (AR, 173) zählen. Neben der schon angesprochenen Wirkung der Texte auf Antons theatralisches Sendungsbewußtsein zeichnet sich an ihnen vor allem eine neue, methodische Art des Lesens ab, die besonders im dritten Teil, nach Überwindung der gefährlichen Romansucht, zur Ordnung von Antons krauser Gedankenwelt und zur allmählichen Schärfung seines Verstandes führt. Er liest nun mit System, fertigt zum besseren Verstehen - da "das bloße Lesen nichts half" - und zum späteren Gebrauch "schriftliche Tabellen" (AR, 215) seiner Lektüren an. Aus Gottscheds *Erste Gründe der gesammten Weltweisheit* schreibt er zur Orientierung ganze Teile ab:

> Das simple Abschreiben des *Hauptinhalts* brachte für ihn schon ein vorzügliches Interesse in die Sache - denn indem er nun das Blatt, auf welches er die in dem Buche enthaltenen

---

[179]Moritz: Werke, Bd. II, S. 25.

Materien niedergeschrieben hatte, beim Lesen des Buches vor sich hinlegte, erhielt er dadurch den Vorteil, *daß er bei dem Einzelnen nie das Ganze aus den Augen verlor*, welches doch beim philosophischen Denken immer ein Hauptererfordernis ist, und auch die größte Schwierigkeit macht.- (AR, 215)

Mit der Systematik wissenschaftlichen Arbeitens, bestehend aus dem "Unterordnen und Klassifizieren der Materien in seinem Kopfe sowohl als auf dem Papiere", gelingt es Anton nach und nach, "das Detail immer dem Ganzen gehörig"[180] zuzuordnen, vorhandene "Lücken [...] eine nach der andern auszufüllen", um auf diese Weise zu einer "allgemeinen Übersicht" (AR, 215f.) zu gelangen. Im Gegensatz zur bisherigen Lektüre tritt hier ein grundsätzlich neues Moment hinzu: Lesen bedeutet nun nicht mehr passives, geistiges Hinabtauchen in eine fiktive, von der Realität sich in wesentlichen Teilen unterscheidende Welt, sondern es fordert aktive Teilnahme vom Rezipienten. Antons bisher so dominierende "Einbildungskraft" wird nun verdrängt durch die "Denkkraft" (AR, 215), deren Funktion laut Moritz darin liegt, "den ganzen Umfang unsrer Ideen auf irgend einen Mittelpunkt zu beziehen, worin sie alle wie die Radien eines Zirkels sich vereinigen"[181]. Anstelle der "Wonne der Tränen" empfindet Anton nun die "Wonne des Denkens", genießt das Gefühl einer schöpferischen Kraft, die seine Gedanken "auf einmal alle so licht und helle" (AR, 215) werden läßt.

Die immerwährende Begierde, das Ganze bald zu überschauen, leitete ihn durch alle Schwierigkeiten des Einzelnen hindurch. - In seiner Denkkraft ging eine neue Schöpfung vor. - Es war ihm, als ob es erst in seinem Verstande dämmerte, und nun allmählich der Tag anbräche, und er sich an dem erquickenden Lichte nicht sattsehen könnte. - (AR, 215)

Gleichwohl treten auch hier bereits bekannte Begleiterscheinungen auf: Erneut ist Antons Leseverhalten von "Begierde" (AR, 215) geprägt, auch wenn diese nun aus dem Bedürfnis nach Erweiterung und Vertiefung bereits erworbenen Wissens erwächst. Wieder vergißt er über seiner Tätigkeit "Essen und Trinken", vernachlässigt die Schule und kommt statt dessen "in einer Zeit von sechs Wochen fast gar nicht von seinem Boden herunter" (AR, 215f.). Die Denkkraft fordert physischen Tribut: Kopfschmerzen begleiten die Lektüre und zwingen ihn tagelang "ausgestreckt rücklings auf dem Bette" (AR, 220) zu liegen.

So sehr diese Symptome an die verhängnisvolle Zeit seiner Roman- und Komödienlektüre erinnern, die Wirkung dieses ekstatischen Lesens unterscheidet sich dennoch grundlegend von bisherigen Lektüreerfahrungen. Gottscheds Philosophie und Christian Wolffs *Deutsche Metaphysik*[182], jene philosophische Erkenntnislehre, die

---

[180]Der hier im Roman neu auftauchende Terminus des "Ganzen", als welches die Lektüre absolut wird, gehört zu den zentralen Punkten in Moritz' Ästhetik. Vgl. Moritz. Beiträge zur Ästhetik, S. 40f.

[181]Moritz: Schriften zur Ästhetik und Poetik. S. 10.

[182]Vgl. AR, S. 217.

Leitfäden für soziales Handeln bietet,[183] regen ihn an, sich mit den "erhabensten Gegenständen des Denkens - mit den Vorstellungen von Raum und Zeit, von der höchsten vorstellenden Kraft" (AR, 216) zu beschäftigen. Dort, wo er einst "bloß phantasiert[e]", da "meditiert" (AR, 216) er jetzt, setzt sich mit der Diskrepanz zwischen dem einzelnen Individuum und der "Menschenmasse" auseinander, in der sich das eigene Dasein verliert, "klein und unbedeutend" (AR, 220f.) wird. Zugleich stößt er an die Grenzen menschlicher Ausdrucksfähigkeit und begreift dadurch die "Sprachgebundenheit des Denkens"[184]:

> *Er stieß an die undurchdringliche Scheidewand, welche das menschliche Denken von dem Denken höherer Wesen verschieden macht, an das notwendige Bedürfnis der Sprache, ohne welche die menschliche Denkkraft keinen eignen Schwung nehmen kann* - und welche gleichsam nur ein künstlicher Behelf ist, wodurch etwas dem eigentlichen reinen Denken, wozu wir dereinst vielleicht gelangen werden, Ähnliches, hervorgebracht wird. - (AR, 216)

Was sich hier wie aus einem philosophischen Diskurs des 20. Jahrhunderts liest, ist die Auseinandersetzung eines Individuums, das den Begriff der Individualität zu *denken* beginnt, das den "*Unterschied zwischen Körper und Geist*" so sehr spürt, daß ihn die Erkenntnis der "*Eingeschränktheit des einzelnen Menschen*", seine "*Unbedeutsamkeit*" und seine Sterblichkeit (AR, 221ff.) zunehmend verstört. An "die Stelle seiner vorigen romantischen Träume" (AR, 217), die ihn das eigene Leben vergessen ließen und ihm, wenngleich nur in seiner Phantasie, andere mögliche Existenzen aufzeigten, tritt nun das erdrückende Bewußtsein der "*Last seines Daseins*" und das Gefühl, "*sich selbst nicht entfliehen*" (AR, 223) zu können. Erneut überdecken negative Auswirkungen, die die eigene Person in ihrem Bewußtsein erschüttern, eine vormals von der Lektüre ausgehende Kraft, die strukturierend und festigend auf Antons Geist wirkte. Am Ende resultiert aus seinen Studien einzig ein "dunkles Gefühl" (AR, 221f.). Sein Selbstbewußtsein ist durch das Empfinden von "Verächtlichkeit und Weggeworfenheit" (AR, 223f.) vollends destruiert. Die Erkenntnis, daß der eigenen Person nicht auf irdische Weise zu entkommen ist, ist für Anton derart entsetzlich, daß seine Todessehnsucht übermächtig wird:

> Daß er nun unabänderlich *er selbst* sein *mußte*, und kein anderer sein *konnte*; daß er in sich selbst eingeengt, und *eingebannt* war - das brachte ihn nach und nach zu einem Grade der Verzweiflung, der ihn an das Ufer des Flusses führte, welcher durch einen Teil der Stadt ging, wo dasselbe mit keinem Geländer versehen war. (AR, 224)

Trotz "schrecklichsten Lebensüberdruß" (AR, 224) kommt die erhoffte Erlösung nicht durch ein gewaltsames Ende, sondern erfolgt - wie sollte es auch anders sein - über den Weg erneuten Bücherkonsums.

---

[183]Vgl. zu Wolffs Vernunftsphilosophie u.a. Alt (1994), S. 59-63.

[184]Pott (1995), S. 113.

3.6. *Hamlet, Lear, Macbeth* - Shakespeares Empfindungsrepertoire

Antons Suche nach Verständnis und Klärung der eigenen Individualität innerhalb eines allumfassenden Weltsystems bestimmt als zentrales Movens seine Beschäftigung mit den Werken Shakespeares. Wielands Übersetzung von *Macbeth*, *Hamlet* und *Lear* eröffnet ihm "eine neue Welt", die wieder einmal seine "Denk- und Empfindungskraft" anregt und ihn von der "wirklichen Welt in die Bücherwelt" (AR, 224) rettet. Trug er sich noch wenige Augenblicke zuvor mit der Entscheidung, das ihm unerträglich gewordene Dasein gewaltsam zu beenden, so ist im folgenden nichts mehr von jener übermächtigen Todessehnsucht zu spüren. Im Gegenteil, Shakespeares Werke erscheinen als Lebensretter in letzter Sekunde, denn durch sie fühlt er "seinen Geist unwiderstehlich mit emporgerissen" (AR, 224), so daß ihm zumindest um der Lektüre willen das Leben wieder lebenswert erscheint:

> Jede Stunde seines Lebens, wo er den Shakespeare las, ward ihm unschätzbar. - Im Shakespeare lebte, dachte und träumte er nun, wo er ging und stund [...]. (AR, 224)

Vorbereitet durch die Lektüre von Edward Youngs *Nachtgedanken*, dessen melancholische Empfindungen ihn derart begeistern, daß er Teile des Werkes "beinahe auswendig" (AR, 220) lernt, wird nun die Begegnung mit Shakespeare zur Erweiterung persönlicher Überlegungen:

> Hier war mehr als alles, was er bisher gedacht, gelesen und empfunden hatte. (AR, 224)

Dabei kommt ihm die zuvor bei den wissenschaftlichen Büchern erlernte Lesart, "*das beständige vor Augen Halten des Hauptinhaltes*" (AR, 216), zugute, denn auch jetzt richtet Anton "sein Augenmerk zuerst auf das *Ganze* des menschlichen Lebens" (AR, 225f.). Erst dadurch gelingt es ihm, sein persönliches Schicksal als "das allgemeine Los der Menschheit" (AR, 226) zu begreifen, eine Erkenntnis, die ebenso Trost spendet, wie das Bewußtsein, "die Empfindungen Tausender beim Lesen des Shakespeare mit durchempfunden" (AR, 225) zu haben.

Antons Verehrung für den berühmten englischen Dramatiker steht damit ganz im Zeichen seiner Zeit und spiegelt deutlich die Begeisterung Moritz' wider, der in Shakespeare "das größte Genie, welches vielleicht die Natur je hervorbrachte"[185], sah. "Moritz' autobiographischer Romanheld", so urteilt Peter Cersowsky, "weiß sich so im Einklang mit der Empfindung von vielen: Begeisterung für Shakespeare als *das* Genie, in dem sich die Natur manifestiere und das dafür auf gelehrte dramaturgische Regeln, auf die Einheit von Ort, Zeit und Handlung verzichten dürfe - das sind Topoi des Sturm und Drang."[186] Der Urquell alles Lebendigen und Schöpferischen ist für die Stürmer und Dränger die Natur; das Genie die höchste Steigerung des Indivi-

---

[185] Moritz: Reisen eines Deutschen in England, S. 87.

[186] Cersowsky (1993), S. 76.

duellen wie des Naturhaften, in dem sich die schöpferische Kraft vollständig und unmittelbar offenbart.[187] Shakespeare, von Moritz' Zeitgenossen schwärmerisch verehrt, gilt schlechthin als Prototyp eines solchen genialen Künstlers, dessen Abbilder wirklichen Lebens als "Medien für erfahrungsseelenkundliche Perspektiven, für die Anthropologie, die Wissenschaft vom Zusammenhang zwischen Körper und Seele oder Geist, vom ganzen Menschen"[188] fungiert.

Moritz' Faszination für Shakespeares Werke ist augenfällig in seinen *Anton Reiser* eingeflossen: Zum einen festigt und intensiviert die Lektüre Antons Freundschaft zu Philipp Reiser, zum anderen regt sie ihn zu ausgedehnten psychologischen Betrachtungen an. In gemeinsam inszenierten Shakespearenächten bereitet es Anton "die größte Wonne" (AR, 225), jene empfindsamen Regungen am Freunde zu beobachten, die er kurze Zeit zuvor selbst bei der Lektüre erlebte. Lesend durchwandert er nun die "Welt der menschlichen Leidenschaften" (AR, 225), philosophiert über die Stellung der Menschheit im System der Welt und versucht, sein angelesenes Wissen mit eigenen Überlegungen in Einklang zu bringen. Der Bildungs- und Lernerfolg bleibt nicht aus:

> Aber wenn auch durch irgend etwas sein Geist gebildet wurde, so war es durch diese Lektüre, wogegen alles, was er sonst Dramatisches gelesen hatte, gänzlich in Schatten gesetzt und verdunkelt wurde. (AR, 225)

Beinahe ironisch mutet das Urteil des Erzählers über Antons geistige Entwicklung an, der nach dem Studium der Werke Shakespeares mit einem Mal "kein gemeiner und alltäglicher Mensch mehr" (AR, 225) sei, da seine "Klagen" nun "edler als vorher" (AR, 226) ausfielen; eine Einschätzung, die Anton wohl selbst so empfindet, denn sein Verhältnis zur Außenwelt erfährt eine entschiedene Wandlung:

> Selbst über seine äußern Verhältnisse lernte er sich auf eine edlere Art hinwegsetzen - selbst bei seiner Melancholie nahm seine Phantasie einen höheren Schwung. - (AR, 225)

Für den plötzlichen Gefühlsumschwung sind wieder einmal Bücher verantwortlich, denn in Shakespeares dramatischen Helden erblickt Anton erneut die Möglichkeit einer Identifikation. Ob Hamlet, Lear oder Macbeth, sie alle repräsentieren auf die eine oder andere Weise jene Empfindungen, die Reiser nicht fremd sind. Hamlets grüblerische, zynisch-kritische Veranlagung und seine Isolation lassen sich ebenso wie bei Moritz' Helden auf den Einfluß äußerer Lebensumstände zurückführen. Die Vorstellung von einem feindlichen Schicksal, das den Einzelnen unbarmherzig trifft, findet Anton aufs Wunderbarste formuliert in Hamlets Erkenntnis einer zutiefst ver-

---

[187] Vgl. zum Verständnis des Sturm und Drang u.a. Hinck (1989); zur Bedeutung und Entwicklung des Geniebegriffs in den siebziger Jahren des 18. Jahrhunderts vgl. auch Plumpe (1995), S. 80-84.

[188] Cersowsky (1993), S. 77.

rotteten Welt, in der das Schicksal als angreifendes feindliches Heer alle Bemühungen zunichte macht:

> To be, or not to be - that ist the question: / Whether 'tis nobler in the mind to suffer / The slings and arrows of outrageous fortune, / Or to take arms against a sea of troubles, / And by opposing end them? [...][189]

Hamlets berühmte Reflexion trifft im Kern Reisers persönliche Überlegungen zum menschlichen Dasein im Verhältnis zum *Nichtsein.* Zu Shakespeares machthungrigem Macbeth spürt er die Nähe durch sein eigenes Bedürfnis, die Aufmerksamkeit der Mitmenschen auf sich zu ziehen.[190] Ebenso erinnert sein früherer Zeitvertreib, außerhalb der Lesestunden Zuflucht zu imaginären Schlachtenspielen zu suchen, in denen er seine "kindische Rache am Schicksal" (AR, 197) ausüben konnte, an die kriegerischen Gelüste des schottischen Königs. Und in der nihilistischen Lebensdeutung Macbeth' spiegelt sich zuletzt gar seine persönliche Lebenseinschätzung:

> Life's but a walking shadow; [...] / [...] It is a tale / Told by an idiot, full of sound and fury / Signifying nothing.[191]

Auf die Identifikation Reisers mit König Lear wurde ja bereits an früherer Stelle hingewiesen. Wie für viele seiner Zeitgenossen liefern Shakespeares Tragödien Anton ein umfassendes Repertoire höchster Empfindungen. Er beginnt sich als Teil eines "Gan-ze[n] des menschlichen Lebens" (AR, 226) zu betrachten - eine Sichtweise, die die eigene Misere als allgemein menschlich zu relativieren vermag. Die Erweiterung seiner "Denk- und Empfindungskraft", das Eröffnen einer "neu[en] Welt" (AR, 224) - vor allem einer neuen Lektürewelt - läßt ein Wirken der Lektüre erkennen, das über den Akt des Lesens hinausgeht und nicht länger als eskapistisch zu bezeichnen ist. Die bisher vollzogene Isolation vom sozialen Umfeld wird durchbrochen durch das Bewußtsein, einer imaginären Gemeinde von Shakespearelesern anzugehören, die sicherlich ein Äquivalent zur Lesergemeinschaft der Quietisten darstellt.[192] Unter diesem Aspekt markiert Antons Shakespeare-Lektüre tatsächlich einen bedeutenden Wendepunkt innerhalb seiner Lesergeschichte. Nicht der Wunsch, sich aller überflüssigen Empfindungen zu entledigen, motiviert jedoch seine Lektüre, sondern es ist gerade das empfindsame Gemüt, das hier Impulse sucht und ausreichend findet. Und neben dem modischen "joy of grief", der Anton immer wieder befällt, zeigt sich erneut seine "Lust an der Illusion"[193] verantwortlich für die Auseinandersetzung mit Shakespeare.

---

[189] Shakespeare: Hamlet. III. Akt, 1. Szene, Vers 57-61, S. 239f.

[190] Vgl. Cersowsky (1993), S. 78.

[191] Shakespeare: The Tragedy of Macbeth. V. Akt, 5. Szene, Vers. 24-28, S. 204.

[192] Vgl. Pestalozzi (1994), S. 123.

[193] Neubauer (1991), S. 271.

Zumindest auf den ersten Blick ist Antons Shakespeare-Lektüre positiv konnotiert, denn im Gegensatz zur früheren Roman- und Komödienlektüre durchbricht sie seine Isolation und stellt damit eine Öffnung zur Außenwelt dar. Die einst so geliebten einsamen Lesestunden werden ersetzt gegen solche des Vorlesens, Studierens und Kommunizierens über Literatur im Kreis von Gleichgesinnten. Der mündlichen Kommunikation folgt das Bedürfnis nach Schrift: Anton verfaßt ein Tagebuch, daß zugleich als Briefwechsel mit dem Freund dient, um seine Gedanken und Empfindungen, die "innere Geschichte seines Geistes" (AR, 226) festzuhalten und um sich schriftlich im literarischen Disput zu üben.[194] Durch die Lektüre Shakespeares gelangt er nun über das Stadium unproduktiven Lesens hinaus; er verfaßt eine "Anzahl kleiner Aufsätze" (AR, 226), in denen er vor allem "Metaphysisches über *Ichheit* und *Selbstbewußtsein*" (AR, 227) erörtert. Der Plan einer Autobiographie gewinnt zunehmend Kontur:

> Nun fing er an, den Begriff des *Individuums* zu verfolgen [...] und da er nun endlich auf den höchsten Grad des Bestimmtseins von allen Seiten, und des *vollkommen sich selbst gleich seins* stieß - so war es ihm nach einigem Nachdenken, *als ob er sich selbst entschwunden wäre - und sich erst in der Reihe seiner Erinnerungen an das Vergangene wieder suchen müßte.* - Er fühlte, daß sich das Dasein nur an der Kette dieser ununterbrochnen Erinnerungen festhielt. (AR, 227)

Sosehr sich Motivation und Auswirkungen der Shakespeare-Lektüre von der seiner Romanen- und Komödienlektüre unterscheiden, sosehr ähneln sie sich zugleich: Auch hier weist die Lektüre Anton einen Weg, sich "aus seiner wirklichen Welt in die Bücherwelt" (AR, 224) zu retten. Es ist die Flucht vor dem Leben, vor einem Dasein, welches ihm unerträglich geworden ist, die ihn erneut zum Buch greifen läßt. Wieder einmal kompensiert die Lektüre in erster Linie seine Leiden, denn durch Shakespeares Werke erfahren sie ein beträchtliches Maß an Relativierung. Altbekannt ist auch der ungesunde physische Zustand, die andauernden Kopfschmerzen, die mit wachsender Intensität seiner wissenschaftlichen Betrachtungen und seiner literarischen Produktivität einhergehen.[195]

Die textimmanente Bewertung der Shakespeare-Lektüre fällt also ebenso ambivalent aus wie Antons frühere Bücherbegegnungen. Das Nebeneinander und gelegentliche Überschneiden positiver und negativer Lektüreeinschätzung durchzieht letztlich den gesamten Roman. Dabei zeigt sich, daß auch das einstige Phantasielesen, Resultat einer übermäßigen 'Einbildungskraft', nicht vollständig von der neu entdeckten 'Denkkraft' abgelöst wird. Dies demonstriert vor allem die Begegnung mit Goethes *Leiden des jungen Werther*.

---

[194] Vgl. AR, S. 226. Zu Antons späteren schriftstellerischen Versuchen vgl. Kapitel 3.8.2. Die Leiden der Poesie.

[195] Vgl. AR, S. 227f.

3.7. Von Goethe, Hölty und Mendelssohn - Die Welt der Dichter-Genies

Neben Shakespeares Werken ist es vor allem Goethes Roman *Die Leiden des jungen Werther*, der einen besonderen, nachhaltigen Einfluß auf den Leser Anton Reiser ausübt. Freilich interessieren ihn nicht die "eigentlichen Leiden Werthers" (AR, 245), dessen unerfüllte Liebe zu Lotte - solche Gefühle sind Anton fremd, da er sich selbst nie als Objekt der Liebe erfahren hat:

> Die Teilnehmung an den Leiden der Liebe kostete ihm einigen Zwang - er mußte sich mit Gewalt in diese Situation zu versetzen suchen, wenn sie ihn rühren sollten, - denn ein Mensch der liebte und geliebt ward, schien ihm ein fremdes ganz von ihm verschiedenes Wesen zu sein, weil es ihm unmöglich fiel, sich selbst jemals als einen Gegenstand der Liebe von einem Frauenzimmer zu denken. (AR, 245)

Mangels dieser Erfahrung konzentriert sich seine Aufmerksamkeit auf diejenigen Aspekte im *Werther*, die Übereinstimmung zur eigenen Gefühlswelt zulassen. Dies sind vor allem *Werthers* Betrachtungen über "Leben und Dasein, über das Gaukelspiel menschlicher Bestrebungen, über das zwecklose Gewühl auf Erden; die dem Papier lebendig eingehauchten echten Schilderungen einzelner Naturszenen, und die Gedanken über Menschenschicksal und Menschenbestimmung" (AR, 245) - Eindrücke folglich, die Anton aus persönlichen Überlegungen zum "*Nahen* und *Fernen*" (AR, 244), zum Leben als "Täuschung, Traum und Blendwerk" (AR, 245) vertraut sind. Parallelen zum eigenen Schicksal findet er auch in Werthers Klagen über "*sein kaltes freudloses Dasein*" (AR, 246) und in der Sehnsucht, dieses gewaltsam zu beenden. Die nötigen Faktoren zur Identifikation sind also bereits vorhanden. Sie sind Resultat bisheriger Lektüren, vor allem der Shakespeare-Lektüre.

Doch anders als bei *Hamlet, Lear* oder *Macbeth* sucht Anton hier nicht das gemeinsame Lesevergnügen oder den literarischen Austausch in einem Kreis von *Werther*-Anhängern, sondern wählt für seine Goethe-Lektüre die Abgeschiedenheit in freier Natur, eine seinem Lektüreerlebnis adäquate Szenerie:

> Fast alle Tage ging er nun bei heiterm Wetter mit seinem Werther in der Tasche den Spaziergang auf der Wiese längs dem Flusse, wo die einzelnen Bäume standen, nach dem kleinen Gebüsch hin, wo er *sich wie zu Hause fand*, und sich unter ein grünes Gesträuch setzte, das über ihm eine Art von Laube bildete -. (AR, 246)

Dieser Vorgang des bewußten Aufsuchens eines Leseortes, vorwiegend in der Natur, verdient besondere Aufmerksamkeit. Antons Suche nach einem geeigneten Platz für die Lektüre seines *Werther* erfolgt nach dem Grad der Übereinstimmung zwischen den in der Lektüre vermittelten Landschaftseindrücken und jenen Orten, die diese Eindrücke topographisch abbilden. Dort, wo die umgebende Landschaft die literarischen Empfindungen unterstützt und intensiviert, wo Naturerfahrung und Lektüreerlebnis weitgehend kongruent sind, findet die Inszenierung des Leseaktes statt. So liest Anton "unter dem grünen Gesträuch den Werther, und nachher am Bache den

Virgil oder Horaz" (AR, 246).[196] Das Bemühen um Kongruenz zwischen äußerer und innerer Erfahrungswelt dient im besonderen der Sensibilisierung der Lektüreeindrücke.[197]

Thomas Koebners Untersuchung des Lektürerituals in freier Landschaft im 18. Jahrhundert weist drei Verlaufsphasen dieses Prozesses auf:
1. Die Abkehr des Lesers von der 'alten Welt' durch Wanderung aufs Land mit einer Lektüre, die als Konversation mit einem "Dichter-Vorbild"[198] verstanden wird.
2. Die Metamorphose der Wirklichkeit, gesteigert bis zum "Lektüretraum", der zugleich ihr "kontradiktorischer Gegenentwurf"[199] ist.
3. Das Erwachen aus der literarischen Scheinwelt und die Rückkehr in die Wirklichkeit, die nun ungleich grausamer erscheint.[200]

Der Ablauf eines solchen Leseprozesses in freier Natur läßt sich leicht auch in Moritz' *Anton Reiser* nachzeichnen: Vor der lärmenden Stadt mit ihrem "Gedränge von Menschen" (AR, 221) ergreift Anton die Flucht, um in der Einsamkeit und Abgeschiedenheit, vorzugsweise der freien Natur, in die Welt der Bücher zu entkommen. Als zwangfreier Raum symbolisiert die offene Landschaft dabei jenen Bereich, der als Bindeglied zwischen Wirklichkeit und Lektüre-Phantasie fungiert und letzterer als Kulisse dient. Mit seiner Lektüre schafft sich Anton "gleichsam eine *Heimat* in der großen ihn umgebenden Natur", die zwar "durch keine Wände und Mauern eingeschränkt", aber dennoch Schutz vor unliebsamen Störungen bietet und so "den freien ungehemmten Genuß" (AR, 237) der Lektüreträume garantiert. Dergleichen ist ihm eingeschränkt auch schon in der Stadt gelungen:

> Er schuf sich nun den Wall, welchen er hinauf stieg in einen Berg, das Gesträuch, durch welches er sich durcharbeitete, in einen Wald, und einen kleinen Erdhügel im Stadtgraben,

---

[196] Koebner (1977) vermutet, daß es sich bei Antons Lektüre um Vergils *Georgica* oder *Eklogen*, bei Horaz um *Satiren*, *Epoden* oder *Oden* handelt. Vgl. ebd., S. 40. Moritz' Roman gibt darüber selbst keine weitere Auskunft.

[197] Vgl. auch AR, S. 289f. u. S. 317.

[198] Koebner (1977), S. 44. Der Begriff "Dichter-Vorbild" geht auf das von den Schweizern Bodmer und Breitinger in den *Discourse der Mahlern* geforderte Autor-Leser-Verhältnis zurück: Autor und Leser müßten wie in einem Freundschaftsverhältnis zueinander stehen: Übereinstimmung in allen "geistlichen und irdischen Dingen ohne Ausnahme des guten und bösen", in den "Naturelle[n]" und Verbindung der "*Interets*". Bodmer u. Breitinger: Discourse der Mahlern. 1. Teil. II. Discours. Unter der Bezeichnung "alte Welt" wird jene Gesellschaft oder Societät verstanden, die die freie Entfaltung des Individuums, das Recht auf eigene Persönlichkeit jenseits von Konventionen, Nutzerwägungen, Werten und Pflichten unmöglich macht. Der Rückzug in die Natur kommt dabei einem Verweigern dieser Gesellschaft gleich. Vgl. auch Koebner (1977), S. 42.

[199] Ebd., S. 44f.

[200] Ebd., S. 45. Die Tradition der bukolischen Szene, des locus amoenus, führt Koebner bis auf den Orpheusmythos zurückführt. Bereits bei Vergil und Horaz findet das formgebende Motiv Verwendung. Vgl. ebd., S. 41f. Einen detaillierten Überblick über die Sekundärliteratur zum Naturbegriff bei Moritz liefert Grams (1992), S. 36-55.

in eine Insel um; [...] - kurz, er realisierte sich mit ihnen seine ganze idealische Romanenwelt, so gut er konnte. (AR, 109)

Doch erst der "ästhetische Dialog mit der Natur"[201] bringt dem Lesenden die Empfindungen des Autors bzw. die seines literarischen Helden wirklich nahe. Das hat Moritz selbst erfahren. Auf seiner Reise nach England sucht er Shakespeares Geburtsstadt Stratford-upon-Avon auf und notiert: "Hier war es, wo das größte Genie, welches vielleicht die Natur je hervorbrachte, geboren ward. Hier bildete sich seine junge Seele, auf diesen Fluren spielte er als Knabe. Und hier in diesen niedrigen Hütten brachte er vergnügt mit einigen Freunden seine letzten Tage zu". Etwas später schreibt er: "Das ist nun die Gegend, wo ein solcher Geist, wie Shakespeares, seine erste Bildung durch die ihn umgebende Natur erhielt!"[202]

So wie Werther *seinen* Homer kaffeetrinkend unter zwei Linden auf einem Dorfplatz liest,[203] so rezipiert also Anton Reiser Homers *Odyssee* mittags unter einem schattigen Baum.[204] Kurt Wölfel assoziiert mit diesem Vorgang treffend das Spiel mit der russischen Puppe: "In dem Buch, mit dem er die Landschaft durchstreift, liest er von einem, der mit einem Buch die Landschaft durchstreift, in dem von einem erzählt wird, der mit einem Buch die Landschaft durchstreift. Man kann sich die Reihe ad libitum fortgesetzt denken."[205] Was Reiser hier vollführt, ähnelt dem Vorgang der 'mise en abyme', der von Gide geforderten Wiederholung des Sujets eines Werkes, mit dem Unterschied allerdings, daß die Spiegelung invers erfolgt: Reiser selbst richtet seine Umgebung dergestalt ein, daß seine eigene Wirklichkeit möglichst exakt den Vorgaben der literarischen Welt entspricht. Auf diese Weise gelingt es ihm, zwischen sich und der literarischen Vorlage eine Verbindung zu schaffen, die beispielhaft ist für das von Bodmer und Breitinger empfohlene Leserverhalten: Denn nur derjenige, der ein "Wäldgen und ein offnes Feld, oder das grüne Gestade eines schattichten Baches" aufsucht, kann "durch reiffe Reflexionen über die Kürze des Lebens, über die Gewißheit des Todes, über die Eitelkeit der Hochheit, des Reichthums, der Authoritet, der Freude, der Wollust" entsagen und ist dadurch ein "guter Kenner und Leser der Bücher"[206]. Deshalb sucht Reiser die Einsamkeit in der Natur auf, denn nur dort kann er zu Goethes Briefeschreiber ein 'echtes' Freundschaftsverhältnis aufbauen.[207] Doch die von Bodmer und Breitinger verlangte Beziehung erfährt bei Moritz' Helden eine

[201] Grams (1992), S. 143, der den ästhetischen Dialog in drei Teile unterteilt: "Dialog mit dem Autor", Dialog "mit der Erfahrungswelt des gelesenen Autors und seiner Zeit" und Dialog "mit der Natur". Vgl. ebd., S. 142-147.

[202] Moritz: Reisen eines Deutschen in England, S. 87f.

[203] Vgl. Goethe: Die Leiden des jungen Werther. 1. Buch. Brief v. 26. Mai, S. 14f.

[204] Vgl. AR, S. 317.

[205] Wölfel (1980), S. 53.

[206] Bodmer u. Breitinger: Discourse der Mahlern. 1. Teil. VII. Discours.

[207] Vgl. AR, S. 246.

übersteigerte Ausprägung: Der Dichter des *Werther* und mit ihm diejenigen, deren Lyrik im Göttinger Musenalmanach veröffentlicht ist, werden zu Objekten einer Verehrung, die in irreale Schwärmerei mündet:

> Er vergötterte diese Menschen in seinen Gedanken, und würde es schon für eine große Glückseligkeit gehalten haben, nur einmal ihres Anblicks zu genießen [...] Diese ausschweifende Ehrfurcht gegen Dichter und Schriftsteller nahm nachher mehr zu als ab; er konnte sich kein größeres Glück denken, als dereinst einmal in diesem Zirkel Zutritt zu haben - denn er wagte es nicht, sich ein solches Glück anders, als im Traume vorzuspiegeln. (AR, 247f.)

Bei Goethe trägt sich Anton mit der "romanhaften Idee" (AR, 384), als Bediensteter im Kreis des Dichters zu verkehren, und Moses Mendelssohn ist in seiner Vorstellung ein längst verstorbener "alter Weise":

> Er konnte sich nur mit Mühe zu dem Gedanken gewöhnen, sich einen Mann als noch lebend vorzustellen, den seine Einbildungskraft so lange in die vergangnen Jahrhunderte zurück versetzt hatte. - Er dachte sich einen solchen Mann wie eine unter den Menschen wandelnde Gottheit - [...]. (AR, 288)

Hölty, ebenfalls Mitglied im Zirkel der Dichtergenies, wird von Anton trotz geographischer Nähe und der Möglichkeit der Bekanntmachung durch dessen Bruder lieber aus der Ferne verehrt.[208] Die später tatsächlich zustandekommende Begegnung endet für Reiser enttäuschend: Das Dichter-Vorbild seiner Phantasie erleidet starken Schaden.[209] Solche "Wesen höherer Art" (AR, 248) gehören eben in den Bereich der Phantasie, denn in der profanen Wirklichkeit können sie nicht bestehen. Der Versuch, die Grenzen solcher Gedankenspiele zu überschreiten, um wirklichen Kontakt zur Welt der Dichter aufzubauen, scheitert am bewußten oder unbewußten Bemühen, das Traumbild seiner Phantasie vor den störenden Einflüssen der Realität zu schützen. Auf diese Weise bewahrt er sich eine Distanz zu seinen Idolen, die zugleich keinerlei Aktivität von ihm verlangt. Dies alles erinnert ebenso an die übertriebene Religiosität seines Vaters wie auch an die "Überspanntheiten pubertären Starkults unserer Tage"[210].

Doch zurück zum Ort des Lektüregenusses. Noch befindet sich Anton in der zweiten Phase des von Koebner beschriebenen Leserituals. Lektüre- und Natureindruck vereint erlösen Reiser für kurze Zeit von den Qualen seines städtischen Lebens, indem sie ihn der durch starre Normen gekennzeichneten Enge gesellschaftlichen Daseins entreißen. Die "anagogische Funktion" dieses Prozesses - "anagogisch im Sinne einer ‹Erhebung› des Lesers durch den Vorgang des Lesens in einen Bereich des ‹Hö-

---

[208]Vgl. AR, S. 247f.

[209]Vgl. ebd., S. 266.

[210]Neubauer (1991), S. 308. Auf Antons Bewertung schriftstellerischer Tätigkeit wird im folgenden Kapitel näher eingegangen.

heren›, auch der ‹höheren› Erkenntnis"[211] - ist jedoch nur so lange für den Leser von Dauer, wie die "halluzinatorische Erfahrung"[212], die die Verwandlung von Wirklichkeit in eine elysische Traumwelt hervorruft, anhält. Sobald die Lektüre endet und mit ihr die Realität erneut die Oberhand gewinnt, findet auch die literarische Illusion ihr Ende. Die Natur kann nun nicht länger zwischen Wirklichkeit und Phantasie vermitteln. Das Erwachen aus der poetischen Scheinwelt, die dritte Phase des Lektürerituals, erfolgt mit der ernüchternden Erkenntnis, daß die "*kahle Wirklichkeit mit allen ihren* unvermeidlichen Unannehmlichkeiten" die "schönen Bilderchen aus der Zauberlaterne" (AR, 307) der Einbildungskraft vernichtet.

Diese letzte Phase des Lektürerituals vollzieht sich besonders augenfällig während der Lektüre Klopstocks im vierten Teil des Buches. Diesmal verläßt Anton gemeinsam mit seinem neuen Freund Neries die Stadt, um lagernd "am Abhange des Steigerwaldes" und "bei Sonnenuntergang die Jünger von Emaus aus dem Klopstock [...], oder an einem trüben Tage, Zachariäs Schöpfung der Hölle" (AR, 377) zu lesen. Damit begeht er allerdings schon den ersten Fehler, denn die *Discourse* geben vor, daß Freundschaft sich ausschließlich auf zwei Personen, nämlich auf die des Autors und seines Lesers, beschränkt - "ich habe niemahls drey angetroffen, die zusammen Freundschafft gemachet haben"[213] - und der Lektüregenuß sich somit nur allein einstellt.[214] Darüber hinaus scheint es mehr als fragwürdig, daß das Lesen bei "Sonnenuntergang" oder an "einem trüben Tage" Vergnügen bereiten soll. Tatsächlich sind es dann auch ganz reale Schwierigkeiten, die das Unternehmen alles andere als poetisch-idyllisch werden lassen: Obwohl "der Boden feucht war, die Ameisen an die Beine krochen, der Wind das Blatt verschlug", harren Anton und sein Freund "oft Stunden lang" in ihrer Stellung aus. Der Akt des Lesens gerät dergestalt zur "wahre[n] Mühe und Arbeit" (AR, 377). In der Konfrontation mit den störenden Einflüssen der Außenwelt versagt der literarische Genuß. "Klopstocks Messiade" erweckt bei beiden Lesern nur noch "entsetzliche Langeweile" (AR, 377), der nur Nerics durch seine Rolle als Vorleser entkommt. Anton, zum passiven Zuhören gezwungen, kämpft zudem mit dem Problem, den Anschein zu erwecken, "über das Gehörte entzückt zu sein" (AR, 378). In den unverkennbar komischen Elementen dieser Szene offenbaren sich zugleich die Bedingungen, die Anton für eine erfolgreiche literarische Rezeption benötigt: Die Absorption der literarischen Welt funktioniert nur dann, wenn ihr reichhaltiges Spektrum empfindsamer Regungen vor störenden Eindrücken der Wirklichkeit bewahrt wird. Gelingt dies nicht, so entsteht für den Leser ein qualvoller Zustand:

> Denn keine größere Qual kann es wohl geben, als eine gänzliche Leerheit der Seele, welche vergebens strebt, sich aus diesem Zustande herauszuarbeiten, und unschuldigerweise

---

[211] Koebner (1977), S. 41.

[212] Ebd., S. 44.

[213] Bodmer u. Breitinger: Discourse der Mahlern. 1. Teil. II. Discours.

[214] Vgl. auch Koebner (1977), S. 42.

> sich selber in jedem Augenblicke die Schuld beimißt, und sich selber ihres Stumpfsinns anklagt, daß sie von den erhabenen Tönen, die unaufhörlich in ihre Ohren klingen, nicht gerührt und erschüttert wird. (AR, 378)

In der Unfähigkeit, Klopstocks *Messias* schlicht als 'langweilig' zu bezeichnen, offenbart sich Antons Leseerwartung: Eine Lektüre wie *Der Messias*, die gemeinhin als 'schön' gilt, d.h. zugleich wahr, nützlich und gut ist, muß auch unterhaltend sein.[215] Ruft sie statt dessen Langeweile hervor, so kann die Ursache dafür nur in der eigenen mangelnden Empfindungsfähigkeit liegen. Denn schließlich zählt Klopstock, Initiator des deutschen Irrationalismus und der Erlebnisdichtung überhaupt, zum literarischen Kanon des 18. Jahrhunderts, obgleich bereits einige Zeitgenossen die Monotonie des handlungsarmen biblischen Epos *Der Messias* bemängeln.[216]

Zur Scheu vor der 'Demontage' eines Werkes, das als "klassische Epopee"[217] gefeiert wird, tritt Antons unbefriedigtes Bedürfnis nach Anverwandlung der eigenen Person an das Gelesene. Empfindsame Regungen bleiben aus, das erträumte "*Dort*" wird zum enttäuschenden "*Hier*" (AR, 378) und verliert damit allen Reiz. Zurück bleibt einzig "der Verdruß, der dann in die Stelle der gereizten Hoffnung" tritt und "von einer so groben, gemeinen, und niedrigen Art" ist, "daß auch nicht der mindeste Grad von einer sanften Melancholie oder etwas dergleichen damit bestehen" (AR, 378) kann.

Antons Werther-Lektüre läßt solche Anstrengungen noch nicht erkennen. Der Einfluß der Natur unterstützt ungehemmt die durch die Lektüre hervorgerufenen Empfindungen. Doch wie bei jeder seiner Buchbegegnungen zeichnen sich auch hier negative Symptome ab, die ihren Ursprung in den spezifischen Auswüchsen des Lektürekonsums haben. Anton liest Goethes Roman nicht nur einmal, er liest ihn wiederholt und muß dabei zum eigenem Mißfallen feststellen, daß er sich auf diese Weise ganz besonderen Gefahren aussetzt:

> Allein die zu oft wiederholte Lektüre des Werthers brachte seinen Ausdruck sowohl als seine Denkkraft um vieles zurück, indem ihm die Wendungen und selbst die Gedanken in diesem Schriftsteller durch die öftere Wiederholung so geläufig wurden, daß er sie oft für seine eigenen hielt, und noch verschiedene Jahre nachher bei den Aufsätzen, die er ent-

---

[215] Vgl. zum vormodernen Leseverhalten auch Plumpe (1995), S. 65-71.

[216] In Grabbes Komödie *Scherz, Satire, Ironie und tiefere Bedeutung* bezeichnet der Teufel Klopstocks *Meßias* als "unfehlbares Schlafmittelchen": "Ich brauche nur drei Verse darin zu lesen, dann bin ich so müde wie der Daus!" In: Grabbe: Scherz, Satire, Ironie und tiefere Bedeutung. 1. Akt, 4. Szene, S. 234. Vgl. zur zeitgenössischen Kritik an Klopstocks *Messias* Carlsson (1963), S. 36-57.

[217] So Johann Jakob Eschenburg 1790 über Klopstocks *Messias*. Die *Allgemeine Literaturzeitung* bezeichnete das Werk 1799, einundfünfzig Jahre nach Erscheinen der ersten drei Gesänge und ein Jahr nach Herausgabe der Gesamtausgabe, als "Epopee, in der die Originalität Homers, die edle Sprache Virgils und die moralische und religiöse Würde Miltons sich vereinigen, und welcher keine der neueren Nationen ein Werk entgegenstellen kann, was ihr den Vorrang streitig machte." Zit. n. Carlsson (1963), S. 45.

warf, mit Reminiszenzien aus dem Werther zu kämpfen hatte, welches der Fall bei mehrern jungen Schriftstellern gewesen ist, die sich seit der Zeit gebildet haben." (AR, 246)

Die verinnerlichte Lektüre garantiert zwar den Anschluß an eine Gesellschaft, die sich auch über eine besondere Form der Sprache, der Büchersprache, definiert; für die Ausbildung des eigenen schriftstellerischen Stils ist die ständige Repetition aber hinderlich. Obwohl sich Anton also selbst nicht vom Vorwurf der Werther-Okkupation freisprechen kann, polemisiert er in einem Aufsatz über den Unterschied zwischen der "affektierten" und der "wahren Empfindsamkeit" und kritisiert die vielfältigen "Nachahmungen von Werthers Leiden" (AR, 375).[218] An seiner Verehrung für Goethe hält er fest, denn die Lektüre des *Werther* spendet ihm erneut Selbstbewußtseins. Anton fühlt sich wie schon bei Shakespeare "über alle seine Verhältnisse erhaben" und ist nunmehr "stolz auf seine Menschheit" (AR, 247). Das Bewußtsein einer Seelenverwandtschaft mit dem literarischen Vorbild mildert die bedrückende Vorstellung, ein "unbedeutendes weggeworfenes Wesen" (AR, 247) zu sein. Die erhoffte Identifikation vollzieht sich mit und im Roman, in dem Reiser neben eigenen Lesegewohnheiten und persönlichen Lektürevorlieben auch altbekannte empfindsame Regungen wiederfindet. Es erstaunt also wenig, daß Anton Goethes *Werther* als literarisiertes Abbild der eigenen Persönlichkeit wahrnimmt:

Was Wunder also, daß seine ganze Seele nach einer Lektüre hing, die ihn, sooft er sie kostete, sich selber wiedergab. (AR, 247)

Zweifellos nehmen sowohl Shakespeares Dramen als auch Goethes *Werther* im *Anton Reiser* eine besondere Stellung ein.[219] Ihre fiktiven Weltentwürfe bringen eine positive Stärkung des eigenen Empfindens auch innerhalb der faktischen Wirklichkeit hervor, gerade weil sich diese von der selbstempfundenen Identifikation mit den berühmten Lesevorbildern nährt. Die geschilderten positiven Auswirkungen, die die "Begegnung mit wahrhaft großen Kunstwerken"[220] hervorruft, sind allerdings erneut von Motivation und Lesart der Lektüre überschattet. Die Motivation zum Lesen erschließt sich bei den Werken Shakespeares wie auch beim *Werther* aus der verführerischen Evasionsaussicht, aus einem ungeliebten Dasein in die Welt der Phantasie zu entkommen, die ihren Besitzer selbst zum Schöpfer macht. Eine Lektüre aber, in der "idealisches Dasein wirklich gestaltet wurde und in der Gestalt eigenes, selbständiges Dasein gewonnen hat"[221], birgt immer auch ein Verlustpotential für den Lesenden: Dort, wo die fiktive Welt in all ihren Facetten dem empfindsamen Leser vollkommen und somit ideal erscheint, dort wird er zugleich jeder weiteren Aufgabe enthoben und

---

[218]Vgl. zur Anfälligkeit Reisers, sich fremder stilistischer Mittel zu bedienen, auch die Ausführungen Neubauers (1991), S. 293f.

[219]So urteilen auch Schrimpf (1963), S. 127, u. Weber (1977), S. 61.

[220]Schrimpf (1963), S. 127.

[221]Ebd., S. 128.

zur psychischen Passivität verurteilt. Die entworfene fiktive Welt läßt sich mit eigener Phantasie nicht mehr übertreffen.

Sosehr Antons Motivation für seine *Werther*-Lektüre in ihren Grundzügen durchaus an die Zeit der Romanen- und Komödien-Lektüren erinnert (Legitimation der Evasionsabsichten), sosehr unterscheidet sie sich doch in ihren Auswirkungen auf die faktische Lebenswelt.[222] Darüber hinaus vergrößert sich für den fluchtbereiten Protagonisten die Gefahr, in den Kreislauf des Selbstbetrugs nur noch mehr zu geraten. Denn Einsicht in die Selbsttäuschung, Lektüre als Trost für gesellschaftliche Isolation, als Flucht vor der Wirklichkeit zu wählen, um sich nur noch weiter von eben dieser Wirklichkeit zu entfernen und noch stärker in die Isolation zu geraten, erlangt Anton auch an dieser Stelle nicht.

3.8. Vom Rezipienten zum Produzenten

Die vorhergehende Analyse der Lesegewohnheiten Anton Reisers dokumentierte, wie vielschichtig Moritz das Problem der Unterscheidung zwischen faktischem Leben und scheinhafter, illusionärer Wirklichkeit in seinem Roman gestaltet. Sowohl der eigentümliche Charakter des Protagonisten als auch die ihn umgebenden spezifischen Umstände zeigen sich verantwortlich für die Art und Weise seines Lektüreverhaltens, das Dietrich Weber treffend als "exemplarische Aporie" bezeichnet: "Lektüre, die betrieben wird, um sich über die Isolation hinwegzutrösten, und die damit nur tiefer in die Isolation hineinführt."[223] Neben charakterlicher Eigenart und gesellschaftlicher Grenzsetzung wurde jedoch noch eine weitere Codierung sichtbar: die durch die elterliche Sozialisation, die ja ihrerseits über Bücher erfolgt.[224] Alle so beschriebenen Einflüsse tragen dazu bei, daß sich Anton aus der verhaßten Realität in eine durch Lektürevorgaben und eigene Phantasie entwickelte Scheinwelt zurückzieht, um sich in und über diese zu definieren. Doch die zwingende Rückbindung an die dominierende Wirklichkeit mißlingt, wodurch eine erneute Evasion in die Welt der Bücher unabdingbar wird. Dieser Kreislauf, dessen Ursache in Antons Verlangen nach Identität liegt und der in seinen Ausprägungen die Leiden eines Suchtkranken dokumentiert, läßt sich für Anton nur durchbrechen, indem er die konträr verlaufenden Instanzen 'Leben' und 'Fiktion' so weit wie möglich zur Deckung bringt. Gelingen kann dies jedoch ausschließlich dort, wo die Beschäftigung mit Literatur von der Gesellschaft anerkannt ist, d.h. sich seine vormals rein literarische Rezeption in produktive Rezep-

---

[222] Moritz' strukturelle Analyse des *Werther*-Briefs vom 10. Mai, 1792 unter dem Titel *Über ein Gemälde von Goethe* in der *Deutschen Monatsschrift* veröffentlicht, verdeutlicht, daß sich seine eigene *Werther*-Lektüre durchaus von derjenigen seines lesenden Helden unterschied. Vgl. Moritz: Schriften zur Ästhetik und Poetik, S. 142-148. Vgl. zu Moritz' Goethe-Reminiscenzien auch Dörr (1999), S. 141-165.

[223] Vgl. Weber (1977), S. 61.

[224] Vgl. auch Pott (1995), S. 111.

tion umwandelt, wobei Grimms ursprüngliche Definition des Begriffs 'produktive Rezeption' hierbei insofern erweitert wird, als daß damit eine generelle Produktivität gemeint ist, die aus dem Vorgang des Lesens entsteht.[225] Nur in den Betätigungsfeldern, die produktive Rezeption voraussetzen, kann sich der "literarisch erzeugte, illusionäre Universalitätsanspruch"[226] uneingeschränkt etablieren. Neben der gesellschaftlichen Akzeptanz und dem Durchbrechen der Isolation halten die Existenzen eines Dichters oder Schauspielers für den poetisch Infizierten noch einen weiteren Anreiz bereit: Sie befriedigen Antons Verlangen nach eigenem Ruhm und Beifall. Schreiben ebenso wie Schauspielen ist belebtes Lesen, ist die potenzierte Fortsetzung einer Leidenschaft, die Leiden mindert, indem sie das angestrebte Ziel der Selbstfindung in eine vermeintlich greifbare Nähe rückt. Aus diesem Blickwinkel lassen sich Reisers poetische und theatralische Eigenleistungen als in ihren Wirkungen identische Ausprägungen ein und derselben Grundmotivation beschreiben. Dies aufzuzeigen, verlangt eine nähere Beschäftigung mit Antons poetischem Sendungsbedürfnis, wobei zunächst der Blick auf seine zweite Leidenschaft, auf das Theater, gerichtet wird.

3.8.1. Die Leiden des Theaters

Daß Moritz' Protagonist sein Leben häufig mit dramatischen Trauerspielelementen zu inszenieren sucht, zeigte schon sein geplanter dramatischer Auftritt, mit dem er seinen Gönner rühren und zur weiteren Unterstützung bewegen wollte.[227] Auch der Brief an seinen Vater, den er in einem Zustand äußerster Verzweiflung schreibt, und der "im Grunde eine Rolle [war], die Reiser spielte" (AR, 182), zeugt von seinem Verlangen, die poetische Scheinwelt in die Wirklichkeit zu transferieren:

> Er fand ein Vergnügen daran, sich selbst, wie es zuweilen die Helden in den Trauerspielen machen, mit den schwärzesten Farben zu schildern, und dann recht tragisch gegen sich selbst zu wüten. (AR, 182)

Wie bereits erwähnt, erwächst Antons Interesse an theatralischen Figuren und deren Schicksalen aus einem Gefühl des Verlusts der eigenen Person im wirklichen Leben. Sowohl die Uneinigkeit der elterlichen Lebensauffassungen, die sich ja hauptsächlich im konträren Leseverhalten niederschlägt, als auch deren Unfähigkeit im sozialen Miteinander prägen schon frühzeitig die Orientierungslosigkeit des Knaben und verhindern bereits in dessen Kindheit die Entwicklung eines Bewußtseins für den 'rechten Weg'.[228] Hinzu kommt eine ständig drohende finanzielle Misere, die Reiser ins

---

[225] Vgl. zur 'produktiven Rezeption' die Ausführungen in Kapitel 1.

[226] Born-Wagendorf (1989), S. 56.

[227] Vgl. Kapitel 3.4. Bücherfluchten und Lebenshilfen.

[228] Pestalozzi (1994) deutet Antons Begeisterung für das Theater als "zweite Runde des Streites zwischen väterlicher und mütterlicher Lese-Nachwirkung." Ebd., S. 125.

gesellschaftliche Abseits drängt. Der Rückzug in die Innerlichkeit und Isolation, eingeleitet durch die Welt der Bücher beider Elternteile, gewährt Anton zwar eine momentane Befreiung aus den ihn umgebenden Verhältnissen, sein Wunsch nach Anverwandlung der eigenen Persönlichkeit an die literarischen Vorbilder, nach gesellschaftlicher Integration und Anerkennung, bleibt jedoch trotz bester Anlagen ("Gefühl für Freundschaft, für Dankbarkeit, für Großmut, und edle Entschlossenheit", AR, 163) unerfüllt.

Wie sehr muß sich Reiser nun erst von einem Ort angezogen fühlen, wo jene Schicksale wirklich Gestalt annehmen, die er sich, inspiriert durch seine Lektüre, gedanklich bereits ausgemalt hat:

> Sein Herz schlug ihm für Freuden, da er dies las, gerade dies Stück, bei dem er schon so manche Träne geweint, und so oft bis ins Innerste der Seele erschüttert war, nun auf dem Schauplatz mit aller möglichen Täuschung wirklich dargestellt zu sehn. (AR, 189)[229]

Die sinnliche Wahrnehmung dessen, was bisher bloße Imagination war, setzt unweigerlich den Wunsch frei, Teil dieses Geschehens zu sein, um so neben der psychischen endlich auch die physische Verwandlung zu vollziehen. Wie bereits bei der Lektüre offenbart sich für Reiser ebenso im Bühnenspiel eine Möglichkeit, sich über den Alltag zu erheben, empfundenes Elend und gesellschaftliche Zurücksetzung für den Augenblick zu verdrängen. Die Vorstellung von einer Verkörperung "recht affektvolle[r] Rolle[n], wo er mit dem größten Pathos reden" (AR, 163) kann, erweckt in ihm die Hoffnung, zumindest kurzzeitig den "Schein über die Wirklichkeit triumphieren zu lassen"[230], um sich einer selbsttrügerischen Phantasie hinzugeben, die ihn "in eine Reihe von Empfindungen versetzen könnte, die er so gern hatte, und sie doch in seiner wirklichen Welt, wo alles so kahl, so armselig zuging, nicht haben konnte" (AR, 163). Ein um Verständnis werbender Erzähler betont die Natürlichkeit solcher Empfindungen:

> Dieser Wunsch war bei Reisern sehr natürlich; er hatte Gefühl für Freundschaft, für Dankbarkeit, für Großmut, und edle Entschlossenheit, welche alle ungenutzt in ihm schlummerten; denn durch seine äußere Lage schrumpfte sein Herz zusammen. - Was Wunder, daß es sich in einer idealischen Welt wieder zu erweitern, und seinen natürlichen Empfindungen nachzuhängen suchte! - In dem Schauspiel schien er sich gleichsam wieder zu finden, nachdem er sich in seiner wirklichen Welt beinahe verloren hatte. (AR, 163f.)

Hinter der Begeisterung für das Theater steckt der "Kampf um die Begründung des eigenen Ichs"[231], der Wunsch nach persönlicher Ausdehnung, denn zeigt sich die Realität für den Verlust der Identität verantwortlich, so gewährt die scheinhafte Wirklich-

---

[229] So Reisers Empfindungen, als er von einer Aufführung *Emilia Galottis* durch die Ackermannsche Truppe erfährt.

[230] Wuthenow (1980), S. 88.

[231] Catholy (1962), S. 24.

keit des Schauspiels dessen Regeneration in gesteigerter Form. Um diesen Vorgang zu verdeutlichen, bedarf es einer näheren Beschäftigung mit Antons eigenständigen Schauspielversuchen:

Um an einer privaten Inszenierung von Lessings Trauerspiel *Philotas* mitzuwirken, erkauft sich Anton die Rolle des Titelhelden, in der Hoffnung sich so "einen ganzen Abend lang großmütig, standhaft, und edel" zeigen zu können - Empfindungen, die er seiner Ansicht nach nur durch "ein kurzes, täuschendes Spiel der Phantasie" (AR, 174) realisieren kann, denn schon früh begreift er das Theater als einen Ort, auf dem er alles sein kann, "wozu er in der wirklichen Welt nie Gelegenheit hatte - und was er doch so oft zu sein wünschte" (AR, 173). Hinzu kommt der Reiz des "Dialog[s] auf dem Theater", der dem "Monolog auf der Kanzel" (AR, 173) - eine frühere Leidenschaft Reisers - nun den Rang abläuft, denn nur im lebendigen Figurenspiel des Theaters scheint ihm die realistische Darstellung menschlicher Regungen möglich.

Diese erste private Inszenierung erfaßt er als Chance, sich endlich selbst mit einer Vielzahl ethisch-moralischer Verhaltensweisen zur Schau zu stellen:

> Nun war er in seinem Elemente - Er konnte einen ganzen Abend lang großmütig, standhaft, und edel sein, - die Stunden, wo er sich zu dieser Rolle übte, und der Abend, wo er sie spielte, waren von den seligsten seines Lebens - obgleich das Theater nur ein schlechtes Zimmer mit weißen Wänden, und das Parterre eine Kammer war, die daran stieß, und wo man, statt der ausgehobenen Türe, eine wollene Decke angebracht hatte, die zum Vorhang dienen mußte; und obgleich das ganze Auditorium nur aus dem Wirt des Hauses [...] nebst dessen Frau und seinen Gesellen bestand, und die ganze Erleuchtung nur mit Pfenniglichtern bewerkstelligt wurde, die auf kleinen an die Wand geklebten Stücken von nassen Leimen brannten. (AR, 174)

So engagiert Antons Spiel auch ausfällt - seine Interpretation des Trauerspiels verfehlt Lessings Intention: Die Ideale, die Reiser in der Figur des Philotas verkörpert sieht und bewundert ("großmütig, standhaft, und edel"), sind die des heroischen Helden. Doch gerade gegen diese richtet sich Lessings Kritik. Heldenpathos, Todesbegeisterung, all die soldatischen Ideale, die so sehr die christlichen Märtyrertragödien, die heroischen Trauerspiele beherrschen, vollkommene Charaktere, die nur distanzierte Bewunderung beim Publikum erwecken, werden durch Gegenüberstellung menschlicher Werte und familiärer Bindungen (verkörpert in den beiden Vätern Parmenio und Aridäus) erstmals in Frage gestellt. Philotas, der heroische Held, erscheint nunmehr als "Vertreter eines blindwütigen Heroismus, der das militärische Kalkül über die Menschlichkeit stellt"[232]. Reiser aber hält eisern an seinen heroischen Empfindungen fest und interpretiert das Stück entsprechend der eigenen Vorlieben. Für ihn bleibt Philotas ein Held ohne Fehler, der durch seinen Freitod aufopfernd und selbstlos handelt und damit gleichermaßen Bewunderung *und* Mitleid

[232] Alt (1994), S. 142.

verdient,[233] eben jene Empfindungen, die er bereits den Helden seiner Bücher entgegengebracht hat.

Auffallend ist darüber hinaus die sprachliche Kongruenz, mit der Lektüregenuß und Theaterleidenschaft charakterisiert werden; verständlich jedoch, da letztere ja aus den Eindrücken der Bücherwelt hervorgeht:

> Wenn er die Szenen eines Drama, das er entweder gelesen, oder sich selbst in Gedanken entworfen hatte, durchging, so war er das alles nach einander wirklich, was er vorstellte, er war bald großmütig, bald dankbar, bald gekränkt und duldend, bald heftig und jeden Angriff mutig entgegenkämpfend. (AR, 164)

Die Idee, literarische Charaktere als Vorbilder für die Verwandlung der eigenen Person heranzuziehen, erwächst aus dem Vorgang des Lesens, bleibt hier aber im Fiktiven, d. h. in der traumhaften Scheinwelt des Lesenden hermetisch eingeschlossen, da die Welt an sich eben nicht die entsprechende Kulisse bereitstellt. Als konsequente Folge entwickelt sich die Faszination für eine Ort, an dem Innerlichkeit und Isolation aufgebrochen werden, die Grenzen von Fiktion und Wirklichkeit zunehmend verschwimmen, mehr noch, an dem der Schein für den Augenblick über das Sein dominiert. Der gesteigerte, komprimierte Weltentwurf des Theaters wird für den Begeisterten zur Realität:

> Er fand sich hier gleichsam mit allen seinen Empfindungen und Gesinnungen wieder, welche in die wirkliche Welt nicht paßten. - Das Theater deuchte ihm eine natürlichere und angemeßnere Welt, als die wirkliche Welt, die ihn umgab. (AR, 174)

Der magische Einfluß des Theaters ist somit zwar untrennbar mit Antons Lektüreerfahrung verbunden, doch so äquivalent die jeweiligen Merkmalsmalsbeschreibungen auch ausfallen, sosehr zeigt sich doch, daß eben nur das Theater ihm jene Möglichkeiten eröffnet, die ihm auch die Bücher versagen müssen: Auf der Bühne, vor einem ausgewählten Publikum, kann Anton zumindest für einen begrenzten Zeitraum dem "unwiderstehliche[n] Trieb nach Veränderung seiner Lage" nachgehen und seine "Begierde, sich auf irgend eine Weise, [...], öffentlich zu zeigen, um Ruhm und Beifall einzuernten" (AR, 299), befriedigen.

> Ruhm und Beifall zu erwerben, das war von jeher sein höchster Wunsch gewesen; - aber der Beifall mußte ihm damals nicht zu weit liegen - *er wollte ihn gleichsam aus der ersten Hand haben*, und wollte gern, wie es der natürliche Hang zur Trägheit mit sich bringt, ernten ohne zu säen. - Und so griff nun freilich das *Theater* am stärksten in seinen Wunsch ein. - Nirgends war jener *Beifall aus der ersten Hand*, so wie hier zu erwarten. (AR, 288f.)

---

[233] Nach Lessings Ansicht sind gerade Mitleid und Bewunderung unvereinbar, denn während das eine innere Anteilnahme bedeute, setze das andere eine emotionale Distanz voraus. Vgl. Lessing: Werke. Bd. IV, S. 173-188. Vgl. zu Lessings Wirkungsbegriffen und zum *Philotas* auch Alt (1994), S. 138-148.

Die Unterscheidung beider Leidenschaften liegt demnach in den Möglichkeiten, die diese für den Protagonisten bereithalten: Neben dem lebendigen Entfaltungspotential des Theaters nehmen sich die auf Innerlichkeit und Isolation gerichteten Auswirkungen des Leseaktes verhältnismäßig gering aus. "Nur die Entfaltung der eigenen Seele ist wichtig, und diese kann sich bei eigener Produktion ja unverhältnismäßig stärker auswirken als bei reiner Rezeption."[234] Einen Vorgeschmack der "lebendigen Auswirkung der eigenen Expansionskräfte"[235] erhielt Anton sicherlich bereits durch das Vorlesen im kleinen Kreis, eine umfassende Anerkennung seiner Darstellung - besser: seiner Person, denn nur um diese geht es, wie sich noch zeigen wird - erhält er letztlich aber nur an dem Ort, "wo es einem nicht einmal darf zur Eitelkeit angerechnet werden, daß er sich so oft wie möglich zu seinem Vorteil zeigen will, sondern, *wo die Sucht nach Beifall gleichsam privilegiert ist.*" (AR, 299)

Das übersteigerte Geltungsbedürfnis macht auch vor solchen Rollen nicht halt, die statt Bewunderung und Mitleid Belustigung beim Publikum auslösen.[236] Doch dies sind nur Rollen zweiter Wahl, deren Übernahmen der Not gehorchen. Antons begehrtes Objekt bleiben Figuren wie die des Clavigo, in denen er "alles das *wirklich machen* [kann], was bis jetzt durch eine so lang anhaltende Komödienlektüre, und seinen schon so lange fortdauernden Hang zum Theater, in seiner Phantasie reif geworden war." (AR, 295) Bleiben sie ihm verwehrt, so empfindet er, "wie einer der alle sein Hab und Gut ohne Rettung in den Flammen aufgehen sieht" (AR, 298). Ein Scheitern des Schauspieltraums kommt einer Vernichtung der Existenz und somit der eigenen Person gleich, denn, wie Catholy bereits feststellte, geht es Reiser bei seiner Begeisterung für das Theater "nicht um die Verwirklichung eines Ideenkomplexes, auf den die ganze Vitalität ausgerichtet wird und dem sie bereit ist, sich aufzuopfern"[237], sondern es geht um Klärung und Festigung des Ichs mittels ethischer Größen aus Literatur und Schauspiel. Zu dieser Einsicht gelangt Anton jedoch bis zum Ende des Romans nicht; vielmehr glaubt er, der Schauspielberuf

> könne ihm nicht fehlschlagen, weil er jede Rolle tief empfand, und sie in seiner eigenen Seele vollkommen darzustellen und auszuführen wußte - er konnte nicht unterscheiden, daß dies alles nur *in ihm* vorging, und daß es an äußerer Darstellungskraft ihm fehlte. - Ihm deuchte, die Stärke womit er seine Rolle empfand, müsse alles mit sich fortreißen, und ihn seiner selbst vergessen machen. (AR, 319)

[234]Catholy (1962), S. 63f.

[235]Ebd., S. 63.

[236]Reiser spielt "mit allem Beifall" die Rolle des Magister Blasius in Hippels Lustspiel *Der Mann nach der Uhr oder der ordentliche Mann.* Über den Erfolg kann er sich dennoch nicht freuen, denn "dies war nicht der rechte Beifall, den er sich gewünscht hatte. Er wollte nicht zum Lachen reizen, sondern durch sein Spiel die Seele erschüttern."AR, S. 298. Vgl. zum Stellenwert komödiantischer Rollen im *Anton Reiser* auch Catholy (1962), S. 86f.

[237]Ebd., S. 62.

So wenig eine realistische Einschätzung der eigenen Fähigkeiten gelingt, um so mehr ist er dennoch in der Lage, illusorische Zukunftsträume bei anderen zu entlarven:

> [...] denn wenn er [Iffland, Anm. ad.] Prediger würde, so würde er wahrscheinlich ein großer Heuchler werden - er würde mit der größten Hitze des Affekts, und mit aller Stärke der Deklamation doch immer nur eine Rolle spielen. - Ein geheimes Gefühl sagte Reisern, daß dies bei ihm selber wohl der Fall sein würde, darum konnte er jenem so gut den Text lesen. (AR, 285f.)

Auf die Gefahr, die in einem Schauspielerwunsch liegt, der eben nicht einem reinen "Darstellungstrieb" (AR, 336), sondern vielmehr dem Bedürfnis nach Erfahrungen und Empfindungen entspringt, die das Leben selbst verwehrt, weist der Erzähler deutlich hin:

> [...] ihm lag mehr daran, die Szenen des Lebens in sich, als außer sich darzustellen. *Er wollte* für sich *das alles haben, was die Kunst zum Opfer fordert.* Um seinetwillen wollte er die Lebensszenen spielen - sie zogen ihn nur an, weil er sich selbst darin gefiel, nicht weil an ihrer treuen Darstellung ihm alles lag. - Er täuschte sich selbst, indem er das für echten Kunsttrieb nahm, was bloß in den zufälligen Umständen seines Lebens gegründet war. - Und diese Täuschung, wie viele Leiden hat sie ihm verursacht, wie viele Freuden ihm geraubt! (AR, 336)

Der Lektüre wie auch dem Theater wird ein äußerer, höchst eigener Zweck zugesprochen, der in der Seelenspiegelung und Selbstfindung des Protagonisten liegt: Weder liest er zur Unterhaltung oder Belehrung, noch begeistert er sich für das Theater, weil er sich objektiv an der Inszenierung eines Stückes erfreut. Und ebensowenig entspringt sein Wunsch, selbst Schauspieler zu werden, einem ehrlich empfundenen Drang nach Darstellung. Statt dessen nutzt er Bühne und Lektüre um neben einer andauernden Sensibilisierung der Empfindungskraft neue Wege der Identitätsfindung zu erproben. Sein Interesse gilt dabei ausschließlich jenen theatralischen Figuren, die sich entweder durch besondere ethische Größe bzw. durch ausgeprägte moralische Werte auszeichnen oder deren exemplarische Lebenssituationen emotionale Erregungen freisetzen, die bei Reiser zur Identifikation führen.[238] Besonders eindrucksvoll gelingt ihm dies bei Klingers Drama *Die Zwillinge*, wo seine Affinität zur Gestalt des Guelfo aus der Extraktion einzelner, seinem Dasein entsprechender Faktoren erwächst:

> *Guelfo glaubte sich von der Wiege an unterdrückt* - das glaubte er von sich auch - [...] Er vergaß den Fürstensohn, und alle die Verhältnisse eines Fürstensohnes, und fand nur sich in dem unterdrückten Guelfo wieder. (AR, 283)

[238] Zu erinnern ist hier ebenso an Reisers Vorliebe für Shakespeares dramatische Helden wie an seine Identifikation mit Goethes Werther.

Entscheidend für die Identifikation ist nicht die identische Ständezugehörigkeit, sondern die Übereinstimmung der inneren Seelenlage. In Guelfos monomanischer Artikulation seines maßlos enttäuschten Selbstgefühls findet Reiser die eigene Empfindungswelt, die ungerechte Zurücksetzung im Elternhaus und in der Schule, aber auch "sein Hohngelächter über sich selber, seinen Selbsthaß, seine Selbstverachtung und Selbstvernichtungssucht" (AR, 319) vollkommen gespiegelt.

Im Bewußtsein eines ereignislosen, unterdrückten Daseins, das keinerlei Platz für große Gefühle zuläßt, erscheint das Theater als Projektionsfläche der eigenen Seelenlage und darüber hinaus als Ort der kurzfristigen Realisation anderer, in jedem Fall aber besserer Lebensarten. Hier, wie auch im Bereich der eigenen schriftstellerischen Arbeit, scheint sich die Forderung nach einem Lebenssinn zu erfüllen, der an die durch die Poesie gewonnenen Erfahrungen anknüpft und damit die schmerzlich empfundene Antinomie zwischen Fiktion und Wirklichkeit überwindet.

Daß Reiser dennoch wiederholt bei seinen Versuchen scheitert, den Schauspielberuf zu ergreifen, und bekanntlich auch bis zum Ende des Romans sein angestrebtes Ziel der Selbstfindung nicht erreicht, ist nicht weiter verwunderlich. In einer vollkommenen Egozentrik verhaftet, verleibt er sich nun mal ausschließlich jene Eindrücke ein, die zur Bestätigung des Ichs beitragen. Selbst dort, wo er den Anschein erweckt, sein Einfühlungsvermögen erstrecke sich auch auf solche Existenzen, zu denen eine Affinität unter keinen Umständen zustande kommen kann,[239] dient die Anverwandlung letztlich nur der Wiederherstellung des vom Verlust bedrohten Selbstgefühls.[240] Nicht ein Mangel an Einfühlungsvermögen bedingt Anton Reisers Scheitern, vielmehr liegt die Ursache in der für ihn rein funktionellen Bedeutung des Rollentausches, der Sentimentalität ermöglicht und Individualität in Aussicht stellt.

3.8.2. Die Leiden der Poesie

Dergleichen Ausprägungen, wie sie die Theaterleidenschaft hervorbringt, finden sich auch in Antons schriftstellerischen Eigenleistungen. Auch hier zeigt sich ein "*mißverstandener Trieb zur Poesie*" (AR, 312) verantwortlich für seine "Wut Verse zu machen" (AR, 160), und es erstaunt wenig, in bezug auf dieses neue Interessengebiet erneut von einer Sucht, in diesem Fall der "Schriftstellersucht" (AR, 288), zu lesen. Offensichtlich sind jegliche Aktivitäten, die mit Literatur in Zusammenhang stehen, für Reiser nur über den Weg extremster Ausführung erfahrbar, erfolgen doch die Beschreibungen derselben ausschließlich mittels superlativischer Merkmale.[241]

---

[239]So im vierten Teil des Romans, wo er versucht, sich gedanklich in eine alte Frau zu versetzen, um "nur einen Augenblick aus den Augen eines andern Menschen [...] heraussehen und wissen [zu] können, wie dem die umstehenden Sachen vorkämen." AR, S. 318.

[240]Vgl. auch Catholy (1962), S. 91f.

[241]Vgl. auch Neubauer (1991), der das Superlativ als Beschreibungskategorie des Leseaktes im *Anton Reiser* aufzeigt. Ebd., S. 276.

Antons Begeisterung für den Beruf des Schriftstellers erwächst, wie schon sein Interesse an der Schauspielerei, aus seinen Erfahrungen als Leser. Die Verehrung, die er den Verfassern seiner Bücher entgegenbringt, ist Teil einer umfassenden Hochachtung und Wertschätzung, die Autor, literarischen Text und das Medium Buch an sich umfaßt:

> Was aber die Verfertigung des Buchs anbetraf, so war ihm das damals schon eine so erhabene Idee ein Buch war ihm eine so heilige und wichtige Sache, deren Hervorbringung er kaum einem Sterblichen, *wenigstens keinem noch lebenden Sterblichen* zutrauete. (AR, 288)

Die sakrale Konnotation, mit der Reiser hier Bücher gleich welchen Inhalts belegt, klingt auch bei seiner Vorstellung vom Leben der Verfasser solcher Schriftwerke an, die er als "priesterliche Mittler des Wortes"[242] von allen weltlichen Unannehmlichkeiten befreit meint. Ein erstrebenswertes Dasein folglich, offenbart sich hier doch erneut ein Weg zur erfolgreichen Positionierung in der Gesellschaft, der nebenbei den mühsamen Aufstieg mittels Bildung verkürzt. Bedenken hinsichtlich eines sich erst post mortem einstellenden Ruhms werden dabei von der verlockenden Vorstellung verdrängt, bereits zu Lebzeiten durch "ein Werk des Geistes" Zutritt zu dem "glänzenden Zirkel" zu erhalten, um dort "mit Wesen umzugehen, die er bis jetzt noch so weit über sich erhaben glaubte." (AR, 288) Daß aber allein der übermächtige Wunsch nach literarischen Ehren noch keinen Garant dafür bildet, tatsächlich ein Kunstwerk zu vollbringen, kommt Anton bei seinen Überlegungen nicht in den Sinn.

Unter dem "furor poeticus" leidet Reiser bereits in der Kindheit, "wo seine Verse immer die schöne Natur, das Landleben und dergleichen" thematisieren, denn sie sind "das einzige, was ihn in seiner Lage in eine poetische Begeisterung" (AR, 144) versetzt. Erstes Lob für eines dieser frömmelnden Naturgedichte erhält er im Alter von zehn Jahren, wodurch er "beinahe angefangen hätte, sich für einen Dichter zu halten." (AR, 144)

Neben späteren Gedichten, die dann vor allem private Ängste und Empfindungen zum Inhalt haben und von denen er sich immer auch öffentlichen Beifall erhofft, treten seine Tagebücher in besonderer Weise hervor. Von diesen fertig er gleich zwei an: eines, mit dem er während seiner Rekonvaleszenz nach der ersten Lesesuchtetappe beginnt und welches einzig der Realitätsbewältigung zwecks Rückführung des gestörten Ichs dient,[243] und ein weiteres, das im Zuge der Shakespeare-Lektüre entsteht und in dem er "die innere Geschichte seines Geistes" (AR, 226) aufzuzeichnen sucht. Beide Tagebücher spiegeln jeweils eine Seite der Persönlichkeit Reisers wider: Während das erste den "äußeren Teil [...], der gar nicht der Mühe wert war, aufgezeichnet zu werden" (AR, 211), dokumentiert, vergegenwärtigt das zweite die innere, gefühlsgeladene Seite, die immer wieder sowohl von äußeren Eindrücken als auch

[242] Neubauer (1991), S. 308.

[243] Vgl. AR, S. 210f.

von poetischen Denkanstößen empfindsam angeregt wird. Sowohl in Form, Inhalt als auch Motivation und Funktion könnten beide Diarien nicht unterschiedlicher ausfallen. Im ersten notiert Anton akribisch alle Ereignisse des Tages, bringt "Vorsätze und Entschließungen" zu Papier und klammert entschieden alle Wünsche und Empfindungen, alle Regungen seiner Phantasie aus. Sein Ziel ist es, auf diese Weise "fromm und tugendhaft" (AR, 211) zu werden. Der Vorgang des Schreibens gerät dergestalt zum Therapeutikum gegen eine Krankheit, die den Geist befallen hat und deren Ursache zu diesem Zeitpunkt in seiner Lektüre 'schlechter' Romane liegt.

Die Entstehung des zweiten Tagebuchs erfolgt unter anderen Voraussetzungen: Motiviert durch die vorausgegangene Shakespeare-Lektüre übt sich Anton in der Formulierung eigener Reflexionen über "*Ichheit* und *Selbstbewußtsein*" (AR, 227) und über das menschliche Dasein, und schickt die kleinen Aufsätze dann in Briefform seinem Freund Philipp. Neben der reinen Stilübung, der Vorbereitung zum erfolgreichen Schriftsteller, dient die Mischung aus empfindsamem Diarium und modernem Werkstattbericht vor allem der Reflexion eigener Empfindungen wie auch der Konservierung derselben in Schrift. Den Werken Shakespeares wird damit eine Leistung attestiert, die sowohl das Reflexionsvermögen des Rezipienten als auch dessen Rückbindung an die faktische Wirklichkeit umfaßt: Denn durch die Lektüre erhält Anton zugleich Impulse zur sinnvollen Gestaltung seines Lebens. Erstmals wird er in Verbindung mit diesem zweiten Tagebuch, seiner 'Geistesgeschichte', tatsächlich als "Schriftsteller" (AR, 226) tituliert, obwohl seine literarischen Versuche ja bis in die Kindheit zurückreichen. Doch erst die Fähigkeit zur produktiven Reflexion, d.h. sich die eigene Empfindungswelt nicht nur zu vergegenwärtigen, sondern sie in einem Maße zu reflektieren, aus dem gedanklich Neues, Eigenständiges erwächst, macht ihn zum wahren Dichter. Begründet er seinen poetischen Trieb aber auf "eine Empfindung im Allgemeinen zum Dichten", und ist bei ihm "nicht die schon bestimmte Szene, die er dichten will, noch eher als diese Empfindung, oder wenigstens zugleich mit der Empfindung da", so weist er nur "Empfindung, aber kein Dichtungsvermögen" (AR, 381) auf.

Ein überreiches Maß an Empfindung besitzt Reiser allemal, doch daß es ihm an "Dichtungsvermögen" oftmals mangelt, belegen seine zahlreichen Versuche, sich mit poetischen Versen einen Namen zu machen. Die Empfindung braucht kein äußeres Ereignis, sie ist meist schon vor diesem da. Zweimal versucht Anton auf den Tod eines Bekannten ein Gedicht zu verfassen. Das erste gerät zur "Heuchelei" (AR, 239), weil er den Nachruf schon vor dem Ableben des Betroffenen verfaßt, keinerlei wirkliche Rührung verspürt und die Quelle seiner Inspiration nicht ehrlich empfundene Trauer, sondern die Aussicht auf persönlichen Ruhm ist. In dem Augenblick, in dem sein Kunsttrieb egoistischen Motiven folgt, seine Inspiration nicht aus dem Gegenstand an sich erwächst, wird Reiser zum "*Heuchler*" (AR, 239), der sich letztlich selbst um den erhofften Preis bringt:

> Weil nun dies Gedicht im Grunde Heuchelei war, so gelang es ihm auch wiederum nicht, und erhielt auch den Beifall seines Freundes nicht, der fast an jeder Zeile etwas zu tadeln

fand - auch der Pastor M ..., dem er das Gedicht überreichen ließ, nahm keine besondere Rücksicht darauf, und er erreichte also seinen Zweck dadurch gar nicht. (AR, 239)

Das Kriterium für erfolgreiches Dichten formuliert der Erzähler des Romans an späterer Stelle:

> [...] der wahre Dichter und Künstler findet und hofft seine Belohnung nicht erst in dem Effekt, den sein Werk machen wird, sondern er findet in der Arbeit selbst Vergnügen, und würde dieselbe nicht für verloren halten, wenn sie auch niemanden zu Gesicht kommen sollte. Sein Werk zieht ihn unwillkürlich an sich, in ihm selber liegt die Kraft zu seinen Fortschritten, und die Ehre ist nur der Sporn, der ihn antreibt. (AR, 383)

Doch allzuoft dominiert bei Anton die Geltungssucht über dem eigentlichen Schöpfungswillen; allzuoft auch steht "der Wunsch, ein Gedicht zu machen", vor dem "Gegenstand, den er besingen" (AR, 238) will. Er dichtet "ohne eigentliche Veranlassung" (AR, 241), "bloß um Gedichte zu machen" (AR, 236), wählt "allgemeine Begriffe" für seine Verse, anstatt das "Detail der Natur in und außer dem Menschen zu schildern." (AR, 249) Es sind die philosophischen Grundfragen nach "*Welt, Gott, Leben, Dasein*, usw.", die ihn beschäftigen und die er mit Metaphern aus der Natur wie "*Wolken, Meer, Sonne, Gestirne* usw." (AR, 249) poetisch zu umschreiben sucht. Solche Verse mißlingen unweigerlich, wenn sie überhaupt zustande kommen, denn die Sprache ist zugleich Zensor des Empfindungsvermögens:

> In den Momenten dieses seligen Vorgefühls konnte die Zunge nur stammelnde einzelne Laute hervor bringen. Etwas wie die in einigen Klopstockschen Oden, zwischen denen die Lücken des Ausdrucks mit Punkten ausgefüllt sind.
> Diese einzelnen Laute aber bezeichneten denn immer das Allgemeine von *Groß, erhaben, Wonnetränen*, und dergleichen. - Dies dauerte denn so lange, bis die Empfindung in sich selbst wieder zurücksank, ohne auch nur ein paar vernünftige Zeilen, zum Anfange von etwas Bestimmten, ausgeboren zu haben. (AR, 381)

Nur dort, wo die Empfindung sich nicht im Vorgefühl der eigenen Größe erschöpft, sondern sich am Gegenstand des künstlerischen Interesses selbst entzündet, gelingt Anton auch ästhetisch wirkungsvolle Poesie. So bei seinem zweiten Versuch, einige Zeilen anläßlich des Todes eines anderen Bekannten zu verfassen. Der in Aussicht gestellte Ruhm ist diesmal - ganz im Sinne des Erzählers - nur Ansporn und nicht alleiniger Zweck; statt dessen bestimmen Einfühlungsvermögen in die tragischen Umstände, Mitleid mit der verunglückten Person und besonders die schaurig-schöne Vorstellung von einem eigenen, allseits betrauerten Lebensende seine Phantasie:

> [...] - dies alles machte einen so lebhaften Eindruck auf ihn, daß das Gedicht, welches er auf diesen Vorfall verfertigte, eine gewisse *Wahrheit* im Ausdruck erhielt und sich dadurch von dem Gedicht auf den Tod des jungen M ... sehr merklich unterschied. (AR, 241)

Unweigerlich drängt sich bei solchen Schilderungen die Erinnerung an Antons Lektüreverhalten auf, denn unter denselben Voraussetzungen, unter denen sich die Identifikation mit literarischen Charakteren vollzog, erfolgt nun auch die Auswahl poetischer Sujets. Sie enthalten entweder Parallelen zur unmittelbar eigenen Erfahrungswelt oder sie zeigen sich als Resultate vorangegangener Lektüren. Antons Gedicht *Der Weltmann und der Christ* stellt ein solches literarisches "Überbleibsel" (AR, 241) dar. Edward Youngs episches Gedicht *Die Klage oder Nachtgedanken über Leben, Tod und Unsterblichkeit* inspiriert Reiser zwar zur persönlichen Auslegung der christlichen Jenseitserwartung in gefälliger, liedhafter Odenform, doch wieder einmal steht nicht der "Gegenstand, worüber er Verse machen wollte", im Mittelpunkt seiner poetischen Bemühungen, sondern "seine Neigung und das Streben nach dem Beifall seines Freundes" (AR, 241). Das Ergebnis ist eine "zwar richtige aber zu *gesuchte* und gekünstelte Idee" (AR, 242), die weder vor dem eigenen noch vor fremdem Urteil bestehen kann.

Trotz solcher Mißerfolge hält Reiser an seinem Schriftstellerwunsch auch weiterhin fest. Die Fixierung entspringt allerdings weniger einer innere Überzeugung von den eigenen dichterischen Fähigkeiten, als vielmehr der Erkenntnis, im Beruf des Dichters eine dem Bühnendarsteller vergleichbare Form der Lebensverwirklichung zu finden, die seiner poesieinfizierten Phantasie ein breites Betätigungsfeld erschließt. Auch seine Bemühungen, im Falle eines Scheiterns seiner Träume dem künstlerischen Schaffen vollkommen konträre Existenzen zu entwerfen, entpuppen sich als lektüregenährte Vorstellungen, die gleich seinen Theater- oder Dichterplänen Möglichkeiten versprechen, das Leben in besonderem Maße zu gestalten.

> Nun traten auf einmal die Extreme auf, ein Bauer oder Soldat zu werden, und auf einmal war das poetische und theatralische wieder da, denn seine Ideen vom Bauer und Soldat wurden wieder zu einer theatralischen Rolle, die er in seinen Gedanken spielte. (AR, 322)

Da die momentane Wirklichkeit keinerlei Auszeichnung bereithält, sucht Reiser nach Lebenswegen, die diese in Aussicht stellen. Die Existenzen eines Schriftstellers oder Schauspielers zeichnen sich dabei auf besondere Weise aus: Die erwünschte Anerkennung durch die Gesellschaft erfolgt im Gegensatz zum mühsamen Universitätsstudium[244] nicht auf dem langwierigen Weg der Bildung. Die Lektüre Edward Youngs zeigt ihre Spuren in der Vorstellung, daß es nur genügend Selbsterkenntnis und Selbstachtung bedarf, um sich unter die modernen Genies einzureihen. Mit dieser Annahme befindet sich Reiser in der nicht minder zahlreichen Gesellschaft all derer, die trotz allen Ungenügens Youngs Genieforderung emphatisch auf sich projizierten und damit zum Vorwurf der "Genieseuche" in den siebziger Jahren des 18. Jahrhunderts entscheidend beitrugen.[245]

---

[244]Vgl. AR, S. 291f.

[245]Vgl. zum Geniekonzept Edward Youngs und seiner Auslegung im Sturm und Drang Sauder (1980).

Die Überzeugung von den eigenen Fähigkeiten verstärkt sich umso mehr, als Reisers dichterische Versuche tatsächlich Erfolge zeigen und er sich zum erstenmal gedruckt sieht:

> Und als nun gar [...] auf einem lateinischen Anschlagbogen sein Name [...] öffentlich gedruckt stand; und er nun auf diesem Anschlagbogen wirklich *Reiserus* hieß, [...] so preßte ihm dies Tränen der Freude und der Wehmut aus - denn von dieser plötzlichen Wendung seines Schicksals hatte er sich vor einem Jahre, vor einem halben Jahre noch nichts träumen lassen. (AR, 265)

Aus der lateinischen Endsilbe -us gewinnt er das Selbstbewußtsein eines anerkannten Schriftstellers, und die Vorfreude auf weitere Ehren findet erneut Nahrung:

> Er sah schon den Komödienzettel angeschlagen, worauf sein Name stand - seine ganze Seele war voll von dieser Idee [...] (AR, 287)

Tatsächlich gelangt Anton durch die ersten literarischen Erfolge in den Genuß kurzzeitiger gesellschaftlicher Rehabilitierung,[246] wodurch er sich in der Annahme bestätigt sieht, mit Hilfe der Dichtkunst eine dauerhafte Lösung seiner Probleme zu erlangen. Das Lesen von Büchern versprach bisher nur eine vorübergehende Milderung seiner Empfindung der sozialen Misere; als passiver Rezeptionsvorgang vermochte ihn die Lektüre zwar von den äußeren Umständen abzulenken, sie konnte ihm aber nicht die Möglichkeit bereitstellen, das Leben aktiv nach seinen poetischen Maßgaben zu gestalten. Erst die eigene literarische Produktion ermöglicht persönliche Ausdehnung in der faktischen Wirklichkeit. Was schon für das Theater galt, trifft nun auch für die Schriftstellerei zu: Ihr Entfaltungspotential stellt neben der Möglichkeit der Identitätsfindung eine andauernde Sensibilisierung der Empfindungskraft in Aussicht, deren Grundstein die Lektüre legte. Und nebenbei verspricht der Erfolg dichterischer Arbeit Anerkennung und Selbstbewußtsein.

Bekanntlich gelangt Anton Reiser jedoch auch nicht durch die Dichtkunst zu dauerhaftem Ruhm. Neben den angesprochenen Tagebüchern, vereinzelten Gedichten, Abhandlungen und Festreden entstehen die meisten seiner “Schriftstellerprojekte” ohnehin nur “in seinem Kopfe” (AR, 284), doch allein die Vorstellung vom ruhmreichen Schriftsteller reicht aus, seine Phantasie immer aufs Neue zu beflügeln. Zumeist scheitert die Verwirklichung seiner literarischen Projekte ebenso wie die seines Schauspielwunsches an der Fehleinschätzung der eigenen Fähigkeiten wie auch an einem übermäßigen Drang nach Ruhm und Anerkennung. Dieser, so das vernichtende Urteil des Erzählers, “kann wohl die Begier einhauchen, ein großes Werk zu beginnen, allein die Kraft dazu kann sie dem nie gewähren, der sie nicht schon besaß, ehe er selbst die Ruhmbegier noch kannte.” (AR, 383)

Warum Reiser aber trotz zahlreicher mißlungener poetischer und theatralischer Versuche unumstößlich an seinem Ziel eines poesiebestimmten Lebens festhält, läßt

---

[246] Vgl. AR, S. 264f.

sich nur aus der dargestellten Synergie aller inneren und äußeren Faktoren erklären, die sein Leben bestimmen. Über all diesen dominiert das Bestreben, die Emanzipation des eigenen Ichs voranzutreiben, das, inspiriert durch die frühen Lektüreerfahrungen, Ausdehnung nur in den Wirkungsbereichen des Schauspiels oder der Literatur erfährt. Antons Verlangen, das im Lektüregenuß empfundene Vergnügen selbstständig zu gestalten, beruht dabei auf jenem "falschen Bildungstriebe"[247], vor dem Moritz in seiner ästhetischen Hauptschrift eindringlich warnt. Dieser falsche Bildungstrieb unterscheide sich von dem echten dadurch, daß "der *erste* und stärkste Antrieb" eben nicht aus dem Werk selbst erwachse, das es zu erschaffen gilt, sondern aus der "Vorstellung vom *Genuß*"[248], den dasselbe einmal bereite. Zwar trage auch die "echte Bildungskraft" bereits bei der Entstehung des Werkes "ihren sichern Lohn" in sich, doch "den *allerersten* Moment ihres Anstoßes" erhalte sie "durch sich selber, und nicht durch die Ahndung des Genusses von ihrem Werke"[249]. Die Ursache für einen falschen Bildungstrieb liege zumeist in einem übergroßen Empfindungsvermögen, das der Betroffene bereits für Bildungskraft halte.[250]

Bei Anton Reiser ist diese starke Sensualität Resultat des Zusammenspiels einer empfindungsarmen Kindheit und einer umso empfindungsreicheren Lektüre. Sein Bildungstrieb ist zugleich an ein Geltungsbedürfnis gekoppelt, das, inspiriert durch die Literatur, in den künstlerischen Bereichen ausreichend Befriedigung zu finden glaubt. Nur über die Kunst, über die Literatur ebenso wie über das Schauspiel, gelingt es ihm, einen Bezug zur faktischen Wirklichkeit herzustellen; nur mit ihrer Hilfe wird die Wirklichkeit für ihn überhaupt erst erfahrbar. Gerade hierin aber liegt der Widerspruch, der das Scheitern seiner Ambitionen sozusagen prädestiniert: Sosehr die Literatur, ob rezipiert oder produziert, Reiser über die mißratenen Lebensumstände hinweghilft, sowenig vermag sie den Wirklichkeitsbezug allerdings anders als ästhetisch zu vermitteln.[251]

Antons falschverstandener Kunsttrieb bleibt freilich nicht folgenlos. Je öfter er mit seinen literarischen Versuchen scheitert, umso mehr wächst sein Unbehagen an der Wirklichkeit. Welches Ausmaß dieser Prozeß am Ende annehmen kann, beschreibt Moritz wiederum in seinem Aufsatz *Über die bildende Nachahmung des Schönen*:

> Um sich nun diesen höhern Grad des Genusses, welchen sie an einem Werke, das einmal schon da ist, unmöglich haben kann, auch zu verschaffen; strebt die einmal zu lebhaft gerührte Empfindung vergebens etwas Ähnliches aus sich selbst hervorzubringen; haßt ihr eignes Werk, verwirft es, und verleidet sich zugleich den Genuß alle des Schönen, das

[247]Moritz: Über die bildende Nachahmung des Schönen, S. 567.

[248]Ebd., S. 566.

[249]Ebd., S. 567.

[250]Vgl. Ebd., S. 565.

[251]Vgl. auch Born-Wagendorf (1989), S. 55.

> außer ihr schon da ist, und woran sie nun eben deswegen, weil es ohne ihr Zutun da ist, keine Freude findet.[252]

Es erweist sich also letztlich als verhängnisvoll, im Beruf des Schriftstellers wie auch in dem des Schauspielers Erfüllung zu suchen, wenn diesen nicht innere Berufung, sondern in erster Linie Geltungssucht zugrunde liegt. Welche Konsequenzen sich aus einem solchen Irrtum für die äußeren Lebensumstände wie auch für den inneren Seelenzustand des Protagonisten ergeben, erfährt der Leser ausführlich im vierten und letzten Teil des Romans. "*Die Leiden der Poesie*" (AR, 380) werden verantwortlich gemacht für Antons unglückliches Streben, sie markieren sowohl das Ausmaß seiner Seelennöte als auch den Grad seiner Entwicklung. Zugleich aber steht die Poesie als Synonym für das unbewußte Begehren:

> *Die Leiden der Poesie* / können daher wohl in jedem Betracht eine eigene Rubrik in Reisers Leidensgeschichte ausmachen, welche seinen innern und äußern Zustand in allen Verhältnissen darstellen soll, und wodurch dasjenige gewiß werden soll, was bei vielen Menschen ihr ganzes Leben hindurch, ihnen selbst unbewußt, und im Dunkeln verborgen bleibt, weil sei Scheu tragen, bis auf den Grund und die Quelle ihrer unangenehmen Empfindungen zurückzugehen. (AR, 380)

In Antons tatsächlicher Lebenswelt hinterläßt die Poesie weitreichende Spuren, denn je stärker die Infizierung mit Literatur ausfällt, um so schwieriger gestaltet es sich für ihn, von ihr zu lassen. Aus diesem Dilemma gibt es trotz vielfältiger psychologischer Reflexionen kein Entrinnen, eine endgültige Heilung bleibt aus. Vielleicht ist sie für Moritz' Protagonisten vor dem Hintergrund seiner Zeit auch nicht denkbar.[253] Anton Reiser führt, so Hans-Georg Pott, ein "experimentelles Leben". Er und auch Goethes *Werther* sind "Pioniere für eine neue Moral und Vernunft, für gesellschaftlichen Wandel", sie versuchen "Maximen der Aufklärung umzusetzen."[254] In Moritz' Roman sind diese Versuche allerdings zum Scheitern verurteilt. Die Erfolge, die Reiser bei seinen Bemühungen um Selbstfindung und Selbstbestimmung mittels Literatur verzeichnen kann, sind spärlich und werden durch die sich ständig wiederholenden Rückschläge beinahe vollends in Frage gestellt. Das kann auch nicht anders sein, solange von der Literatur nicht nur Orientierungshilfen, sondern exakte Lebensanweisungen verlangt werden. "Die selbstbezügliche Ich-Bildung geht über die bloße Nachahmung hinaus, da die Erfahrungen der Lektüren und des Lebens sich überlagern und aus dem gesellschaftlich Allgemeinen und dem Besonderen der Lektüren ein Individuelles sich amalgamiert."[255] Auf diese Erkenntnisstufe gelangt Moritz' Protagonist allerdings noch nicht.

---

[252] Moritz: Über die bildende Nachahmung des Schönen, S. 566. Vgl. die Folgen bei Anton Reiser: AR, S. 380.

[253] Vgl. Pott (1995), S. 118.

[254] Ebd., S. 118.

[255] Ebd., S. 119.

4. Leser und Lesemuster in der Literatur des 19. Jahrhunderts

4.1. Lesespuren in Gottfried Kellers *Der grüne Heinrich*

Im Vergleich zur Lesegeschichte des *Anton Reiser* nimmt sich der Anteil der bezeichneten Literatur und der explizit dargestellten Lektüreszenen in Gottfried Kellers *Der grüne Heinrich*[256] auf den ersten Blick verhältnismäßig gering aus. Kennzeichnet Moritz' lesesüchtigen Helden das Bemühen, mittels Literatur die Selbstfindung und -klärung der eigenen Person voranzutreiben, so erscheint es im Fall Heinrich Lees sehr viel schwerer, den im Werk erwähnten Büchern eine derart zentrale Bedeutung zuzuschreiben. Angesichts des sozial- und rezeptionsgeschichtlichen Hintergrunds, vor dem Keller sein Werk ansiedelt, ist dieser Umstand freilich nicht weiter verwunderlich, zählt doch die Hauptfigur zur Schicht des gebildeten Bürgertums im 19. Jahrhundert, deren Hauptinteresse bekanntermaßen dem beruflichen Fortkommen galt und für die Bücher jenseits der Fachliteratur eher Repräsentationscharakter einer einmal erworbenen und nun besitzenden Bildung symbolisierten.[257] Auch bei Heinrichs Verwandtschaft scheint ein regelmäßiger Umgang mit Literatur aufgrund ihrer Zugehörigkeit zur ländlichen Bevölkerungsschicht kaum zu erwarten. Doch auch Keller nutzt die literarische Konfiguration 'Buch im Buch' dazu, seine fiktiven Gestalten in ihren Eigenschaften, Passionen und ihren Handlungsweisen zu charakterisieren. Im folgenden soll deshalb die funktionale Bedeutung der motivischen Verwendung von Literatur innerhalb der erzählten, fiktionalen Wirklichkeit des *Grünen Heinrich* näher untersucht werden.[258]

Bereits die flüchtige Betrachtung des Romans zeigt, daß sich Keller nicht nur in seinen zahlreichen Briefwechseln, überlieferten Gesprächen und Anekdoten, seinen

---

[256]Die Analyse des *Grünen Heinrich* erfolgt anhand der 1. Fassung von 1854/55; die 2. Fassung von 1879/80 wird nur dort vergleichend hinzugezogen, wo sie entscheidende Veränderungen des Lektüremotivs aufweist. Der Untersuchung liegen Kellers *Sämtliche Werke*, hrsg. v. Jonas Fränkel, Zürich u. München 1926ff., Bern u. Leipzig 1931ff., später hrsg. v. Carl Helbling, Bern u. Leipzig 1943/44, Bern 1945ff., zugrunde. Im folgenden werden die Zitate im Text mit SW, der Bandangabe und der Seitenzahl abgekürzt.

[257]Vgl. Schön (1999), S. 43f.

[258]Um ein aussagekräftiges Bild des kellerspezifischen Lektürekanons zu entwerfen, bedarf es einer umfangreichen Untersuchung der thematisierten Literatur im gesamten Erzählwerk des Autors, finden sich doch auch in den *Leuten von Seldwyla*, den *Züricher Novellen*, den *Sieben Legenden*, im *Sinngedicht* und im *Martin Salander* zahlreiche Beispiele für die Thematisierung von Literatur in der Literatur. Im Rahmen dieser Arbeit muß aber auf weitere Analysen verzichtet werden, zumal Scherrers Abhandlung erste, wenn auch teilweise recht knappe Eindrücke zu diesem Thema liefert. Vgl. Scherrer (1978). Die Wahl des *Grünen Heinrich* aus Kellers Erzählwerk erfolgte aus mehreren Gründen: Zum einen gilt der Roman gemeinhin als bedeutendster deutschsprachiger Bildungsroman des 19. Jahrhunderts, zum anderen ist er besonders geeignet, den in Moritz' *Anton Reiser* thematisierten Zusammenhang von Literatur und Bildungsweg erneut aufzugreifen.

Zeitungs- und Zeitschriftenrezensionen, vor allem in denjenigen über Gotthelf, seinen Polemiken und Satiren als Beobachter und Literaturkritiker offenbart;[259] auch in seiner Erzählung um Heinrich Lee spiegelt sich eine Kritik an früheren wie auch an zeitgenössischen Dichtern und ihren Werken, wenngleich eine Gleichsetzung der Autoransichten mit den im *Grünen Heinrich* konstruierten dichterischen Prämissen sich bereits aus der Tatsache verbietet, daß der Roman eine "poetische Konstruktion"[260] ist. Ein Heranziehen der Überlegungen Kellers zum literarischen Selbstverständnis und zum Literaturbetrieb seiner Zeit kann dennoch durchaus zur Erhellung der literarischen Position des Romans beitragen.[261]

4.1.1. Ambivalenz literarischer Wertung

In Kellers Roman *Der grüne Heinrich* ist es nicht nur die Hauptfigur Heinrich Lee, die sich Büchern zuwendet, auch der früh verstorbene Vater und die ihrem Sohn gegenüber aufopferungsvolle, asketisch lebende Mutter, Heinrichs zweiter künstlerischer Lehrer, der Maler Römer, seine Jugendlieben Anna und Judith, der Schulmeister, Agnes und nicht zuletzt die gräfliche Familie nebst hauseigenem Pfarrer werden mit dem Hinweis auf ihre Lektüre oder durch ihre Haltung gegenüber Büchern im Werk charakterisiert. Dabei sind es vor allem die zeitgenössischen Lesestoffe des Bildungsbürgertums, zu denen die Leser greifen: griechische und deutsche Klassiker ebenso wie religiöse Lektüre, deutsche Rechtsaltertümer und Schriften der europäischen Aufklärung, aber auch humoristische Werke wie Cervantes *Don Quijote* oder die Komödien von Shakespeare und vor allem Ritterromane und galante Dichtungen, deren Lektüren in besonderem Maße auf ihre Leser wirken.

Wie schon beim *Anton Reiser* zu beobachten, unterbleibt allerdings auch im *Grünen Heinrich* eine deutliche Klassifizierung der im Roman erwähnten Lesestoffe in 'gute Lektüre', d.h. in solche, die sich positiv auf die psychische Verfassung ihrer Leser und auf ihr soziales Verhalten auswirkt und jene letztlich daran hindert, "ein

---

[259] Vgl. dazu die umfassende Arbeit von Luck (1970).

[260] Rohe (1993), S. 23. Trotz dieser Tatsache und Kellers eigenem Bemühen, durch Einführung eines auktorialen Erzählers und durch Betonung der fiktionalen Topographie die Unverwechselbarkeit des Romans als Roman kenntlich zu machen, erlag die Keller-Rezeption immer wieder der Versuchung, den *Grünen Heinrich* als autobiographisches Werk seines Verfassers zu lesen. Vgl. hierzu auch Plumpe (1996), S. 577.

[261] Vgl. unter den zahlreichen Untersuchungen zu Keller und seinem Erzählwerk besonders die älteren Arbeiten v. Hauser (1959), Preisendanz (1963(1)) u. (1963(2)), Lukacs (1964); zum Verhältnis von Wirklichkeit und Kunst im Werk Kellers vgl. Laufhütte (1969); zu Gottfried Keller als Literaturkritiker vgl. Luck (1970); die unvollständige Untersuchung v. Mews (1970) zum Thema Literatur bei Keller; Hildt (1978).

gemeines, untätiges und verdorbenes Subjekt zu werden"[262], und in "schlechte Bücher" (SW XVI, 196) mit destruktiven Folgen für ihre Leser. Während Kellers Schriftstellerkollege Gustav Freytag in seinem fast zeitgleich erschienenen Roman *Soll und Haben* (1855) den Schematismus seiner Figuren auch bei ihren Lektürevorlieben beibehält - Cooper und Scott für die geordnete Seele des Bürgersohns Anton Wohlfarth, Byron für die schwärmerische Gefühlswelt des gebildeten Judensohn Bernhard Ehrenthal, reißerische Abenteuergeschichten für den verschlagenen Juden Veitel Itzig und für den weiblichen Adel vornehmlich unterhaltende Modejournale sowie Chateaubriands unter zeitgenössischen Literaten umstrittenes Werk *Atala* -, differenziert Keller durchaus zwischen Werk und Rezipient, Lektürefolgen und Leserkonstitution. Heinrichs Jean Paul- und Goethe-Lektüren erwecken zwar ebenso wie seine Erfahrungen mit den Werken Schillers, die als "Hauptzierde" (SW XVII, 138) das Büchererbe seines Vaters schmücken, den Eindruck, sie ständen eindeutig auf der positiven Seite einer textimmanenten Werteskala literarischer Schriften. Doch die genaue Betrachtung ihrer kontextuellen Einbettung wird zeigen, daß der im *Grünen Heinrich* entworfene Lektürekanon ähnlichen Urteilsschwankungen unterliegt, wie sie auch in Kellers persönlicher Einschätzung der erwähnten Klassiker anzutreffen sind.[263] Geschlecht, sozialer Stand, Bildungsgrad und Alter der Rezipienten spielen bei der Wirkung der Lektüre ebenso eine Rolle wie die vorhandenen Gemütsverfassungen zum Zeitpunkt des Lesens.

Daß jedoch Kellers persönliche Wertschätzung bestimmter Dichter, besonders jener des griechischen Altertums und der Weimarer Klassik, ebenso wie seine Vorbehalte gegenüber Büchern aus Leihbibliotheken, wie z. B. Ritterromane und galante Dichtungen des 18. Jahrhunderts, in die Erzählung um Heinrich Lee eingeflossen sind, ist unübersehbar.[264] So erfährt denn Heinrich im Alter von zwölf Jahren unmit-

---

[262]So Keller in einem Brief vom 10. April 1841 an Johann Salomon Hegi. Gesammelte Briefe, Bd. 1, S. 191. Im weiteren Verlauf mit GB gekennzeichnet.

[263]Vgl. Luck (1970), S. 281-311 u. Scherrer (1978), S. 4f., der darauf hinweist, daß sich Kellers Verwendung des Begriffs "klassisch" auf jene Autoren beziehe, die "zum festen Bestand der Weltliteratur gehören". Ebd., S. 136, Anm. 11). Kellers kritische Einschätzung des literarischen Kanons seiner Zeit ist auch einem Brief v. 9. April 1880 an Jakob Baechtold zu entnehmen: "Klassisch im höchsten Sinne sind ausgemachter Maßen nur Schiller und Goethe und auch diese unbedingt nur in einem Teile ihrer Werke." GB III, S. 306. Obwohl Kellers Erzählwerk viele Stellen aufweist, in denen der Umgang mit Literatur thematisiert wird, dominiert in ihm oftmals ein explizit oder implizit ausgesprochenes Mißtrauen gegen alles Literarische. Vgl. auch Pott (1995), S. 142f.

[264]Drastisch formuliert Keller in einer Tagebuchnotiz von 1843 seinen Wunsch nach Verbrennung aller Leihbibliotheken, die er so von "namenlosen oder sonst schlechten Romanen und Dramenschreibern" gereinigt wissen will, um sie mit "lauter gute[r] Nahrung" neu zu errichten: "Ich würde das Volk z w i n g e n, entweder G u t e s, B e l e h r e n d e s oder gar nichts zu lesen. Ich würde auch eine Zensur einführen, aber nur für geistlose und mittelmäßige Bücher. Welch' ein Vorteil für die großen Talente. Wenn keine andern als gute Bücher verkauft und gekauft werden könnten, wie herrlich würden sich das Volk und die Schreibenden stehen!" SW XXI, S. 60.

telbar hintereinander den Einfluß 'guter' und 'schlechter' Dichtung: Nicht nur formal steht sein Mitwirken bei der *Faust*-Aufführung antithetisch seinen Eindrücken und persönlichen Erfahrungen mit jener Familie gegenüber, die ihre Freizeit mit einer "Unzahl schlechter Romane" (SW XVI, 196) verbringt. Zwar sind dem jungen Heinrich die Worte des "gereiften und großen männlichen Geistes" Goethe zu diesem Zeitpunkt noch "unverständlich" (SW XVI, 190), doch die lebendige Inszenierung des *Faust*, bei der Wirklichkeit und Fiktion in wechselseitigen Austausch treten, läßt ihn die "wunderbar gelungene und gesättigte Sprache" (SW XVI, 187) dieser Verse wahrnehmen. Bereits hier gewinnt Heinrich eine Ahnung von der Macht 'wahrer Dichtung', die dem beobachtenden Knaben ein "doppeltes Leben" (SW XVI, 187), eine Art *zweite Wirklichkeit*[265] offenbart. Dem Kind tritt "die Gewalt der Dichtung von außen entgegen", es begegnet "einer poetischen Wirklichkeit als einem Jenseits im Diesseits"[266], das besser und glänzender ist als das faktische Leben und dieses, wie die spätere dreißigtägige Goethe-Lektüre zeigen wird, auf eine besondere Art bereichert.

Dagegen nimmt sich die minderwertige Lektüre der "Leserfamilie"[267], bestehend aus "jämmerlichen Briefwechseln", "Verführungsgeschichten" und "derben Ritterromanen" (SW XVI, 196) aus Leihbibliotheken, unter den sozialen Umständen ihrer Leser verhängnisvoll aus. Zeigt sie sich doch in den Augen des fiktiven Autobiographen Heinrich Lee rückblickend mitverantwortlich für das unmoralische Verhalten der lesenden Mädchen wie auch für das "Lügennetz" (SW XVI, 197) der Knaben, das sich, zunächst nur auf das kindliche Nachspiel der Lektüre beschränkt, im weiteren Verlauf zumindest bei einem zur Spielleidenschaft und zum Diebstahl auswächst und diesen am Ende ins Zuchthaus führt.[268] Zwar kommt es auch bei der Leserfamilie zum Austausch von Wirklichkeit und Fiktion, doch was sich im Falle der *Faust*-Inszenierung als 'Erhöhung der Wirklichkeit' vollzieht, erscheint hier als "trügliche Wahrhaftigkeit" (SW XVI, 197).[269] Der durch Lektüre erzeugte Schein ist eben nicht in jedem Falle bereichernd. Im Gegensatz zum lesenden Anton Reiser, bei dem das Ausmaß seiner Empfindungsfähigkeit zugleich den Gradmesser für die Wirkung der Lektüre bildet, entscheidet in Kellers Roman neben der psychischen Konstitution der Leser im besonderen Maße die 'Wertigkeit' der Bücher über positive oder negative Folgen des Lektürekonsums.

---

[265]So der Titel der Arbeit v. Kurth (1969), die sich mit den Wechselbeziehungen zwischen Romanwelt und empirischer Wirklichkeit des achtzehnten Jahrhunderts beschäftigt.

[266]Preisendanz (1963(1)), S. 84.

[267]So die Kapitelüberschrift in der 2. Fassung, SW III, S. 130.

[268]Vgl. SW XVI, S. 205f.

[269]Vgl. zum Lektüreverhalten der 'Leserfamilie' die Ausführungen in Kapitel 4.5. Frauen und Lektüre.

4.2. Kindheit - Literatur und Spiel

Heinrichs dokumentierte Lesergeschichte setzt ein mit der *Faust*-Inszenierung und der anschließenden, aus seinem Mitwirken resultierenden Beschäftigung mit der literarischen Vorlage. Noch gefangen von der Faszination des lebendigen Spiels, sucht er in Goethes Text nun jene Empfindungen zu ergründen und fortzusetzen, die die Aufführung zuvor in ihm erweckte. Doch die bloße "Zeichensprache" (SW XVI, 190) leistet noch nicht den erhofften Transfer zwischen Wirklichkeit und Fiktion. Der Text, da "dem unwissenden Kinde vollkommen unverständlich" (SW XVI, 190), beginnt Heinrich schnell zu langweilen, und über seiner Beschäftigung schläft er schließlich ein. Dieses erste im Roman dargestellte Leseerlebnis unterscheidet sich in einem wesentlichen Punkt von den ersten Lektüreeindrücken eines Anton Reiser: Während bei Moritz' lesendem Helden der Weg von der Literatur zum Theater führt, entzündet sich Heinrichs Imagination zunächst am Schauspiel und sucht ihre Fortsetzung und Ausdehnung erst später in der Literatur, die dieser Anforderung allerdings noch nicht gerecht wird.

Was Goethes *Faust* zu diesem Zeitpunkt noch nicht vermag, gelingt unmittelbar folgend einer gänzlich anderen Literaturgattung: "Derbe Ritterromane", das Lektürependant der Knaben zu den "jämmerlichen Briefwechseln und Verführungsgeschichten" (SW XVI, 196) der Mädchen, verleiht Heinrichs Gefühlen ungleich besser als Goethes Werk "Gestalt und Namen" (SW XVI, 197). Diese "unpoetischen Machwerke" (SW XVI, 196) setzen mit ihren Wirkungen auf Heinrich dort ein, wo die klassische Dichtung - noch - versagt:

> Wir wußten die schönsten Geschichten bald auswendig und spielten sie, wo wir gingen und standen, mit immer neuer Lust ab [...]. (SW XVI, 197)

Doch das kindliche Vergnügen am phantasievollen, lektüregenährten Spiel beginnt schon allzubald Formen anzunehmen, die die fiktive Wirklichkeit als "trügliche Wahrhaftigkeit" (SW XVI, 197) mit durchaus negativen Folgen für die Realität entlarvt: Heinrichs späterer Schulverweis ist das Resultat seiner am literarischen Spiel ausgebildeten Gewohnheit, die ihn unbefriedigende Wirklichkeit mit phantastischen Ausschmückungen anzureichern.[270]

Die Schilderung dieser kindlichen Leseerfahrung erfolgt aus der Perspektive des späteren Autobiographen, aus dessen Urteil die Distanz des Erwachsenen spricht, der hier reflexiv die Vergangenheit in bezug zur erfahrenen literarischen Fiktion setzt. Die negativen Auswirkungen der Rittergeschichten, die gleichsam die Freizeitlektüre Heinrichs ausmachen, kontrastieren dabei mit der positiv konnotierten Schullektüre: Schriftliche Aufsätze, besonders der über Schillers *Wilhelm Tell*, sprechen seine poe-

---

[270]Eine ausführliche Darstellung der hier in aller Kürze skizzierten ersten Leseerlebnisse unternimmt Scherrer (1978), S. 7-13.

tische Gestaltungslust und seinen "Nachahmungstrieb" (SW XVI, 246) an, bereits Gelesenes in Stil und Wendung in eigene Gedanken einzubauen:

> [...] ich schriftstellerte förmlich darin mit großer Liebhaberei und erschöpfte jedesmal den Stoff nach allen Seiten, soweit der Verstand reichte. (SW XVI, 246)

Trotz solcher Ausschweifungen, die im Falle des *Tell*-Dramas in dessen "prosaische[r] Wiedererzählung" (SW XVI, 247) gipfeln, setzen die Schullektüren nicht näher bezeichneter deutscher Klassiker[271] und ihre Vermittlung durch Diktate bei Heinrich einen Erkenntnisprozeß frei, der ihn das "Untaugliche alles übrigen Treibens" (SW XVI, 248), auch dasjenige seiner Freizeitlektüre, vor Augen führt.

Das Ende der Schulzeit markiert zugleich eine Zäsur in der Lesergeschichte Heinrich Lees. Während die Auswahl seiner bisherigen Lektüren entweder pädagogischen Vorgaben unterlag oder nach dem Kriterium der privaten Unterhaltung erfolgte, gestaltet sie sich nun zunehmend im Hinblick auf Heinrichs angestrebte Identitätsfindung. So ist zum Beispiel sein Wunsch, Landschaftsmalers zu werden, Resultat einer vorausgegangenen Lektüre: Eine Ausgabe der Werke Salomon Geßners findet er in der offensichtlich unbenutzten, da mit einem Strohhut bedeckten und völlig verstaubten Bibliothek des Oheims. Die antikisierenden Idyllen, in denen "von Natur, Landschaft, Wald und Flur die Rede" ist, der "Brief über die Landschaftsmalerei", der Heinrich "ganz faßlich" (SW XVII, 26) ist, eine Geßner-Biographie[272] und Johann Georg Sulzers *Allgemeine Theorie der schönen Künste*[273] schaffen Bestätigung und Identität: Zum einen glaubt Heinrich in ihnen die theoretische Untermauerung für das eigene Interesse an der Landschaftsmalerei vorzufinden.[274] Zum anderen weist die Biographie Geßners Parallelen zu Heinrichs eigenem Lebensweg auf.

> Er war ebenfalls ein hoffnungsloser Schüler gewesen, indessen er auf eigene Faust schrieb und künstlerischen Beschäftigungen nachhing. (SW XVII, 27)

Die nun folgenden Jahre, die Heinrich wechselweise in der ländlichen Umgebung des Oheims und der städtischen Wohnung der Mutter verbringt, sind geprägt von seinen Versuchen, sich zum Landschaftsmaler auszubilden. Daneben bemüht er sich, den abgebrochenen Schulunterricht durch autodidaktische Studien fortzusetzen. Die heimische Bibliothek, Erbe des einst um private Bildung bemühten Vaters, dient ihm

---

[271] Vgl. SW XVI, S. 248. Erst ab der Mitte des 19. Jahrhunderts, im Zuge der Entwicklung einer nationalen Identität, kam es innerhalb der institutionellen gymnasialen Ausbildung zur Ausweitung des Lektürekanons: Neben griechischen und lateinischen Klassikern wurden nun auch Werke der Weimarer Klassik gelesen. Vgl. Schön (1999), S. 44, der jedoch darauf hinweist, daß diese Entwicklung nicht für die literarische Ausbildung von Mädchen galt. Ebd., S. 47.

[272] Fränkel gibt an, daß es sich bei der Gessner-Biographie um Johann Jakob Hottinger: Salomon Gessner. Zürich 1796 handelt. Vgl. SW VI, S. 360.

[273] Vgl. SW XVII, S. 28.

[274] Vgl. auch Laufhütte (1969), S. 97.

dabei ebenso als literarischer Fundus wie die Bestände der städtischen Leihbibliothek. Dort auch stößt er erstmals auf einen Roman von Jean Paul, eine Begegnung, die Heinrichs Lebensanschauung, seine schwärmerische Liebe zur Natur und vor allem sein damaliges Religionsverständnis nachhaltig prägt. Der Text selbst gibt allerdings keine Auskunft darüber, um welchen Roman von Jean Paul es sich handelt, umso mehr berichtet er von dem Eindruck, den dieser auf den fiktiven Leser macht: Heinrich entdeckt in ihm eine "heitere, mutwillige Schrankenlosigkeit und Beweglichkeit des Geistes", ein "Ergreifen poetischer Seligkeit", die phantastische "Naturschilderung" einer "blühende[n] Erde", ein "Feuerwerk der Höhe und Tiefe" (SW XVII, 118). Und all diesem steht kein zürnender, strafender, sondern ein liebender Gott vor, ein "Gott des Lächelns und des Scherzes" (SW XVII, 118). Für Heinrich kommt die Begegnung mit den phantastischen Gedankenbildern Jean Pauls einem Schlüsselerlebnis gleich: Sie treten dem schwärmerisch Veranlagten, dem an der kalten Nüchternheit des menschlichen Daseins Verzweifelnden, zugleich "tröstend und erfüllend" (SW XVII, 117) entgegen. Zum einen werden ihm die teils seltsamen, immer aber stimmungsvollen Naturbilder, nun zu Vorbildern der eigenen Landschaftsmalerei, denn in der romantischen "Seelenmalerei"[275] des Dichters scheinen ihm überschwengliches Gefühl und scharfe Beobachtung zugleich vereint. Zum anderen präsentiert ihm Jean Pauls Religion einen Schöpfer, der in nichts dem "silbenstecherische[n] Patron im Katechismus" (SW XVII, 118) gleicht.[276] In dieser neuen Gottesvorstellung meint Heinrich das eigentlich "Wahre und Rechte" (SW XVII, 118) zu erblicken, und im Namen Jean Pauls schließt er sogleich "einen neuen Bund mit Gott" (SW XVII, 119). Zum Dank für die Erleuchtung avanciert der Dichter zum Vater, dem der Sohn lebenslange Verehrung zusichert:

> [...], und mag diesen die wandelbare Welt in ihrer Vergänglichkeit zu dem alten Eisen werfen, mag ich selbst dereinst noch meinen und glauben, was es immer sei: Ihn werde ich nie verleugnen, solange mein Herz nicht vertrocknet! Denn dieses ist der Unterschied zwischen ihm und den andern Helden und Königen des Geistes: bei diesen ist man vornehm zu Gaste und geht umher in reichem Saale, wohlbewirtet, doch immer als Gast, bei *ihm* aber liegt man an einem Bruderherzen! (SW XVII, S. 119)

Trotz aller Hochachtung, die hier der zurückblickende, erzählende Heinrich dem Menschlich-Brüderlichen in der Persönlichkeit und dem Künstlertum Jean Pauls zollt, die Erinnerung an das Lektüreerlebnis weist bereits in Kellers erster Romanfassung von 1854/55 Spuren auf, die dessen positive Wirkung in Frage stellen: Heinrich erinnert sich an eine "glückliche Vergessenheit" (SW XVII, 118), in die er durch die Lektüre gerät, und daran, daß er den gesamten Winter bis ins Frühjahr mit den Werken seines "unsterblichen Propheten", nämlich mit "dreimal zwölf Bände[n]", ver-

---

[275] Jaeggi (1970), S. 9.

[276] Zu Heinrichs Gottesvorstellung siehe die Ausführungen in Kapitel 4.3. Religiosität und Langeweile.

brachte, deren Lektüre ausschließlich nachts erfolgte und ihn dazu verführte, "lange im Bette zu liegen und am hellen Tage, die Wange auf dem geliebten Buche, den Schlaf des Gerechten zu schlafen." (SW XVII, 119) In der zweiten Fassung, fünfundzwanzig Jahre nach Erscheinen der ersten, ist die Jean Paul-Verehrung auf wenige, weitaus distanziertere Zeilen zusammengeschrumpft, das Lektüreerlebnis selbst gerät gar zum Auslöser für Heinrichs Unvermögen, seiner zügellosen, realitätsfernen Phantasie Einhalt zu gebieten. Die Erinnerung schließt nun mit den Worten:

> Wenn ich dann erwachte und endlich doch an die Arbeit ging, war ich von einem Geiste träumerischer Willkür und Schrankenlosigkeit besessen, der noch bedenklicher war als die früheren Auflehnungen. (SW IV, 63)

Die überschwengliche Verehrung, die der zurückblickende Heinrich in der ersten Fassung zur Poetik Jean Pauls im Vergleich zur zweiten Romanfassung einnimmt, wurde von einigen Zeitgenossen als unmittelbares Bekenntnis des damals 27-jährigen Kellers gelesen.[277] Die Streichungen wie beispielsweise das Treuegelöbnis und der durchweg distanziertere Ton in der zweiten Fassung würden dagegen die geistige und künstlerische Entwicklung des gereiften Autors dokumentieren. Daß Keller in seinen jungen Jahren Jean Paul durchaus verehrte und sich von seiner Poesie inspirieren ließ, belegen nicht zuletzt die Parallelen in der Figurenkonstellation des *Grünen Heinrich* mit der des *Titan*: Vielfach hingewiesen wurde auf die innere Verwandtschaft zwischen den fiktiven Gestalten Anna und Judith und Jean Pauls Liane und Linda, und auch die Figur des Malerfreundes Ferdinand Lys, die charakterliche Züge des Roquairol trägt, markiert den *Titan* als möglichen Prätext des *Grünen Heinrich*.[278] Gegen weitere Interpretationsversuche aber, vor allem gegen solche, die in der figurenperspektivischen Rezeption des Jean Paul-Textes durch Heinrich Lee in der ersten Fassung eine glühende, uneingeschränkte Verehrung des damals jungen Gottfried Kellers lasen, hat sich der Autor nicht erst in späteren Jahren, nach Überarbeitung seines Romans, entschieden gewehrt, ohne dabei den dichterischen Einfluß völlig zu verleugnen:

> Es gab eine Zeit, wo ich selten einschlief, ohne Jean Pauls Werke unter dem Kopfkissen zu haben. Aber in jenen späteren Tagen, da ich zu schreiben anfing, tat ich längst keinen Blick mehr in seine Schriften, und von einer Wirkung auf meine Produktion kann daher in der von einigen Literarhistorikern angenommenen Weise durchaus nicht die Rede sein.[279]

---

[277]So z.B. von Friedrich Theodor Vischer und Conrad Ferdinand Meyer. Vgl. Luck (1970), S. 219ff.

[278]Schon Hunziker (1911), S. 60, weist auf eine innere Verwandtschaft der Gestalten hin. Vgl. besonders Jäggi (1970), S. 21-38, die detailliert die Übereinstimmungen aufzeigt.

[279]Frey (1919), S. 32f.

Tatsächlich setzt sich Keller bereits vor Beginn der Arbeit am *Grünen Heinrich* durchaus kritisch mit der Poesie Jean Pauls auseinander. Am 7. August 1843, drei Jahre bevor er die ersten Zeilen seines Romans niederschreibt, bezeichnet er zwar in seinem Tagebuch den Verfasser des *Hesperus* als einen "der größte[n] D i ch t e r, welchen ich kenne, wenn man die Natur mit ihren Wundern und das menschliche Herz als die ersten und größten Stoffe oder Aufgaben der Poesie anerkennt." Zugleich aber kritisiert er bereits die vielen "Tränen und Blutstürze" und bemängelt Jean Pauls "Witz, welcher, sei er noch so gut und schön, doch manchmal dem Leser ein wenig Ungeduld verursacht."[280] Die endgültige Abkehr von der jugendlichen Verehrung der Jean Paulschen "Poesie des Unendlichen zum Realismus, zur Poesie der Wirklichkeit"[281] erfolgt schließlich durch die Begegnung mit den erkenntnistheoretischen Gedanken Ludwig Feuerbachs, dessen Vorlesungen Keller während eines Studienaufenthalts in Heidelberg 1848-50 besucht. An die Stelle der überschwenglichen Naturbetrachtung und der unbestimmten Religiosität tritt nun eine glühende Verehrung der Natur als sinnliche Wirklichkeit und ein atheistisches demokratisch-republikanisches Weltbild.[282]

Kellers Ablösung von der Weltsicht Jean Pauls ist bereits in der ersten Fassung des *Grünen Heinrich* spürbar, so beispielsweise auch in der Schilderung von Heinrichs Lees Leseverhaltens. Die Ambivalenz in der Beurteilung der Lektürewirkung durch den zurückblickenden erwachsenen Heinrich verrät bereits an dieser Stelle, daß Keller den Werken Jean Pauls durchaus eine Gefahr für seinen träumerisch veranlagten jungen Leser zuschreibt.

Heinrichs wachsender Wunsch, Bücher nicht länger nur auszuleihen, sondern sie im eigenen Besitz zu wissen, steht zwar nicht unmittelbar im Zusammenhang mit seiner Jean Paul-Lektüre, doch er ist das Resultat seiner auch an der vorherigen Lektüre entzündeten Leselust. Der Erwerb von "Büchern und Bildwerken", die ihm als "äußere Hilfsquelle" seiner Studien dienen, erscheint ihm als eine "Pflicht" (SW XVII, 138), für die er bald leichtfertig die eigenen Geldmittel überschreitet. Erst die Konfrontation mit den Gläubigern in Gegenwart der Mutter, läßt ihn "das Peinliche des Schuldenmachens empfinden" (SW XVII, 139).

---

[280] Keller: Leben, Briefe und Tagebücher. Bd. II, S. 116.

[281] Luck (1970), S. 252. Luck bewertet die Änderungen in der zweiten Fassung als Maßnahmen des Autors, weiteren Versuchen entgegenzuwirken, den Roman als identische Lebensgeschichte des Autors zu lesen. Vgl. ebd., S. 249-255.

[282] Vgl. zum Einfluß Ludwig Feuerbachs auf Keller Ermatinger (1990), S. 176-197. Vgl. zu diesem Abschnitt auch Jäggi (1970). In Heidelberg faßt Keller auch den Vorsatz, den *Grünen Heinrich* erneut umzuändern. Am 8. Februar schreibt er: "Nebenbei treibe ich noch Literaturgeschichte und arbeite an meinem unglückseligen Romane, welchen ich, da ich einen ganz andern Standpunkt und Abschluß meines bisherigen Lebens gewonnen habe, erst wieder zu zwei Dritteln umschmelzen muß." Keller: Leben, Briefe und Tagebücher. Bd. II, S. 182. Inwiefern die Veränderungen auch die Handlung betrafen, ist nicht bekannt.

Nahrung für seinen literarischen Eifer erhält Heinrich aber nicht nur von "Antiquaren und wunderlichen Trödelleuten" (SW XVII, 139) oder aus den städtischen Sammlungen, die Bücher und Kupferstiche "fast unerschöpflich in Winkeln und Magazinen" (SW XVII, 138) beherbergen. Ein "feuriger und lebhafter Freund", der die Neigung für Malerei und Literatur mit ihm teilt und noch die Schule besucht, liefert ihm fortan "reichlichen Stoff" (SW XVII, 140). Mit ihm beginnt Lee einen literarischen Disput, bestehend aus "feurige[n] Briefwechsel[n]" (SW XVII, 140), beiderseits inspiriert durch die vorangegangene Lektüre. Während Heinrich seine Briefe "in ein Gewand ausschweifender Phantasie" (SW XVII, 141) hüllt und sich dabei des Humors Jean Pauls bedient, übertrifft ihn der Freund an plagiatorischer Fertigkeit: Dessen literarische Ergüsse sind intertextuelle Gebilde, die Bezüge zu Werken von Zimmermann, Diderot, Rousseau, Goethe, Sterne, Hippel, Lessing, Byron, Heine und verschiedenster "tiefsinniger Philosophen" (SW XVII, 142) aufweisen, ein Umstand, der Heinrich allerdings zunächst entgeht. Seine Entlarvung führt schließlich zum Bruch der Freundschaft, denn ungeachtet der Tatsache, daß Heinrichs eigene Briefe fremdes Gedankengut beinhalten, verleitet ihn sein "verletzter Ehrgeiz" (SW XVII, 143), "mit solchen hellen Sternen [...] ohnmächtig gerungen" (SW XVII, 142) zu haben, dazu, sich zum Richter über eine derart "angemaßte geistige Herrschaft" (SW XVII, 143) zu erheben.

4.3. Religiosität und Langeweile

Wie sehr Heinrichs Bereitschaft, sich auf die literarische Wirklichkeit einzulassen, von äußeren Vermittlungsfaktoren determiniert ist, dokumentieren seine Rezeptionseindrücke der Bibel. Während die Auswahl seines bisherigen Lektürekanons mit Ausnahme der in den Schulstunden gelesenen deutschen Klassiker, die ihm "Vergnügen" (SW XVI, 246) bereiteten, stets privaten Interessen und Vorlieben folgte und damit fast ausschließlich der eigenen Rezeptionsregie verantwortlich war, unterliegt die Vermittlung der Bibel dem strikten, phantasielosen Reglement des Katechismus. Von der Mutter mit den calvinistischen Glaubenssätzen bereits eingehend betraut, besucht Heinrich den Konfirmationsunterricht. Bereits der äußere Ablauf der Lehrstunden deutet das Mißverhältnis zwischen Heinrichs Leseerwartung und der tatsächlich dort praktizierten Bibellektüre an: An "kalten dunklen Wintermorgen" muß Heinrich "wöchentlich dreimal früh um fünf Uhr" sich "gewaltsam aus Schlaf und Traum reißen, um in der düsteren Stube zwischen langen Reihen einer Schar anderer schlaftrunkener Jünglinge das allerfabelhafteste Traumleben zu führen unter dem eintönigen Befehl eines weichlichen Schwarzrockes" (SW XVII, 196ff.). Heinrich erfährt, daß man dem 'Buch der Bücher', das er vordem für ein "Buch der Sage, zart und luftig und weise wie alle Sage" (SW XVII, 198) hielt, innerhalb der Glaubensdoktrin eine gänzliche andere Lesart angedeihen läßt. Das, was er bisher als "wunderbarste Ausgeburten menschlicher Phantasie" empfand, erscheint nun als unumstößliches Regelwerk menschlichen Verhaltens, einzig zu dem "Zwecke, im Sinne jener Phantasien ein wenig Wein und ein wenig Brot am richtigsten genießen zu können" (SW XVII, 198). Der biblische Text wird mit militärischem Drill systematisch aller Vieldeutigkeit beraubt, um auf diese Weise nachträglich eine Doktrin des Glaubens zu destillieren. Der Vorgang stößt bei Heinrich auf großes Unverständnis:

> Was als geschichtliches Dokument vergangener Geistesträume von der größten poetischen Meisterschaft und künstlerischen Vernunftmäßigkeit war, wenn man es unbefangen betrachten durfte, das wurde als aufgedrungene gegenwärtige Realität mit Einem Schlage zu einem beängstigenden Unsinn, und es ward mir zu Mute, wenn ich den widerspruchlosen Ernst sah, mit welchem ohne Mienenverzug das Fabelhafte behandelt wurde, als ob von alten Leuten ein Kinderspiel mit Blumen getrieben würde, bei welchem jeder Fehler und jedes Lächeln Todesstrafe nach sich zog. (SW XVII, 199)

Zwar beurteilt Heinrich rückblickend sein damaliges Empfinden als "unchristliche und ungeistige Gesinnung", die aus dem jugendlichen Unwillen entsprungen sei, "inneren Gehalt" und "äußere Gestalt" (SW XVII, 200) der christlichen Botschaft in Einklang zu bringen. Doch für den erwachsenen Erzähler gestaltet sich die unbefriedigende Bibellektüre in der Rückschau als eines derjenigen Erlebnisse, die den Weg zur späteren, pantheistisch gefärbten Weltanschauung bereits vorzeichneten. Ihre erneute Vergegenwärtigung bietet ihm an dieser Stelle Anlaß zur grundlegenden Auseinandersetzung mit den geltenden dogmatischen Lehrsätzen der Kirche. Im besonderen die Anerkennung der Sündhaftigkeit eines jeden, auch derjenigen, die in "Schuldlosigkeit" leben, erscheint Heinrich nun "unnütz und abgeschmackt" (SW XVII, 202). Denn:

> [...] für sich selber das Bekenntnis der Sünden professionsmäßig betreiben, verwandelt jene natürliche und unbefangene Selbsterkenntnis mit Einem Schlage in ein manieriertes Zopftum, aus welchem mich eine unsägliche frostige Nüchternheit und Schlaffheit anweht. Daher gedeiht diese Lehre am besten bei den entnervten und erschöpften Seelen; denn die Manieriertheit ist der Zeremonienmeister des Unvermögens auf jedem Gebiete, und sie ist es, welche die frischen Geister von jedem Gebiete wegscheucht, wo sie sich breit macht. (SW XVII, 202f.)

An der Vorstellung eines allwissenden und lenkenden Gottes hält Heinrich zwar fest,[283] doch die "nackte und gewaltsame Forderung des Glaubens, sozusagen die Theorie des Glaubens selbst" (SW XVII, 213), erweckt seinen Unwillen:

> [...] so würde diese ganze Prozedur eine gemachte Komödie sein, welche für mich dem Dasein Gottes, der Welt und meiner selbst alles Tröstliche und Erfreuliche benähme. (SW XVII, 204)

Ebenso verhält es sich mit der christlichen Lehre von der Liebe, die nach Heinrichs Auffassung weder "auf Befehl" noch "theoretisch" (SW XVII, 213) zustande kom-

---

[283]Vgl. zum Verhältnis Heinrichs zu Gott die exzellente Deutung v. Kaiser (1981), S. 153-174.

men kann. Alle “guten oder vielmehr pflichtmäßigen Handlungen” seien auf diese Weise zwangsläufig mit der “eigennützigen Hoffnung [verbunden], daß Er uns die Tat wohlgefällig gut schreiben werde.” (SW XVII, 214)

Heinrichs unkonfessionelle und undogmatische Religiosität, die einen “humanistischen Glaube[n], ein Bekenntnis zum Humanen, zur Ethik der Liebe ohne Vorbehalte”[284] proklamiert, verrät schon an dieser Stelle die Nähe seines Autors zur Religionskritik Ludwig Feuerbachs.[285] Dessen Auffassung von Religion als “Projektion menschlicher Wünsche in ein imaginäres Jenseits”[286] findet sich in Heinrichs Einstellung gegenüber den christlichen Praktiken: Es ist die Abneigung gegen einen teleologisch ausgerichteten Glauben, der die menschliche Unzulänglichkeit herausstellt, der Demut und Enthaltsamkeit im Diesseits predigt mit der Aussicht auf Erfüllung aller Sehnsüchte im Jenseits.

Freilich läßt sich eine derartige Einstellung Heinrichs zur Religion nicht schon zum Zeitpunkt seiner Katechismusstunden ausmachen. All die hier zur Sprache kommende Kritik entspringt der Distanz des zurückblickenden, erzählenden Heinrichs, nicht des erzählten Heinrichs, bei dem die formalisierte religiöse Lehre der Kirche mit ihrer festgeschriebenen Lesart der Bibel zunächst nur Befremden und Langeweile auslöst. Die hier gewonnenen Erfahrungen stehen zudem in engem Zusammenhang mit den praktizierten Lehren der Mutter. Ihr calvinistisch-puritanischer Lebenswandel, der den Phantasievorstellungen Heinrichs keinen Raum bietet, verhindert ebenso wie die kirchliche Unterweisung, daß es zu einer Vermittlung zwischen kindlicher Vorstellungskraft und christlicher Glaubenslehre kommt.[287] In den prosaischen Katechismusstunden offenbart sich für Heinrich nun vollends das sinnenfeindliche Prinzip der calvinistischen Religiosität, die keinen Platz läßt für eine phantasievolle, poetische Wahrnehmung.[288] Aus dieser Erfahrung heraus ist von nun an jede Form der religiösen Lektüre für Heinrich bereits im voraus mit dem Stigma der Langeweile behaftet. Dies ändert sich auch nicht an späterer Stelle, dann nämlich, wenn Heinrich gemeinsame Lesestunden mit Anna und ihrem Vater verbringt, einem durchaus belesenen, doch vorwiegend an religiöser Literatur interessierten ehemaligen Schulmeister. Für Thomas von Kempens *Nachfolge Christi*, aus dem Annas Vater seiner kranken Tochter und ihrem Verehrer erst vorliest, um dann gemeinsam über die Lektüre zu sprechen, vermag Heinrich zwar angesichts der “ernsten Beschaulichkeit” der Lesesituation streckenweise “aufrichtigen Beifall” (SW XVIII, 40) aufzubringen. Seine Zustimmung erfolgt jedoch einzig aus Rücksichtnahme gegenüber Anna und bezieht sich

---

[284]Grossenbacher (1984), S. 78.

[285]Vgl. zu Ludwig Feuerbachs Einfluß auf Keller z.B. Ermatinger (1990), S. 181-89.

[286]Plumpe (1996), S. 582.

[287]Vgl. auch Preisendanz (1963(1)), S. 89f.

[288]Vgl. zur Auseinandersetzung Heinrichs mit dem Christentum u.a. Preisendanz (1963(1)), S. 86-90, Kaiser (1981), S. 171f., Neumann (1982), S. 44-57, Grossenbacher (1984), S. 78ff., Adamczyk (1988), S. 99-106, S. 113ff.

stilistisch nur auf diejenigen "Stellen, welche eine innere Wahrheit enthielten oder tief, schön und kraftvoll ausgedrückt waren" (SW XVIII, 40). Ansonsten überläßt sich Heinrich einer "reizenden Langeweile" (SW XVIII, 40). Zu sehr stehen wieder einmal die Forderungen der 'devotio moderna' - Verzicht, Weltabkehr und ein opferbereites Leben - im Widerspruch zu den unmittelbar vorhergegangenen Eindrücken der faktischen Wirklichkeit: Römers vieldeutige, rätselhafte Vergangenheit beschäftigt seine Phantasie zu diesem Zeitpunkt ebenso wie die an Judith entdeckte betörende Sinnlichkeit, die im besonderen wohl Heinrich den Sinn für die religiöse Erbauungsliteratur verschließt.

4.4. Klassikerlektüren: Schiller, Goethe und Homer

Auch nach dem Ende der Schulzeit, während Heinrichs erster Versuche, sich zum Maler auszubilden, zeigt sich, daß die entscheidenden Stationen seiner Entwicklung in unmittelbarer Verbindung mit literarischen Eindrücken stehen. Drei Werkbegegnungen treten dabei besonders hervor: Schillers *Wilhelm Tell*, Goethes *Werke* und eine "deutsche Übersetzung von Homer" (SW XVIII, 24).

Eine "Volksschulausgabe" (SW XVII, 230) des Schillerschen Dramas dient als Textbuch zur Tell-Feier, an der sich Heinrich gleichzeitig als Requisiteur, Kostümbildner, Dramaturg, Maler, Regisseur und Darsteller, kurz als "Faktotum" (SW XVII, 233) beteiligt, denn neben seinen zeichnerischen Fähigkeiten erweist er sich als einziger Kenner der literarischen Vorlage:

> Zufällig war die Orginalausgabe von Schiller gar nicht bekannt im Hause, und selbst der Schulmeister las diesen Dichter nicht, weil seine Bildung nach anderen Seiten hin strebte; [...]. (SW XVII, 234)

Heinrich nutzt seinen literarischen Wissensvorsprung und gestaltet die Aufführung derart im Sinne eigener Interessen, daß Anna, die Tochter des Schulmeisters und eine der beiden Frauen, zu denen er sich hingezogen fühlt, "arglos in die ihr gestellte Falle" (SW XVII, 234) läuft: In der Rolle der Berta von Brunneck steht sie Heinrich, der die literarische Figur Ulrich von Rudenz verkörpert, ahnungslos im Spiel als Liebende zur Seite. Das ändert sich erst, als Anna Einsicht in die Textvorlage verlangt:

> [...] während [...] ich aber wie auf Kohlen saß, laß sie, das Buch auf dem rechten Knie haltend, aufmerksam die Szene, wo Rudenz und Berta ihr schönes Bündnis schließen, von Anfang bis zu Ende, mehr und mehr errötend. (SW XVII, 272)

Zunächst erfüllen tatsächlich sechs Küsse die durch Schillers *Wilhelm Tell* geweckte Hoffnung, die sogleich aber an der Diskrepanz zwischen Realität und Illusion zerbricht. Die literarisch genährte Berührung verliert jeglichen Glanz im Licht der faktischen Wirklichkeit und hinterläßt statt dessen "eisige Kälte" (SW XVII, 277) zwischen den Liebenden. Die Szene trägt die Merkmale des biblischen Sündenfalls:

> Indem ich sie so gewaltsam an mich drückte und küßte und sie in der Verwirrung dies erwiderte, neigten wir den Becher unserer unschuldigen Lust zu sehr; sein Trank überschüttete uns mit plötzlicher Kälte und das fast feindliche Fühlen des Körpers riß uns vollends aus dem Himmel. (SW XVII, 278f.)

Die Verführung vollzieht sich durch die Literatur, die verbotenes Gedankengut erweckt und mit einem verheißungsvollen Paradies lockt. Tatsächlich aber fühlt sich Anna durch die illegitimen Küsse, wenn nicht ihrer Unschuld, so doch zumindest der Reinheit ihrer Gefühle für Heinrich beraubt, währenddessen er seine Freundin vorübergehend nur noch als "urfremden, wesenlosen Gegenstand" (SW XVII, 277) wahrnimmt und "etwas Fremdes, Unheimliches [...] ans Lichte geführt" (SW XVII, 279) glaubt. Die verhängnisvolle Transformation des poetischen Wirklichkeitsentwurfs führt Heinrich zugleich erneut vor Augen, welche Folgen aus einer mißverstandenen Lektüre entstehen können: Im Versuch, die faktische Wirklichkeit nach dem Vorbild der poetischen Scheinwelt zu gestalten, lauert eine Gefahr, die im Extremfall verheerend das eigene Seelenheil bedroht.

Nach der Tell-Aufführung folgt unmittelbar die Begegnung mit Goethes Werken. Von den ländlichen Feierlichkeiten in die Stadt zurückgekehrt, findet der fast siebzehnjährige Heinrich zu Hause einen "ansehnlichen Stoß Bücher" vor, "an die fünfzig Bändchen, alle gleich gebunden, mit roten Schildchen und goldenen Titeln auf dem Rücken versehen und durch eine starke vielfache Schnur zusammengehalten": "Goethes sämtliche Werke" (SW XVIII, 3), zur Ansicht und zum späteren Kauf von einem Trödler gebracht. Schon der äußere Anblick des Bücherstapels löst bei Heinrich ein Gefühl der Ehrfurcht aus:

> Es war mir zu Mute, als ob der große Schatten selbst über meine Schwelle getreten wäre; [...]. (SW XVIII, 3)

Bereits die frühe Faust-Inszenierung deutete an, daß es mit den Werken Goethes eine besondere Bewandtnis auf sich hat. Zur nachhaltigen Wirkung der Aufführung gesellte sich in der Zwischenzeit die Nachricht vom Tode Goethes[289], wodurch "sein Bild in der Vorstellung des jüngsten Geschlechtes" und damit auch in derjenigen Heinrichs "etwas Dämonisch-Göttliches" (SW XVIII, 3) annahm:[290]

> Der unbekannte Tote schritt fast durch alle Beschäftigungen und Anregungen und überall zog er angeknüpfte Fäden an sich, deren Enden nur in seiner unsichtbaren Hand verschwanden. (SW XVIII, 4)

---

[289]Vgl. SW XVIII, S. 4.

[290]Rohe wertet die Goethe-Verehrung ganz richtig als "Effekt der Ausdifferenzierung von Kunst am Ende des 18. Jahrhunderts": "Was die Kunst so an unmittelbarer Orientierungsfunktion einbüßt, kompensiert ein auratisierter, sinn- und normsetzender, zu vollendeter Individualität stilisierter Autor." Rohe (1993), S. 101. Auf die Frage, inwiefern die Gleichung Goethe = 'Weltlenker' auch im weiteren Verlauf des Romans aufgeht, wird an späterer Stelle eingegangen.

Der Erhalt des Bücherstapels gestaltet sich für Heinrich gleichsam als persönliche Begegnung mit dem Verfasser,[291] die schon vor dem eigentlichen Vollzug des Leseakts alle Zeichen ihrer Singularität in sich trägt:

> Als ob ich jetzt alle diese Fäden in dem ungeschlachten Knoten der Schnur, welche die Bücher umwand, beisammen hätte, fiel ich über denselben her und begann hastig ihn aufzulösen, und als er endlich aufging, da fielen die goldenen Früchte des achtzigjährigen Lebens auf das schönste auseinander, verbreiteten sich über das Ruhbett und fielen über dessen Rand auf den Boden, daß ich alle Hände voll zu tun hatte, den Reichtum zusammenzuhalten. (SW XVIII, 4)

Daß sich Goethes Erscheinen im *Grünen Heinrich* ganz im Zeichen einer Theophanie vollzieht, ist von der Forschung hinlänglich erwähnt, ebenso wie die Tatsache, daß Heinrichs Lesart der Werke in Analogie zur christlich-religiösen Fastenzeit steht.[292] Tatsächlich erscheint die unwahrscheinlich anmutende, dreißigtägige Goethe-Lektüre,[293] bei der Heinrich der Reihe nach erst "alles Gereimte, dann die Romane, dann die Italienische Reise, dann einige künstlerische Monographien" liest, dergleichen wiederholt, um dann zu "Reineke Fuchs", "Benvenuto Cellini" und schließlich zu dem "hellen Stern: Dichtung und Wahrheit" (SW XVIII, S. 4f.) zu gelangen, ganz im Zeichen der Erneuerung und des Erwachens. Schon die Reihenfolge der gelesenen Werke ist programmatisch: Heinrich liest "in Richtung von der »Poesie« hin zum »Leben« und setzt darin ein Zeichen, dem er selbst nachzufolgen sich anschickt."[294] Das exzessive "dreißigtägige Liegen und Lesen" (SW XVIII, 5), von der Mutter argwöhnisch betrachtet, vermittelt dem Lesenden ein völlig neues Verhältnis zur faktischen Wirklichkeit, eine neue Sichtweise all dessen, was er während seiner Lektüre vollständig ignorierte:

> Ich machte mich ins Freie; [...], und indem meine Blicke alles umfaßten, empfand ich ein reines und nachhaltiges Vergnügen, das ich früher nicht gekannt. Es war die hingebende Liebe an alles Gewordene und Bestehende, welche das Recht und die Bedeutung jeglichen Dinges ehrt und den Zusammenhang und die Tiefe der Welt empfindet. (SW XVIII, 5)

Diese veränderte Wahrnehmung wirkt, wie Scherrer umfassend darlegt,[295] auf zwei Ebenen: Heinrich tritt durch den Genuß der Lektüre in ein neues Verhältnis zur faß-

---

[291]Vgl. SW XVIII, S. 3.

[292]Vgl. z. B. Laufhütte (1969), S. 14f., Scherrer (1978), S. 14f., Kaiser (1981), S. 164, Rohe (1993), S. 88f.

[293]Vgl. SW XVIII, S. 4. Auf die veränderte Zeitangabe in der 2. Fassung, in der von einem vierzigtägigen Lesen die Rede ist, wurde in der Keller-Forschung vielfach hingewiesen und diese mit der Absicht des Autors erklärt, die mit der Zahl verbundene Assoziationsmöglichkeit zu verstärken: die Goethe-Lektüre als parareligiöses Erlebnis in der Fastenzeit, an deren Ende, zu Ostern, "ein Erwachen, ein Neubeginn" steht. Laufhütte (1969), S. 14f.

[294]Plumpe (1996), S. 596.

[295]Vgl. Scherrer (1978), S. 15-24.

baren Realität, wodurch er zudem die Fähigkeit erhält, seine Umgebung mit anderen Augen als bisher wahrzunehmen, nämlich durch die von Goethe vermittelte "Liebe". Er gewinnt so nicht nur eine veränderte Apperzeption dem Text gegenüber, sondern auch die Fähigkeit, analog zu den literarischen Inhalten die Wirklichkeit um ihn herum zu bewerten. Diese Fähigkeit erstreckt sich auch auf die eigene künstlerische Arbeit, die am Maßstab der neuen Sichtweise kritisch bewertet wird:

> Diese Liebe steht höher als das künstlerische Heraussstehlen des einzelnen zu eigennützigem Zwecke, welches zuletzt immer zu Kleinlichkeit und Laune führt; sie steht auch höher als das Genießen und Absondern nach Stimmungen und romantischen Liebhabereien, und nur sie allein vermag eine gleichmäßige und dauernde Glut zu geben. (SW XVIII, 5f.)

Wie es jedoch zu dieser veränderten Wahrnehmung kommt, ist aus der geschilderten eigentlichen Rezeption nicht zu folgern; diese weist nur auf ein spezifisches Leseverhalten Heinrichs und auf die von der Lektüre ausgehende, konstant in der Metaphorik des Lichts gehaltene Initiation hin. Erst die sich anschließenden, von der Wissenschaft viel beachteten Goethe-Reflexionen des autobiographischen Heinrichs geben weitere Auskunft:[296] Es ist die durch Goethe gewonnene und mit seinem Namen verbundene Erkenntnis über das stete Bemühen des Künstlers um "Ruhe und Stille in der Bewegung", um "Schlichtheit und Ehrlichkeit", welche Heinrich nun als Voraussetzung dafür ansieht, "etwas Poetisches oder, was gleichbedeutend ist, etwas Lebendiges und Vernünftiges hervorzubringen" (SW XVIII, 7). Die künstlerische Maxime des hier anklingenden zeitgenössischen Real-Idealismus lautet fortan: "Vereinfachung, Zurückführung und Vereinigung des scheinbar Getrennten und Verschiedenen auf einen Lebensgrund" (SW XVIII, 8).[297] Bereits Wolfgang Rohe verdeutlichte, auf welche Weise in diesem dreifachen Reduktionsvorgang die Komplexität der Welt einen Austausch durch den Mythos Goethe erfährt:

> In der Mythologisierung Goethes durch Heinrich besetzt jener zum einen die göttliche Position, zum anderen steht Goethe für eine in seiner Kunst entdeckte Reduktion von Komplexität, die als ästhetisches Verfahren gelobt und gleichermaßen als Maßstab von Welterfahrung vertreten wird. Goethe erscheint quasi metaphysisch und mythologisch abgesichert.[298]

---

[296] Am umfangreichsten Laufhütte (1969), S. 11-31; vgl. auch Preisendanz (1963(1)), S. 100f., Preisendanz (1963(2)), S. 190, Müller (1976(1)), S. 312, Scherrer (1978), S. 16-24, Jeziorkowski (1979), S. 100f. Rohe (1993) wies bereits auf den auffälligen Konsens der Keller-Forschung hin, die im *Grünen Heinrich* erfolgten Goethe-Reflexionen trotz der bewußten Problematik sowohl als "ästhetische Maxime" des Romans als auch als "Poetik Kellers" zu interpretieren. Ebd., S. 86f. Selbst Zierleyn (1989) schließt sich in seiner Studie zum Klassikbild Kellers der allgemeinen Auffassung an, die Goethe-Lektüre Heinrichs spiegele "Kellers Goethebild" wider. Ebd., S. 122.

[297] Wie Gerhard Plumpe ausführt, bringt diese Maxime "das Grundtheorem des »programmatischen Realismus« der fünfziger Jahre des 19. Jahrhunderts" zur Sprache. Plumpe (1996), S. 596. Zur philosophischen Ästhetik in der zweiten Hälfte des 19. Jahrhunderts vgl. ebd., S. 242-307.

[298] Rohe (1993), S. 90.

Die sich im Mythos Goethe vollziehende "Reduktion von Weltkomplexität"[299] ermöglicht Heinrich eine differenzierte Betrachtung der Umwelt im Hinblick auf ihre elementaren Bestandteile. Aus ihr offenbaren sich ihm die Prinzipien künstlerischer Betrachtung. Doch die Bewährungsprobe dieser aus der Lektüre Goethes gewonnenen Erkenntnisse an der faktischen Wirklichkeit steht Heinrich noch bevor: Seine Vorstellung von einem " reichen Schatz von Arbeiten [...], welche alle hübsch, wert- und gehaltvoll aussahen, angefüllt mit zarten und starken Strichen, von denen keiner ohne Bedeutung war", entpuppt sich allerdings schon bald als Utopie, denn die in guter Absicht beschlossenen Naturstudien enden als "trübseliges Gekritzel" (SW XVIII, 8f.). Obwohl der fiktive Schein der in Goethes Werken entworfenen Welt einen durchaus positiven Einfluß auf die faktische Wirklichkeit Heinrichs ausübt, erweist es sich doch als schwierig, die literarischen Betrachtungen des großen Dichters in die eigene künstlerische Praxis umzusetzen. Dazu bedarf Heinrich der "Vermittlung eines Propheten"[300], eines Lehrmeisters, der ihm hilfreich zur Seite steht. Einen solchen findet er im Maler Römer, einem, wie es heißt, "wirklichen Künstler" (SW XVIII, 10).

Daß das überraschte Auftreten Römers von Heinrich als "geheimes Zeichen" (SW XVIII, 15) des zuvor um Hilfe angeflehten Gott/Goethe gewertet wird, verdeutlicht schon dessen sprachliche Einführung:

> Da überschattete sich plötzlich der weiße Bogen auf meinen Knieen, der vorher von der Sonne beglänzt war; erschrocken schaute ich um und sah einen ansehnlichen, fremd gekleideten Mann hinter mir stehen, welcher den Schatten verursachte. (SW XVIII, 9)

Auch die in der Forschung vielfach betonte phonetische Nähe zwischen dem Lehrmeister aus der Lektüre und dem aus der Praxis,[301] scheint auf einen vom Autor beabsichtigten Konnex hinzuweisen, den Heinrich denn auch in der "Vorstellung eines langen Drahtes" formuliert, "an welchem der fremde Mann auf mein Gebet herbeigezogen sei" (SW XVIII, 15). Römers "Prophetentum" kündigt sich also als eines "im Dienste Goethes"[302] an, und auch wenn er später an dieser Aufgabe scheitert, so liefert er doch in bezug auf Heinrichs Lektürekanon neue Impulse. Unter seiner Obhut lernt Lee nicht nur die Kunst der realistischen Landschaftsmalerei, er lernt auch "mit mehr Bewußtsein und Absicht [zu] lesen." (SW XVIII, 26) Dieser

---

[299] Rohe (1993), S. 89.

[300] Ebd., S. 90.

[301] Vgl. z.B. Laufhütte (1969), S. 172f., Meier (1977), S. 66, Jeziorkowski (1979), S. 101f., Rohe (1993), S. 90-94. Rohe macht ganz richtig darauf aufmerksam, daß der spätere Wahnsinn Römers von der Wissenschaft häufig zugunsten des betonten Konnexes zwischen Goethe und dem Maler ignoriert wurde. In seiner aufschlußreichen Untersuchung sieht Rohe dagegen im Wahnsinn Römers die Markierung des "Zerfall[s] eines 'goetheschen', objektiven und harmonischen Weltzusammenhangs". Vgl. Rohe (1993), S. 93.

[302] Rohe (1993), S. 91.

Vorgang vollzieht sich an der Lektüre Homers, den der neue Lehrer seinem Schüler auf Grund "seiner einfachen Klassizität" (SW XVIII, 25) empfiehlt. Römer selbst liest "fast keine Bücher als die deutsche Übersetzung von Homer und einen italienischen Ariost" (SW XVIII, 24) und zeigt sich somit nicht nur in seiner Einstellung zur Kunst als unbeugsamer Verfechter des "poetischen Selbstausdrucks"[303], auch sein Umgang mit Büchern offenbart eine ichbezogene, streng an den eigenen Interessen ausgerichtete und den konventionellen Lesergeschmack konsequent ignorierende Haltung. Über Homer und damit erneut über den Weg der Lektüre sollen Heinrich die Grundlagen realistischer Kunst nahegebracht werden:

> Aber Römer machte mich aufmerksam, wie Homer in jeder Bewegung und Stellung das einzig Nötige und Angemessene anwende, wie jedes Gefäß und jede Kleidung, die er beschreibe, zugleich das Geschmackvollste sei, was man sich denken könne, und wie endlich jede Situation und jeder moralische Konflikt bei ihm bei aller fast kindlichen Einfachheit von der gewähltesten Poesie getränkt sei." (SW XVIII, 24f.)

Dergleichen entdeckt Heinrich nur mit Römers Hilfe, der sich zwecks Verdeutlichung seiner Ansicht, es könne seit Homer "nichts Ausgesuchteres, Pikanteres und ewig Neues geben [...] als so einen homerischen Einfall in seiner einfachen Klassizität" (SW XVIII, 25), der Nausikaa-Episode aus der *Odyssee* bedient. Daß Römer ausgerechnet die Irrfahrten des Odysseus und daraus im besonderen jene Szene anführt, in der der Held "nackt und mit Schlamm bedeckt vor Nausikaa und ihren Gespielen erscheint" (SW XVIII, 25), erfolgt nicht ohne Bedeutung. Nicht nur Römers eigene, ihn letztlich in den Wahnsinn führenden Irrfahrten kommen hier bereits zur Sprache, auch Heinrichs Schicksal erfährt eine frühe Prophezeiung: Sowohl in seinen späteren Heimkehrträumen als auch bei seiner Begegnung mit Dortchen Schönfund erfüllen sich die Vorhersagen seines Lehrmeisters.[304]

4.5. Frauen und Lektüre

Im Umkreis Heinrich Lees nehmen Frauen als aktive, d.h. sich regelmäßig einer Lektüre widmende Leserinnen nur einen marginalen Platz ein. Die Ursache dafür liegt nicht in der mangelnden Lesefähigkeit der weiblichen Figuren - Kellers Roman berücksichtigt durchaus die im 19. Jahrhundert vollzogene "Demokratisierung des Lesens"[305] der weiblichen Bevölkerung. Vielmehr zeichnet sich für diesen Umstand eine

[303] Plumpe (1996), S. 590.

[304] Vgl. Heinrichs Heimkehrträume in: SW XIX, S. 150-177. Angesichts der Tatsache, daß Heinrich beim Zusammentreffen mit der Grafentochter "über und über mit Schlamm und Kot bedeckt" ist, erinnert er sich erneut "des unglücklichen Römer[s]" und hofft, "da es noch hie und da eine Nausikaa gibt, so werde ich auch mein Ithaka noch erreichen!" SW XIX, S. 204f.

[305] So der Titel der Untersuchung v. Langenbucher (1975).

unzureichende Literaturfähigkeit im Sinne einer "Vertrautheit mit dem Kulturmuster"[306] Literatur verantwortlich. Zwar wird im Roman auch dem weiblichen Geschlecht ein Interesse an Texten unterschiedlichster Art (Gedichten, Romanen, religiösen Schriften, usw.) zugeschrieben und von deren Lektüre berichtet, doch die wenigen Szenen, in denen Frauen als Lesende skizziert werden, dokumentieren, daß sich ihr Umgang mit dem Medium 'Buch' deutlich von dem der männlichen Leserfiguren unterscheidet.

Am Beispiel jener "Leserfamilie"[307], von der bereits die Rede war, wird die Differenz zwischen typisch männlichem und weiblichem Lektüreverhalten zudem durch den Altersfaktor der Rezipienten verstärkt.[308] Hier sind es die "erwachsenen, lesebegierigen Schwestern", die durch den Besuch öffentlicher "Leihbibliotheken" und mittels anderer, nach Ansicht des Erzählers offenbar anrüchiger Quellen den übrigen Familienmitgliedern den Zugang zu einer "Unzahl schlechter Romane" (SW XVI, 196) ermöglichen,[309] auch wenn diese sowohl bei den männlichen als auch bei den weiblichen Lesern gleich welchen Alters auf Interesse stoßen:

> [...] an Sonntagen konnte man nicht nur die Geschwister und ihre Liebhaber, sondern Vater und Mutter, und wer sonst noch da war, in die Lektüre dieser schmutzig aussehenden Bücher vertieft finden. (SW XVI, 196)

Aufschlußreich sind allerdings die unterschiedlichen Erwartungen der einzelnen Familienmitglieder an diese Lektüre: Während der Lesemotivation der Eltern ein offenbar harmloses, da folgenloses Bedürfnis nach "Stoff zu törichten Gesprächen" zugrunde liegt, entspringt die Leselust der jungen Generation dem schon folgenreicheren Verlangen, eine "bessere Welt" (SW XVI, 196) zu erblicken. Folgenreicher, weil zur Befriedigung dieses Verlangens eine Lektüre herangezogen wird, die - so das Urteil des zurückblickenden Heinrichs - unmittelbaren Einfluß auf die faktische Wirklichkeit der jungen Leser ausübt. Daß die Lektüre und ihre Folgen nach Heinrichs Ansicht in direktem Zusammenhang zu den sozialen Verhältnissen ihrer Leser steht, führt seine explizite Beschreibung des Leseverhaltens der Mädchen vor Augen: Diese "hielten sich mit großem Interesse an die erste Art [jämmerliche Briefwechsel und Verführungsgeschichten; Anm. ad.] und ließen sich dazu von ihren teilnehmenden Liebhabern sattsam küssen und liebkosen" (SW XVI, 196). Solch "verwerfliche Sinnlichkeit", geweckt und genährt durch die gemeinsame Lektüre "gemeiner unpoetischer Machwerke" (SW XVI, 196), bleibt freilich nicht ohne Konsequenzen: Über einen beständig anwachsenden "Vorrat an schlechten Büchern", einer Reihe wechselnder "Liebhaber" führt sie schließlich direkt zu einer "Herde kleiner Kinder" (SW

---

[306]Fügen (1964), S. 170.

[307]Vgl. SW III, S. 130.

[308]Vgl. zum Lektüreumgang der Leserfamilie auch Scherrer (1970), S. 7-11.

[309]Wie Schön daraufhinweist, sind im 19. Jahrhundert die Frauen die wesentlichen Kunden der Leihbibliotheken. Vgl. Schön (1999), S. 42.

XVI, 204f.). Trotz Zerreißens der verheerenden Bücher nimmt das so entstandene soziale Elend kein Ende. Zu groß ist das Identifikationsbedürfnis der Rezipientinnen und der mit der Lektüre einhergehende Reiz des Vergessens, und zu gering ist die Einsicht in die kausale Verbindung zwischen Fiktion und Realität. In einem Aufsatz über *Die Leser des Don Quijote* formuliert Harald Weinrich, "daß die lesende oder zuschauende Begegnung mit der Fiktion beim Leser oder Zuschauer eine gewisse Fiktionsironie verlangt, wenn diese Sphären sich nicht 'verrückt' vermischen sollen."[310] Eine solche Leistung kann aber nur dort aufgebracht werden, wo die Fiktion als solche erkannt wird, wo das lesende Subjekt zwischen der erfahrbaren Wirklichkeit und einer künstlich geschaffenen Welt zu differenzieren vermag. In Kellers Roman ist diese Fähigkeit unmittelbar an den Bildungsstand der Rezipienten geknüpft. Die Folgen, die sich aus dem übermäßigen Lektürekonsum für die lesenden Töchter ergeben, erscheinen als beispielhafte Demonstration jenes Ausspruchs, der aus dem Munde eines Satirikers um 1833 stammt:

> Ein Haus, in dem viele Töchter sind, ist wie eine Buchhandlung; die Leute kommen hin, sehen sich die Bücher an, lesen das Titelblatt, blättern auch wohl ein bißchen in ihnen, selten aber kauft einer ein Buch, selten nimmt einer eins nach Hause mit.[311]

Zwar läßt sich wie schon angesprochen auch im Falle der Jungen eine verheerende Wirkung der Ritterromane auf ihre faktische Wirklichkeit ausmachen, doch was bei ihnen noch mit einem kindlichen Drang nach phantasievoller Ausdehnung und einer noch nicht vollzogenen literarischen Sozialisation entschuldigt wird, bringt Heinrich bei den bereits erwachsenen Schwestern schlicht auf den Nenner eines falsch erlernten Umgangs mit Literatur. Auch wenn das "einfältig verbuhlte Wesen" (SW XVI, 204) der Mädchen offenbar in erster Linie das geistige Resultat der so ausgiebig genossenen Lektüre ist, zeigt sich, daß bei Heinrichs Beurteilung der Ereignisse der mit den sozialen Verhältnissen verbundene Bildungsstand der Rezipientinnen eine wichtige Rolle spielt. Hier lohnt ein kurzer Blick auf die bildungsgeschichtliche Situation in der zweiten Hälfte des 19. Jahrhunderts, denn noch bis 1870 galt als Voraussetzung zur Teilnahme am literarischen Leben der Besuch des Gymnasiums, der allerdings nur Jungen vorbehalten war. Nur in den Gymnasien wurde der Umgang mit Literatur gelehrt, d.h. neben der reinen Rezeption deutscher und lateinischer Klassiker auch der theoretische und praktische Diskurs.[312] Nach den Lehrplänen der höheren Töchterschulen war für Mädchen allenfalls die Auseinandersetzung mit Werken der klassischen Literatur, der Weimarer ebenso wie der griechischen Klassik, und mit zeitgenössischen Dichtern vorgesehen; diese standen jedoch gleichrangig neben der Beschäftigung mit trivialer und epigonaler Literatur. Dieses Ungleichgewicht in der

---

[310]Weinrich (1985), S. 57.

[311]*Wöchentliche Unterhaltungen, Sonntagsblatt für alle Stände* (Beilage zu: Didaskalia) Nr. 8 vom 24. 2. 1833, S. 2.

[312]Vgl. Hohendahl (1985), S. 309f.

literarischen Sozialisation von Jungen und Mädchen trug wesentlich dazu bei, daß die Frauen im 19. Jahrhundert zu den Hauptkonsumenten der leichteren Belletristik und der Lyrik zählten.[313]

In Kellers Roman wird dieser bildungsgeschichtliche Hintergrund anhand der Darstellung der lesenden Töchter thematisiert. Die offensichtliche Zugehörigkeit der Familie zur unteren sozialen Schicht legt die Vermutung nahe, daß den Mädchen der Besuch einer höheren Töchterschule allerdings verwehrt wurde. Zur fehlenden literarischen Bildung gesellt sich das schlechte Vorbild der Eltern, die im Lektüreverhalten ihrer Kinder keine Gefahr erblicken, der verhängnisvollen Entwicklung ihrer Töchter gar "mit seltsamer Freude" (SW XVI, 204) zusehen. Die sozialen und familiären Faktoren bieten somit einen besonderen Wirkungskreis für jene Bücher, deren Titel hier vorsorglich verschwiegen werden, über die aber aufgrund ihres Einflusses auf die faktische Wirklichkeit der Leserinnen Heinrichs Urteil eindeutig negativ ausfällt.

Daß Gottfried Keller bei der Darstellung weiblichen Leseverhaltens in seinem Roman besonders das Zusammenspiel zwischen sozialer Herkunft, psychischer Konstitution, literarischer Vorbildung, sei es durch schulische oder familiäre Ausbildung, und zeitgenössischem Lektüreangebot vor Augen hat, demonstriert auch der Vergleich zwischen Heinrich Lees Jugendlieben Anna und Judith. So kontrastierend schon die Beschreibung der beiden Frauengestalten ausfällt - Anna als ätherisch Geistige, Judith dagegen als Inbegriff weltlicher Sinnlichkeit[314] -, so gegensätzlich zeigt sich auch ihre Lektüre: Im Falle der unerfahrenen Anna ist explizit nur von den religiösen Schriften ihres Vaters, des ehemaligen Schulmeisters, die Rede, der, von "bäuerischem Herkommen und dürftiger Bildung, allein nach milden und feinen Sitten, nach dem Leben und Ruhme eines Weisen und Gerechten" (SW XVII, 35) strebt. Zur Erreichung dieses Ziels dienen ihm in der Hauptsache "beschauliche geistliche und philosophische Spekulationen" und nicht näher bezeichnete "seltsame Bücher" (SW XVII, 35), die er zur Vertiefung ihrer indizierten Weisheiten vermutlich wiederholt liest. Tatsächlich bestärkt seine Lektüre von Kempens *Nachfolge Christi* an Annas Krankenbett die Annahme, daß er dem von Rolf Engelsing charakterisierten Typus des 'intensiven Lesers' noch weitgehend entspricht.[315] Über seine Tochter

---

[313]Vgl. u.a. Wittmann (1982), S. 218-226; ebenso Häntzschel (1982), S. 199-246.

[314]Preisendanz versteht Heinrichs Doppelliebe zu Anna und Judith weniger als "Dualismus von Geistigkeit und Sinnlichkeit", sondern als "Gespaltenheit, die von dem Auseinandertreten des Bildes und der Wirklichkeit der Liebe bedingt ist". Preisendanz (1963(1)), S. 97. Demnach wäre allerdings nur die Liebe zu Judith Wirklichkeit, während die zu Anna nur im Bilde wirklich ist. *Beide* Frauengestalten sind aber, wie Gerhard Plumpe darlegt, "imaginäre Projektionen" Heinrichs, d. h. beide sind gleichsam 'leere' Flächen, auf denen Heinrich jeweils verschiedene Vorstellungen, bzw. eigene Wünsche projiziert. Vgl. Plumpe (1996), S. 600-604.

[315]Vgl. Engelsing (1970), S. 958-973, der Thomas von Kempens Werk *Die Nachfolge Christi* als typisches Beispiel für eine im 19. Jahrhundert empfohlene Wiederholungslektüre anführt. Vgl. zur Charakterisierung der 'intensiven Lektüre' u. a. auch Langenbucher (1975), S. 13-16, Weinrich (1985), S. 53.

Anna heißt es, daß sie "still und fein in dem milden Lichte solcher Gesinnungsweise" lebe, gleich einem "zarten Pfarrerskind" (SW XVII, 35), weshalb sie von Heinrich denn auch mit einer Vielzahl von Metaphern bedacht wird, die den Eindruck der Unschuld verstärken: Sie sei "schlank und zart wie eine Narzisse" (SW XVII, 41), ein anderes Mal "wie eine junge Engländerin aus den neunziger Jahren" (SW XVII, 68), dann wieder gleiche sie einer "Art Stiftsfräulein" (SW XVII, 88). Hinzu kommt eine nicht näher spezifizierte Krankheit, die ihr nach Heinrichs Ansicht eine "frühe Weisheit" (SW XVIII, 39) verleihe. Dergestalt idealisiert und von sinnlichen Neigungen freigesprochen - so zumindest in der Vorstellung Heinrichs - ist sie folglich auch als Leserin nicht anders zu denken, als daß sie gemäß dem väterlichen Vorbild und einer überwiegend religiösen Erziehung auch bei der Lektüre den sittlichen Kodex zu wahren sucht und sich allenfalls moralischen Erbauungsschriften, hauptsächlich und wiederholt jedoch der Bibel widmet. Im Umgang mit weltlicher Literatur jedenfalls demonstriert Anna eine deutliche Unwissenheit, wie ihr Auftritt in der Inszenierung des Schillerschen *Tell*-Dramas beweist. Diese Einschätzung wird unterstützt durch die Tatsache, daß Gottfried Keller in seinem Roman Vater und Tochter als der Landbevölkerung zugehörig charakterisiert, für die tatsächlich noch bis zum Ende des 19. Jahrhunderts der Zugang zu Literatur einzig über das minderwertige Angebot des Kolporteurs oder über die Bibliotheken der kulturellen Autoritäten, des Pfarrers und des Dorfschullehrers, erfolgte.[316] In seiner Gotthelf-Rezension von 1849 kritisiert Keller entschieden die erschwerten organisatorischen und finanziellen Bedingungen, unter denen die Bücherversorgung der Landbevölkerung stattfand:

> Wie lange es geht, bis ein Bauer für ein Buche, das nicht gerade die Bibel ist, vier Gulden disponibel hat, weiß jeder selbst, der mehr in einem Bauernhaus verweilt hat, als bloß um an einem heißen Sommertage eine frische Milch darin zu essen. Und vollends ein armer Bauer oder gar ein Knecht! Und wenn sich endlich ein solcher Sonderling und Verschwender findet, [...] wie soll das Buch zu ihm gelangen oder er zu dem Buche? Er bekommt keine Bücherpakete "zur gefälligen Einsicht", und ebensowenig hat er Muße und Gelegenheit, sich in den Buchläden herumzutreiben und nach "Novitäten" zu fragen [...]. (SW XXII, 44)

Im Falle Annas wird die ländliche Abgeschiedenheit von kulturellen und damit auch von literarischen Einflüssen noch unterstützt durch die selbstgewählte innere Weltabkehr des Vaters, die sich auch in der zurückgezogenen Lebensweise zeigt. Als Witwer lebt er mit seiner Tochter "auf einem einsamen und abgelegenen Hofe" (SW XVII, 34), zu dem zu gelangen erst eine "Wildnis" durchschritten oder ein "lang gedehnter Berg" (SW XVII, 39f.) erklommen werden muß. Angesichts solcher Isolation und in Ermangelung der noch im 19. Jahrhundert üblichen Auswahl und Lenkung des Lesestoffes durch eine Mutter,[317] konzentrieren sich Annas literarische Erfahrungen wohl einzig auf die väterliche Bibliothek, deren Bestände sie vermutlich

---

[316]Vgl. Hohendahl (1985), S. 320-326.

[317]Vgl. u.a. Sauder (1977), S. 84, u. Schön (1999), S. 47.

ganz im Sinne der Forderung Friedrich Ludwig Jahns aus dem Jahre 1810 studiert: Frauen sollen "lesen wie beten. Nicht zum Prunk, sondern zum Nutzen [...]."[318]

Tatsächlich weist Kellers Roman nur zwei Stellen auf, in denen Annas Umgang mit Büchern differenzierter betrachtet wird: neben Heinrich als Leserin am Sterbebett seiner Großmutter und als Zuhörerin ihres vorlesenden Vaters am eigenen Krankenlager.[319] In beiden Fällen bildet der nahende Tod, der fremde oder der eigene, den Anlaß für die Rezeption, und in beiden Fällen sind es natürlich religiöse Schriften, denen sich Anna widmet. Freilich beruhen auch diese Darstellungen des Rezipientenverhaltens Annas einzig auf der Sichtweise Heinrich Lees. Das von ihm entwickelte Anna-Wunschbild schließt zugleich eine explizite Vorstellung von ihrem Umgang mit Büchern ein, der sich somit ausschließlich auf geistliche Werke erstrecken muß. Der offensichtliche Konnex zwischen Annas fast weltabgewandter, rein auf geistige Werte bedachter Erziehung und Lebensweise, ihrer vermutlich daran ausgerichteten literarischen Sozialisation und ihrem frühen Tode findet sich zwar nicht schriftlich fixiert, er gewinnt aber besonders im Vergleich mit der sinnlichen Judith an Glaubwürdigkeit.

Heinrichs zweite Freundin bietet ein Bild vitaler Lebensfreude, das sich grundlegend von dem Annas unterscheidet. Dem Landleben und der Natur verbunden heißt es von ihr, sie sei "von hohem und festen Wuchse" (SW XVII, 11). Ihrer "seltsame[n] Schönheit" verdanke sie die Assoziation mit Brentanos "Lorelei, obschon sie Judith hieß, auch niemand etwas bestimmtes oder Nachteiliges von ihr wußte" (SW XVII, 11), schreibt Heinrich, ohne auf die makabre Bedeutung beider Namen näher einzugehen: Während die eine der beiden Namensträgerinnen mit ihrer Schönheit den Männern am Rhein den Tod bringt, mordet die andere ihre männlichen Feinde im Alten Testament.[320] Für Heinrich aber trägt Judith nur die Züge von "Pomona" (SW XVII, 11), der römischen Göttin der Gartenfrüchte.

Im Kontrast zu Anna verlief ihre Entwicklung entsprechend ihrer Herkunft: Kindheit auf dem Land, zweijährige Arbeit als Bedienstete in der Stadt, Rückkehr in die Dorfgemeinschaft mit anschließender standesgemäßer Heirat und nun Witwe. Über ihre Erfahrungen im Umgang mit Büchern lassen sich wie bei ihrer Gegenspielerin nur Vermutungen anstellen. Daß diese aber wohl im Einklang mit ihrer Herkunft stehen und über das an den Dorfschulen übliche Studium der Bibel[321] oder die minderwertige Ware des Kolporteurs kaum hinausgehen, verrät schon jene Stelle im Text, in der sie eines Nachts gemeinsam mit Heinrich eine Übersetzung von Ariosts *Orlando Furioso* liest. Es ist im übrigen auch die einzige Stelle, in der Judith als Lesende skizziert wird:

---

[318]Jahn (1810), S. 262.

[319]Vgl. SW XVII, S. 85f. u. SW XVIII, S. 39f.

[320]Vgl. auch Kaiser (1981), S. 82f.

[321]Noch weit ins 19. Jahrhundert hinein wurde der Bildungsbegriff an den Dorfschulen rein im Sinne einer religiösen Bildung verstanden. Vgl. Hohendahl (1985), S. 321.

> Ich hatte ihr im Herbst auf ihr Verlangen nach einem Buche eine deutsche Übersetzung des Rasenden Roland zurückgelassen, welchen ich selbst noch nicht näher kannte; Judith hatte aber den Winter über oft darin gelesen und pries mir jetzt das Buch als das allerschönste in der Welt an. [...] Judith hatte das Buch erst ganz volkstümlich als etwas Gedrucktes genommen, wie es war, ohne über seinen Ursprung und seine Bedeutung zu grübeln; als wir aber jetzt zusammen darin lasen, verlangte sie manches zu wissen, und ich mußte ihr, so gut ich konnte, einen Begriff geben von der Entstehungsweise und der Geltung eines solchen Werkes, von dem Wollen und den bewußten Absichten des Dichters, und ich erzählte, so viel ich wußte, von Ariost. (SW XVIII, 83)

Aus der kurzen Szene läßt sich über Judiths Verhältnis zur Literatur zunächst entnehmen, daß die Lektüre von Büchern offenbar Teil ihres Freizeitverhaltens ist. Sie liest besonders an Abenden, des Nachts und im Winter, folglich in jenen Zeiten, die ihr neben ihrer Arbeit in Haus und Garten zur freien Verfügung stehen. Die Beschäftigung mit Büchern dient also nicht der Aus- und Weiterbildung, aber auch nicht der religiösen Erbauung, sondern erfolgt einzig zum Zweck der Unterhaltung. Ihre Unkenntnis der Werk- und Autorgeschichte des *Orlando Furioso* deutet sicherlich nicht zwingend auf einen Mangel an literarischer Ausbildung, doch von ihrem sozialen Status läßt sich allenfalls auf den Besuch einer ländlichen Schule schließen. Der frühere Hinweis auf ihre ehemalige Dienstbotentätigkeit bekräftigt zudem die Annahme, daß sich ihre Leseerfahrungen bisher überwiegend auf Triviallektüre aus Leihbibliotheken, Kolportageliteratur und Kalenderblättern beschränkte.[322] Die soziale Isolation, die den Alltag von Dienstboten in der Mitte des 19. Jahrhunderts bestimmte, findet ihre Fortsetzung bei Judith im Zusammenleben mit ihrem "alte[n] Mütterchen" (SW XVII, 11) und ist dafür verantwortlich, daß ihr Interesse an Büchern bis zur Bekanntschaft mit Heinrich vermutlich ohne weitere Impulse blieb. Dennoch besitzt sie ganz offenbar ein natürliches ästhetisches Empfinden, das es ihr ermöglicht, ungeachtet spezifischer Werk- und Autorkenntnisse die Lektüre zu beurteilen. Zwar verwandelt sich der reine, unterhaltende Text des *Orlando Furioso* auch für sie erst mithilfe der literarischen Kenntnisse ihres jugendlichen Verehrers in einen Ort inkorporierten Wissens, der ihr nun "in seiner Neuheit wie ein Stern aus dunkler Nacht erglänzte." (SW XVIII, 83) Doch auch ohne Heinrichs Hilfe bewertet sie in ihrer "volkstümlich[en]" Lesart Ariosts Buch intuitiv als "das allerschönste in der Welt" (SW XVIII, 83). Im Vergleich zu Heinrichs reflexiver Auseinandersetzung mit Literatur erscheint Judiths Rezeptionsverhalten somit nicht als Ausdruck geistigen Unvermögens, sondern er beweist lediglich ihren niederen Leserstatus, der ihre Urteilsfähigkeit allerdings nicht berührt.

Hinlänglich betont ist darüber hinaus die Nähe zum Lehrer Römer, in die Judith freilich nicht erst aufgrund ihrer Begeisterung für Ariosts episches Werk rückt. Gerhard Kaiser weist in seiner umfangreichen Untersuchung ausführlich auf die verwand-

---

[322]Vgl. zur Dienstbotenlektüre in der zweiten Hälfte des 19. Jahrhunderts Engelsing (1973(2)), S. 180-224.

te Beziehung der beiden zu Heinrich Lee hin.[323] Die Begeisterung, mit der Judith nun eben jenes Buch liest, das Römer einst an Heinrich empfahl, verleiht der Verwandtschaft zwischen Freundin und Lehrer eine zusätzliche literarische Komponente: Neben Homer liest Römer einzig noch Ariost, mit dessen Gesängen Heinrich nun seine Nächte mit der "Römerin" (SW XVIII, 29) Judith verbringt.

Doch auch Heinrich Lee, der hier mit seinem literarischen Wissensvorsprung glänzt, profitiert von der gemeinsamen Rezeption des *Rasenden Roland*, nur beziehen sich seine Erkenntnisse weniger rational auf den Gegenstand der Lektüre, als vielmehr auf deren Wirkungsweise, die unmittelbar Einfluß auf seine sinnliche Wahrnehmung nimmt. Ausgelöst durch die Intimität des Vorlesens erscheint ihm Judith nunmehr als eines der von Ariost besungenen weiblichen "Fabelwesen", die "unablässig die Leidenschaft fahrender Helden zu erregen" (SW XVIII, 84) suchen. Er selbst fühlt sich unvermittelt als "törichter Fabelheld und das Spielzeug eines ausgelassenen Dichters" (SW XVIII, 84), und nur die Angst vor Annas Hellsicht verhindert, daß er der an den poetischen Gesängen entzündeten Versuchung vollends erliegt.

Während Heinrich also den Tag über in der "Schule des Leidens" (SW XVIII, 82) bei der todkranken Anna weilt und scheinbar andächtig Thomas von Kempis' lehrreichem Traktat der 'devotio moderna' lauscht, verbringt er die Nächte gemeinsam mit der lebensfrohen, sinnlichen Judith in einer fiktiven Welt, die von liebessehnsüchtigen und abenteuerlichen Rittern und schönen Frauen bevölkert ist. In seinem Empfinden steht die von Ariost entworfene "frische glänzende Welt" somit diametral zur "trübselig und düster" (SW XVIII, 83) anmutenden Wirklichkeit. Die Permutation von Tag- und Nachtempfinden ist dabei Resultat des jeweiligen Lektüreeindrucks und der mit ihm untrennbar verbundenen jeweiligen Rezipientin und offenbart, wie sehr sich für den Lebenszuschauer Heinrich Poesie und Gegenwart verwirren.

4.6. Müßiggang im 'Gelobten Land'

Wie dokumentiert besteht Heinrichs bisheriger Lektürekanon aus den Werken Schillers, Jean Pauls, Goethes, einigen nicht näher spezifizierten Romanen und Rittergeschichten, aus den antikisierenden Idyllen von Geßner, aus theoretischen Kunstabhandlungen, den Werken Homers und nun auch aus Ariosts epischer Ritterdichtung, die erneut auf den Maler Römer, Heinrichs zweiten Kunstlehrer, verweist.

Wie sehr Keller den Lebensweg seines Helden mit Büchern verknüpft, zeigen die zahlreichen Versuche Heinrichs, über sich selbst und seine Zukunft Klarheit zu erlangen. Diese sind meist auch mit mehr oder weniger intensiven Lesestunden verbunden, in denen die Funktion der jeweiligen Lektüre variiert zwischen Bestätigung eigener Vorlieben (Geßnerbiographie), Wissensaneignung (Büchersammeln), Verarbei-

[323] So wie Römer für seinen Schüler "Züge des Wunschvaters" in sich vereint, so erscheint ihm die reife Judith als "Wunschmutter". Kaiser (1981), S. 81-125.

tung und Vertiefung äußerer Eindrücke (Goethe-Lektüre), aber auch der Gegenwartsbewältigung mittels einer die momentane Wirklichkeit kontrastierenden Lektüre (Ariost).

Daneben existieren aber auch Lesestunden, die einzig dem Zweck des tatenlosen Träumens, des Müßiggangs, dienen, so zum Beispiel im Kreis der 'Leserfamilie'. Sowohl durch die Wahl der Bücher als auch durch den Leseakt an sich wird hier eine Aufhebung, zumindest eine Unterbrechung des Alltags angestrebt, tatsächlich jedoch dessen konsequente Fortsetzung hervorgerufen. Nicht ohne Grund ordnet Gabriele Stumpp Kellers *Grünen Heinrich* in die Kategorie jener Bücher ein, in denen der Held dem "Widerspruch zwischen dem Realitätsprinzip der bürgerlichen Lebensordnung und dem Lustprinzip des unbürgerlichen Müßiggangs"[324] zugunsten des letzteren erliegt. Ein Vergleich derjenigen Stellen allerdings, in denen Heinrich, anstatt zu arbeiten oder sich nach einer gesellschaftlich anerkannten Tätigkeit umzusehen, gleich seinem literarischen Bruder lieber in 'Oblomowerei' verharrt, verdeutlicht, daß sich für dieses Laster nur selten seine Bücher verantwortlich zeigen. Zwar verbringt Heinrich während der nächtelangen Lektüre der Werke Jean Pauls seine Tage überwiegend schlafend. Und auch beim Lesen der Werke Goethes erhebt er sich, dem Unmut der Mutter zum Trotz, "dreißig Tage lang" nicht mehr von seinem "Lotterbettchen" (SW XVIII, 4). Doch zeigt gerade die Besonderheit des durch Goethes Texte motivierten Müßigganges, daß jener für Heinrich auch durchaus fruchtbar sein kann.

Nur an einer Stelle kritisiert der fiktive Leser selbst das Ausmaß seines Lektürekonsums:

> Jeden Abend nahm ich mir vor, den nächsten Morgen, und jeden Morgen, den nächsten Mittag die Bücher beiseite zu werfen und an meine Arbeit zu gehen; selbst von Stunde zu Stunde setzte ich den Termin; aber die Stunden stahlen sich fort, indem ich die Buchseiten umschlug, ich vergaß sie buchstäblich; die Tage, Wochen und Monate vergingen so sachte und heimtückisch, als ob sie, leise sich drängend, sich selbst entwendeten und zu meiner fortwährenden Beunruhigung lachend verschwänden. (SW XVIII, S. 112f.)

Diese negativen Auswirkungen, die verdächtig an Anton Reisers Leseexzesse erinnern, haben ihren Ursprung in einer Lektüre, nach der Heinrich aus Motiven heraus greift, die ebensosehr an seinen fiktiven, literaturinfizierten Vorgänger denken lassen. Der Eskapismus treibt auch Heinrich in die phantasievolle Welt der Bücher, in diesem Fall in die nicht näher bezeichneter "deutsche[r] Bücher" (SW XVIII, 112). Heinrichs Mitschuld an Römers traurigem Ende, sein schließlich gewaltsam vollzogener Bruch mit Judith, dem der Tod Annas und das Treuegelöbnis Heinrichs an die Verstorbene vorausgingen, sind der Auslöser dafür, daß er sich "fort und fort, vom Morgen bis zum Abend und tief in die Nacht hinein" (SW XVIII, 112) einzig seiner Lektüre widmet. Im Bewußtsein, im wirklichen Leben versagt zu haben, schuldig geworden zu

---

[324] Stumpp (1992), S. 6.

sein am Schicksal Römers, dem er eigentlich zu Dank verpflichtet war, flüchtet Heinrich in eine die momentane Wirklichkeit ausschließende Bücherwelt. Das Interessante an diesem bereits bekannten Lesemuster liegt jedoch in dem Resultat, zu dem Heinrich in der reflexiven Gegenüberstellung des jüngsten Lektüreerlebnisses mit seinen bisherigen Leseerfahrungen gelangt:

> Sonst, wenn ich die Bücher alter und fremder Völker las, füllten mich dieselben stets mit frischer Lust zur Arbeit, und selbst die neueren französischen oder italienischen Sachen waren, selbst wenn ihr Gehalt nicht vom erlauchtesten Geiste, doch von solcher Gestaltungslust getränkt, daß ich sie oft fröhlich wegwarf und auf eigenes Tun sann. Durch die deutschen Bücher hingegen wurde ich tief und tiefer in einen schmerzlichen Genuß unrechtmäßiger Ruhe und Beschaulichkeit hineingezogen, aus welchem mich der immer wache Vorwurf doch nicht reißen konnte. (SW XVIII, 113)

Keller verzichtet zwar auf eine explizite Benennung der Werke, die Heinrich hier liest, doch vermutlich handelt es sich bei den erwähnten Büchern um Werke der deutschen Romantik. Die “Ruhe und Beschaulichkeit”, die von den Büchern auf Heinrich übergeht und bei ihm eine “Sehnsucht” entfacht, “selbst über den Rhein zu setzen und erst recht mitten in diese Welt zu geraten” (SW XVIII, 113), deuten auf die romantische Schule, der Gottfried Keller, wenn auch weniger radikal als seine Zeitgenossen, zunehmend kritisch gegenüberstand. Weist noch seine frühe Dichtung einen starken Einfluß der Romantiker auf,[325] so spiegeln seine späteren Werke eine Kritik, die eindeutig unter dem Eindruck der Philosophie Ludwig Feuerbachs steht.[326] Im besonderen geht es Keller um eine genauere Unterscheidung der verschiedenen Stile und Verkörperungen des Romantischen, wobei er das Bestreben der Romantiker, Landschaft und Vergangenheit in ihren Dichtungen zu verklären, zwar durchaus lobenswert, aber zunehmend unzeitgemäß findet. Sein Vorwurf gilt denn auch dem übermäßig Phantastischen und Überschwenglichen der romantischen Dichtung.[327]

Kellers unerfahrener, überaus romantisch veranlagter Protagonist Heinrich Lee fühlt sich dagegen Deutschland kulturell verbunden, denn es ist das Land der von ihm verehrten Dichter und gerade deshalb “von einen romantischen Dufte umwoben.” (SW XVI, 41)

> Hinter diesen stillen schwarzen Uferhöhen lagen alle die deutschen Gauen mit ihren schönen Namen, wo die vielen Dichter geboren sind, von denen jeder seinen eigenen mächti-

---

[325]Vgl. besonders die romantischen Naturbilder im lyrischen Werk Kellers.

[326]Vgl. auch Luck (1970), S. 212-217.

[327] Kellers Kritik bezieht sich nicht ausnahmslos auf alle Romantiker. Uhlands Balladen und Romanzen erfahren beispielsweise durchaus seine Anerkennung ebenso wie einige der Märchen Brentanos. In einem Brief an den Dramatiker, Schauspieler und Vorleser Emil Palleske schreibt Keller über Tiecks Novellen: “Gerade die Fehler sind äußerst lehrreich und intressant in diesen Novellen; man sieht so klar, was er wollte und unterließ; und alles dies verknüpft und vergleicht sich mit den klassischen Vorbildern der romanischen Literatur wie mit Shakespeare und Goethe.” GB IV, S. 41. Vgl. auch Luck (191970), S. 213.

gen Gesang hat, der sonst keinem gleicht, und die in ihrer Gesamtheit den Reichtum und die Tiefe einer Welt, nicht eines einzelnen Volkes, auszusprechen scheinen. (SW XVI, 41)

Ähnlich indifferent wie seine "Anschauung vom Poetischen", die bis zur Goethe-Lektüre darin bestand, alles das, was er "im Leben und Kunst als brauchbar, gut und schön befand, poetisch zu nennen" (SW XVIII, 7), gestaltet sich auch Heinrichs Vorstellung vom Romantischen. Seine Liebe zu Anna bezeichnet er beispielsweise als romantisch, "weil mir nach alter Weise alles sich zum entschiedenen Romane gestaltete." (SW XVII, 85) Vor allem Jean Paul gehört in die Kategorie jener Gestalten, die Heinrichs schwärmerische Veranlagung, seinen Hang zu phantasievollen Träumereien nähren. Während der trübseligen Lehrzeit bei Habersaat, dem ersten Kunstlehrer, ist es ja Jean Paul, der ihm "tröstend und erfüllend" (SW XVII, 117) entgegentritt und ihn darüber hinaus mit Gott versöhnt. Erst mit den Werken Goethes findet eine Ablösung von der Jean Paulschen Maxime des "künstlerische[n] Herausstehlen[s] des einzelnen zu eigennützigem Zwecke" (SW XVIII, 5) zugunsten von "Ruhe und Stille in der Bewegung, [...] Schlichtheit und Ehrlichkeit mitten in Glanz und Gestalten" (SW XVIII, 7) statt. Doch Heinrich scheitert auch dort an seiner überschwenglichen Phantasie, die ihn stets aufs neue dazu verführt, die Wahrheiten der Natur zu ignorieren und ihn an eine fingierte Welt bindet. Die Erinnerung nun an jenes Land, das solche Dichter wie Jean Paul, Goethe und Schiller hervorbrachte, löst gleichzeitig eine Sehnsucht nach diesem aus, die jegliche persönliche Aktivität im Hier und Jetzt verhindert. Nicht das "Lustprinzip des unbürgerlichen Müßiggangs"[328] motiviert also den dargestellten Lektürevorgang, sondern Heinrichs Überzeugung, daß seine gegenwärtigen Umstände eine künstlerische Ausdehnung verhindern und nur eine Reise nach Deutschland Erfüllung bringen kann.

Besonders ein Blick in den ersten Band des Romans, der Jugendgeschichte vorangestellt und den Anfang eben dieser Reise wiedergebend, verdeutlicht, was Heinrich mit seinem Wunsch, "über den Rhein zu setzen" (SW XVIII, 113), verbindet. Aus Deutschland sei all das gekommen, was ihn "in seinen Bergen Herz und Jugend bewegt" (SW XVI, 40f.) habe. Das sind zum einen jene Bücher, deren Lektüren ihm bisher ausreichend Nahrung für seine phantastische Ideenwelt lieferten, im besonderen die Werke Jean Pauls, zum anderen aber auch solche, die ihm bei der Klärung der eigenen künstlerischen Sichtweise wichtige Impulse gaben, wie dies vor allem durch Goethe geschah. All dies summiert sich als Ergebnis seiner Lektüre der Werke deutscher Dichter, die von allen Werken schließlich, wie es heißt, seine "liebsten Bücher" (SW XVI, 41) waren. In Heinrichs romantischer Vorstellung vereinen sich die verschiedenen geistigen Strömungen zu einem vielfarbigen Potpourri, aus dem besonders Jean Paul hervorragt als Verantwortlicher für jene "sentimental-rationelle Religiosität", von der Keller in einem Brief an Hermann Hettner schreibt. Sie sei die Ursache dafür, daß Heinrich "in die Welt geht und an ihre notwendigen Erscheinungen

[328]Stumpp (1992), S. 6.

den willkürlichen und phantastischen Maßstab jener wunderlichen Religiosität legt und darüber zugrunde geht" (GB, Bd. 1, 357).[329]

> Dem Rationalismus hing die romantische Caprice am Arm, das Schillersche Pathos und der britische Humor, Jean Paulsche Religiosität und Heinesche Eulenspiegelei schillerten durcheinander wie eine Schlangenhaut; die Beschwörungsformeln aller Richtungen hatte er im Gedächtnis und sah darum begeistert das vor ihm liegende Land als einen großen alten Zaubergarten an, in welchem er als ein willkommener Wanderer mit jenen Stichworten köstliche Schätze heben und wieder in seine Berge zurücktragen dürfe. (SW XVI, 42)

Die Schweiz mit ihrem "nüchterne[n] praktische[n] Treiben", das ihm nur Ausdruck der "Erkaltung und Ausartung des Stammes" ist, will Heinrich fortan hinter sich lassen, um im Land der Dichter und Denker gleich einem "Wanderer" zwischen fremden "köstliche[n] Schätze[n]" (SW XVI, 42) zu spazieren. Deutlich läßt sich aus diesen Sätzen bereits Heinrichs zukünftige Haltung ablesen: Er wird nicht Teilnehmer, sondern Beobachter der nun folgenden Ereignisse sein, der um ihn herum entstehenden menschlichen Beziehungen ebenso wie der sich ihm darbietenden künstlerischen Eindrücke. Er wird sie nicht verinnerlichen, weder indem er sein eigenes soziales Verhalten überdenkt noch indem er seinen künstlerischen Ausdruck an den Arbeiten anderer schult. Er bleibt passiver Zuschauer, verharrend in seinen einmal in den Jugendjahren entwickelten Ansichten. Diese Stagnation der geistigen Entwicklung steht nach wie vor im Zusammenhang mit der Lektüre der Werke Jean Pauls und mit einem daraus resultierenden falsch verstandenen Spiritualismus, an dem Heinrich weiterhin festhält und der ihn immer stärker in eine "fingierte, künstliche, allegorische Welt" drängt, die sich einzig aus seiner "Erfindungskraft" (SW XVIII, 136) nährt.[330] Es ist nicht die wirkliche Natur, sondern *Erinnerungen* an diese, die zusammen mit "seinen alten Studienblättern" (SW XVIII, 133) den Fundus bilden, aus dem er schöpft. Im Roman heißt es, Heinrich ziehe es vor, "eine ideale Natur fortwährend aus dem Kopfe zu erzeugen, anstatt sich die tägliche Nahrung aus der einfachen Wirklichkeit zu holen." (SW XVIII, 132) Dergestalt arten seine Bilder mehr und mehr zu "bloßen schattenhaften Symbolen, zu gespenstigen Schemen" (SW XVIII, 133) aus, die eine Welt demonstrieren, "welche nie gewesen ist, nicht ist und nicht sein wird!" (SW XVIII, 137) Vergeblich bleiben auch seine Versuche, mithilfe einer an der Goethe-Lektüre studierten und bei Römer praktizierten Konzentration auf das Wesentliche, der Schrankenlosigkeit seiner Imagination Herr zu werden. Doch Heinrich verweigert sich solcher Einsicht. Er hält tatsächlich noch an der alteuropäischen Unterscheidung von 'ingenium' und 'studium' fest,[331] wobei er im Hinblick auf die eigenen künstlerischen Bemühungen der Genialität des Künstlers den Vorrang gibt vor den An-

---

[329]Vgl. auch Jaeggi (1970), S. 21.

[330]Vgl. u.a. Jaeggi (1970), S. 32ff., Kaiser (1981), S. 181ff.

[331]Vgl. Plumpe (1995), S. 80ff.

strengungen eines Studiums. Es heißt, er vertraue lieber auf die "schöne Gottesgabe des vermeintlichen Ingeniums" (SW XVIII, 137). Kellers Urteil über den so begründeten mangelnden Eifer seines Protagonisten fällt vernichtend aus:

> Der Spiritualismus ist diejenige Arbeitsscheu, welche aus Mangel an Einsicht und Gleichgewicht der Erfahrungen und Überzeugungen hervorgeht und den Fleiß des wirklichen Lebens durch Wundertätigkeit ersetzen [...] will [...]. (SW XVIII, 136)

Verbirgt sich hinter Heinrichs 'Spiritualismus' also tatsächlich nur der Unwille, ein tatkräftiges, an festgesetzten Regeln orientiertes Leben zu führen, und ist dieser einzig verantwortlich für seine künstlerischen Mißerfolge? An hilfreicher Unterstützung hat es ihm ebenso wenig gemangelt wie an Mahnungen, sich nicht vollends im Bereich des Imaginären zu verlieren und statt dessen den Blick für die Wirklichkeit zu schärfen.[332] Daß Heinrichs scheinbar unmotivierten Malversuchen einzig die Lust am Müßiggang zugrunde liegt, widerlegt schon das Resultat eines seiner letzten Bilder: Zwar wird als Auslöser für die anfangs "gedankenlose Kritzelei" tatsächlich ein "melancholischer Müßiggang" angeführt, begleitet von "zerstreutem Hinbrüten", doch das "ungeheure graue Spinnennetz" entpuppt sich bei genauerem Hinsehen als "unendliches Gewebe von Federstrichen", an welchem Heinrich "jeden Tag und fast jede Stunde" mit "großem Fleiß und Scharfsinn" (SW XIX, 14ff.) gearbeitet hat. Stilistisch erinnert das Bild an Frenhofers Porträt der Cathérine Lescault in Balzacs Erzählung *Le chef-d'œuvre inconnu.* Doch so wenig Heinrichs avantgardistisches Gemälde auch dem zeitgenössischen Kunstgeschmack entspricht, um so mehr enthält es Elemente, die eigentlich erst die abstrakte Malerei des folgenden Jahrhunderts ausmachen. Aus der Sicht des 19. Jahrhunderts muß das Bild allerdings schwerwiegende Mängel aufweisen: Zum einen gelten für die Kunst in der Mitte des 19. Jahrhundert die Gesetze des programmatischen Realismus, die Heinrich in seinem Bild vollends mißachtet. Statt das "Wesen des Wirklichen unter Vernachlässigung alles Unwesentlichen, Störenden und Unpassenden in schöner Anschaulichkeit zur Geltung [zu] bringen"[333], vollführt er die Ausscheidung alles Gegenständlichen. Seine Umwandlung des realistischen Grundtheorems kann unter Zeitgenossen noch kein anderes Urteil hervorrufen, als daß es sich hierbei trotz allen Fleißes um keine "wirkliche Arbeit" (SW XIX, 16) handelt. Zum anderen liegt die Motivation für Heinrichs Anstrengungen eben nicht in dem Bedürfnis, dem "Authentizitätsanspruch der Kunst"[334]

---

[332] Zu denken ist hier vor allem an die Arbeitsanweisungen Römers, an die in der Goethe-Lektüre enthaltenen Empfehlungen, vor der Wirklichkeit innezuhalten, aber auch an Heinrichs Oheim, der mit einer Kunstmappe naturgetreuer Baumstudien und dem Auftrag, Haus und Landschaft seines Anwesens zu zeichnen, indirekt auf das Unsolide in Heinrichs Landschaftsdarstellungen hinweist.

[333] Plumpe (1996), S. 596.

[334] Ebd., S. 592.

neue Entfaltungsmöglichkeiten zu offenbaren[335], wie dies beispielsweise bei Ferdinand Lys, Heinrichs malendem Freund, zu beobachten ist. Sie entspringt bei Heinrich vielmehr einem "träumenden Bewußtsein", das aus einer ganz realen "Patsche hinauszukommen sucht" (SW XIX, S. 16) und deshalb die Flucht vor der Wirklichkeit in die Grenzenlosigkeit der Imagination antritt. Denn nur in der größtmöglichen Differenz zur faktischen Wirklichkeit scheint Heinrich den Lebensanforderungen noch gewachsen zu sein.

Beide Kritikpunkte finden sich vereint in der Bildinterpretation Eriksons, eines weiteren Malerkollegen, der sich zu diesem Zeitpunkt bereits von der Kunst ab- und einem bürgerlichen Leben zugewendet hat. Freilich ist auch Erikson zu sehr Kind seiner Zeit, als daß er ohne ironisierende Töne Heinrichs Werk als Vorläufer einer "neue[n] Phase" (SW XIX, 17) feiern kann. Mit seiner Feststellung jedoch, daß es "längst nicht mehr auszuhalten [sei], immer von der freien und für sich bestehenden Welt des Schönen, welche durch keine Realität, durch keine Tendenz getrübt werden dürfe, sprechen und räsonnieren zu hören" (SW XIX, 16), thematisiert auch er unmißverständlich die Misere, in der sich der zeitgenössische Künstler zunehmend befindet. Die Erkenntnis, daß die Realität eben doch untilgbare Mängel aufweist, ein "krankhafter Abszeß" des "Nichts" ist, aus dem "Gott die Welt geschaffen" (SW XIX, 18) hat, führt die Forderung des programmatischen Realismus, das Wesen des Wirklichen von allem Krankhaften und Störenden zu befreien, um einzig das Schöne herauszustellen, ad absurdum. Es gelte, so Erikson, nach neuen Wegen der Kunst zu suchen, und einen solchen habe Heinrich mit seiner "holdesten, reizendsten Abstraktion" (SW XIX, 18) beschritten:

> Das Schöne, das Poetische, das Göttliche besteht eben darin, daß wir uns aus diesem materiellen Geschwür wieder ins Nichts zurückabstrahieren, nur dies kann eine Kunst sein! (SW XIX, 18)

Das Ziel heißt: Befreiung der Kunst von allen Schranken, von allem Gegenständlichen hin zu "vollkommene[r] Zweckmäßigkeit und Logik" (SW XIX, 19) und damit zur Autonomie der Kunst.

Doch auch Erikson erkennt, daß Heinrich mit seinem "reformatorischen Versuch" (SW XIX, 18) dergleichen weder bezweckte noch diesen mit absoluter Konsequenz vollzog. Seine Kritik, in dem Werk läge "noch immer ein Thema vor", da es "ein noch viel zu materielles Muster" bilde und von "zu leibhafter Schwere" (SW XIX, 18f.) sei, schließt auch den Vorwurf der falschen Intention ein. Heinrichs fanatischer Arbeitseifer ist nicht Ausdruck eines Bemühens, künstlerisches Neuland zu beschreiten, sondern mit den Mitteln der Kunst einer nicht zu bewältigenden Wirklichkeit zu begegnen. Die Kunst übernimmt die Funktion der Kompensation, ziellos jedoch und ohne ihrer Aufgabe gerecht werden zu können, da sie ein Vakuum um Heinrich und

---

[335] Wenn auch dieser Anspruch mit der Einsicht in seine Vergeblichkeit ebenfalls zur Abkehr von der Kunst führt. Vgl. auch Plumpe (1996), S. 592f.

seine Gedankenwelt bildet. Unter Ausschluß alles Realen - allein der Entstehungsort des Gemäldes, ein "großer saalartiger Raum mit hohen grauen Wänden" (SW XIX, 13), deutet darauf hin - sucht Heinrich seine verwirrten Gefühle in eine künstlerische Sprache zu kleiden. So muß das Resultat eher als ein Abbild seiner "eigenen [inneren] Gestalt, mit tausend Fehlern und Irrtümern behaftet" (SW XIX, 13) gelesen werden, denn als ein "bedeutende[s] Werk einer neue[n] Phase" (SW XIX, 17). Mit der Funktionszuweisung, welche die Kunst hierdurch aber erhält, tritt sie zumindest für eine Weile die Nachfolge der Lektüre an.

Heinrichs Lesergeschichte ist damit zwar nicht beendet, doch in dem Augenblick, in dem das wirkliche Leben um ihn herum an Gestalt und Intensität gewinnt, gilt sein Interesse weniger der Fiktion denn der Realität. Seiner Leidenschaft für Bücher bleibt er dennoch treu, nur hält von nun an das Leben selbst das Material für seine Lektüre bereit.

5. Leser und Lesemuster in der Literatur des 20. Jahrhunderts

5.1. Literarische Bekenntnisse in Peter Handkes *Der kurze Brief zum langen Abschied*

Die zahlreichen Lese- und Lektüreberichte der 70er und 80er Jahre des 20. Jahrhunderts zeigen, daß die Motivation zur Verwendung der literarischen Konfiguration 'Buch im Buch' zumeist der eigenen Erfahrungswelt des Autors entspringt, dokumentiert in sogenannten 'Kindheitsmustern', Romanen, in denen die Geschichte der eigenen Kindheit rekonstruiert wird. Dem Beispiel Christa Wolfs[336] folgend, wird hier die Frage nach den Voraussetzungen für die persönliche Entwicklung gestellt. Die Antwort liefert zumeist der Hinweis auf eine Liste mit Büchertiteln. Ein dergestalt beschworener Kanon betont die literarische Sozialisation als notwendige Bedingung für die Entwicklung der eigenen engagierten Persönlichkeit und steht zudem in der langen Tradition, das Buch als Erklärungsmedium für Schreib-, Lese- und Lebensdiskurse zu nutzen. Im Zeichen der Bewußtwerdung der eigenen Individualität zeigt der Hinweis auf die literarische Tradition den Weg der Erkenntniserweiterung auf, er lenkt den Blick auf die Innenwelt des Lesers und erlaubt dergestalt eine "Hermeneutik des Seelenlebens"[337]. Ihr schriftlicher Diskurs wiederum dient im besonderen Maße der Unterstreichung jenes authentischen Ausdrucks von Existenz, als welcher das Schreiben in dieser Zeit verstanden werden will.[338]

1967 schrieb Peter Handke: "Und weil ich erkannt habe, daß ich selber mich durch die Literatur ändern konnte, daß ich durch die Literatur erst bewußter *leben* konnte, bin ich auch überzeugt, durch meine Literatur andere ändern zu können. Kleist, Flaubert, Dostojewski, Kafka, Faulkner, Robbe-Grillet haben mein Bewußtsein von der Welt geändert."[339] Dies heißt allerdings nicht, daß Handke seine Lektüre in eigenen Texten weiterreicht, denn fünf Jahre später schickt er seinen Ich-Erzähler in dem Roman *Der kurze Brief zum langen Abschied*[340] mit einem ganz anderen Lektürevorrat auf eine Reise durch Amerika. Im Gepäck des Helden: Francis Scott

---

[336]Vgl. Wolf (1979), S. 339. Vgl. zur Rezeption von Christa Wolfs *Kindheitsmuster* in diesem Zusammenhang Viehoff (1987).

[337]Neubauer (1991), S. 236.

[338]Vgl. zum Selbstverständnis der Schriftsteller in den 70er und 80er Jahren u.a. Bartmann (1989), S. 34-41. Zum Umgang mit literarischen Kindheitserinnerungen vgl. etwa auch die Studien von Moser (1980) u. Ewers (1985).

[339]Handke, Peter: Ich bin ein Bewohner des Elfenbeinturms. Frankfurt/M. 1972, S. 20. Im folgenden mit dem Sigle E und der Seitenzahl abgekürzt.

[340]Die Untersuchung bezieht sich auf die erste Taschenbuch-Ausgabe: Handke, Peter: Der kurze Brief zum langen Abschied. Frankfurt/M. 1974. Im folgenden werden die Zitate im Text mit KB und der Seitenzahl abgekürzt.

Fitzgeralds *Der große Gatsby*[341] und der *Grüne Heinrich* von Gottfried Keller. Zwischen Erinnerungsbildern und Selbstreflexionen, zwischen der Sehnsucht nach authentischer Unmittelbarkeit und der 'Sehnsucht nach einem Bezugssystem'[342] sind die Bücher Wegbegleiter und -bereiter. An ihnen beginnt der Held Innenwelt und Außenwelt, Vergangenheit und Zukunft zu reflektieren, an ihnen entzündet sich seine Hoffnung auf Veränderung.

Neben den genannten Büchern, in denen der Erzähler während seiner Reise liest, fallen vor allem die aus Kriminalgenre, Western und psychologischem Reiseroman entliehenen Prätexte ins Auge: deutlich erkennbar der auf Raymond Chandlers *The Long Good-Bye*[343] verweisende Titel, die Übernahme respektive literarische Eingliederung des mit dem Western untrennbar verbundenen amerikanischen Filmregisseurs John Ford als biographische Fiktion[344] wie auch die den beiden Romanteilen als Motti vorangestellten Zitate aus Karl Philipp Moritz' *Anton Reiser*.[345] Eine auf diese Weise hergestellte Verknüpfung zwischen literarischen Werken aus der populären Kultur und der 'hohen' Literatur scheint die Einbettung des *Kurzen Briefes* in eine bestimmte, literaturhistorisch festgelegte Traditionslinie zu verweigern. Vielmehr entsteht der Eindruck, Handke verfolge bereits hier jene Absicht, die ihm Herbert Grieshop zu Recht für seinen 1989 erschienenen Roman *Das Spiel vom Fragen*[346] attestiert: "Der Autor schreibt sich in eine Tradition ein, deren Zusammenhang durch seine Schrift erst hergestellt wird."[347] Zumindest entsteht durch die Einbettung in recht divergente Vorlagen - von der Literaturwissenschaft gern als postmodernes Kennzeichen gewertet - auf rezeptionsästhetischer Seite eine neue Erzählweise, die dem Leser eine

---

[341]Der Untersuchung liegt die folgende deutsche Taschenbuch-Ausgabe zugrunde: Fitzgerald, F. Scott: Der große Gatsby. Übers. v. Walter Schürenberg. Zürich 1974.

[342]Vgl. KB, S. 165.

[343]Die Untersuchung bezieht sich auf die deutsche Taschenbuch-Ausgabe: Chandler, Raymond: Der lange Abschied. Roman. Erste vollst. dt. Ausg. übersetzt v. Hans Wollschläger. Zürich 1975.

[344]Unter dem Terminus 'biographische Fiktion' wird in diesem Zusammenhang jener Kunstgriff verstanden, bei dem eine historische Person in eine literarische Figur verwandelt wird. Der im Text wiederbelebten Figur liegt also ein authentischer Vorwurf zugrunde. Vgl. auch Sudau (1985), der diesen Begriff der Bezeichnung 'Dichterfigur' in seiner Arbeit vorzieht. Vgl. hier besonders S. 104ff.

[345]Gérard Genette verwendet für den im Titel dargestellten literarischen Bezug den Begriff *Paratext*. Da er ihn selbst "in einem mehrdeutigen, ja sogar heuchlerischen Sinn" verstanden haben will, wird hier auch für diese Form die unspezifischere Bezeichnung Prätext bevorzugt. Vgl. Genette (1993), S. 11, Anm. 3.

[346]Handke, Peter: Das Spiel vom Fragen oder Die Reise zum sonoren Land. Frankfurt/M. 1989.

[347]Grieshop (1998), S. 176.

bestimmte Lesestrategie vorgibt und somit auf eine entsprechende Rezeptionserwartung abhebt.[348]

Die sich von früheren experimentellen Erzählformen unterscheidende, vergleichsweise traditionelle Darstellungsweise im *Kurzen Brief* wurde von der Kritik allgemein als Neuanfang im umfangreichen Œuvre Handkes bewertet. Aufmerksamkeit erregte dabei sowohl die strukturelle und inhaltliche Integration traditioneller Elemente des Entwicklungs- und Kriminalromans und des empfindsamen Reiseromans als auch deren Verbindung mit filmsemiotischen Elementen. Die Verwendung des Reisemotivs wie auch die Einbeziehung intertextueller Schreibweisen und Zitatcollagen ist seit dem *Kurzen Brief* wiederkehrendes Element in der Erzählkunst Handkes.[349] Rolf Günter Renner sieht in ihr eine bei Handke neuartige "offene Auseinandersetzung mit der literarischen Tradition", eine Form der "Intertextualität, die sich zwar der Tradition verpflichtet weiß, durchaus aber spielerisch mit ihr umgeht."[350] Ein solch spielerischer Umgang drückt sich nach Ansicht Steven Taubenecks besonders in den für Handkes Texte typischen Scheinzitaten aus, mit denen die Literatur, versteckt hinter der "Gebärde der Übertragung und Wiederholung", Vorbilder nur nachahme.[351] "Die neue Kunst des Zitierens richtet sich nicht mehr so sehr auf die Inhalte der Zitate

---

[348]Das Problem, inwiefern das Kennzeichen 'postmodern' auf Handkes Arbeiten zutrifft, wurde von der Kritik kontrovers diskutiert. Vor allem ältere Arbeiten sprechen sich für die Bezeichnung 'postmodern' aus, vgl. z.B. Taubeneck, der in den intertextuellen Schreibweisen im Gegensatz zu den Zitatcollagen des literarischen 'Modernismus' "typische Reminiszenzen einer Tradition" sehen will, "die sie evozieren, ohne ihr zu folgen." Taubeneck (1984), S. 274. Vgl. auch Renner (1988). Für Herbert Grieshop dagegen verbietet es sich, Handkes Zitierkunst postmodern zu verstehen. Grieshop (1998), S. 174. Cornelia Blasberg sieht in der seit dem *Kurzen Brief* eingenommenen "Tradentenrolle" des Autors eher einen Anlaß, ihn ins Lager der "Neuen Konservativen" einzuordnen. Handke distanziere sich mit "seiner konsequenten Refigurierung von 'Tradition'" von dem, "was zeitgenössische Literatur und Philosophie als >modern< resp. >postmodern< analysieren". Blasberg (1997), S. 204. Vgl. auch Durzak (1992), S. 129.

[349]Vgl. zur Wiederkehr des Reisemotiv z.B. Handkes Werke *Über die Dörfer*, *Langsame Heimkehr*, *Die Abwesenheit*, *Das Spiel vom Fragen oder Die Reise zum sonoren Land*. Vgl. auch Grieshop (1998), S. 168. Zwar finden sich auch in Handkes Frühwerk Zitate, so z.B. in der *Innenwelt* oder im *Kaspar*, doch ist ihre Verwendung meist ein Vorgang der Negation oder Entwertung ihrer Inhalte zugunsten der Struktur, die auf diese Weise zum Vorschein kommen soll. Zudem weist das frühe Spiel mit fremdem Textmaterial ein Konglomerat aus literarischen Texten, Lexika, Medien- und Umgangssprache auf, während sich seit dem *Kurzen Brief* in Handkes Texten überwiegend Zitate aus literarischen Werken finden und werbesprachliche Fundstücke zum Zweck ihrer Vernichtung verwendet werden. Vgl. auch Bartmann (1984), S. 120f.

[350]Renner (1988), S. 370f. Der *Kurze Brief* deute bereits an, wofür vor allem die Werke seiner "dritten Entwicklungsphase" - die Tetralogie *Langsame Heimkehr*, *Die Lehre der Sainte-Victoire*, die *Kindergeschichte* und die dramatische Dichtung *Über die Dörfer* - den Boden bereiten: In ihnen verbinde sich der "psychologisch begründete Entwurf einer idealen Biographie Handkes von sich selbst als dem Autor und Künstler" mit der "Entwicklung einer Kunstlehre, einer Poetologie, die Handke in der Auseinandersetzung mit der Tradition schreibt." Vgl. ebd., S. 371.

[351]Taubeneck (1984), S. 272.

oder ihr ursprüngliches Wertsystem. Ihr Augenmerk gilt vielmehr der Geste des Zitierens selbst."[352] Dagegen attestiert Christoph Bartmann Handkes spezifischer Zitationskunst sowohl produktive Eigenleistung als auch traditionelle Bewahrung: "Handkes Anleihen bei älteren Stilen bis zurück zur Bibelsprache versuchen, als originäre Wortschöpfung wiederherzustellen, was sich historisch abgeschliffen hat."[353]

Wie facettenreich das Spektrum der Zitate in den Werken Handkes ist, zeigt Bartmann in seiner umfangreichen Monographie über das Gesamtwerk. Die Auseinandersetzung des Autors mit der Literatur schreibe sich in der Verwendung von "Motti anderer Autoren, Rezensionen, Essays und Kritiken, Lektürebeschreibungen, Nacherzählungen, Satzanalysen, Bezugnahme auf klassische Genres" nieder.[354] Ihre Einbettung erfolge nach einer von drei der für Handke typischen Praktiken: in der Form eines als solches gekennzeichneten Zitats, als Nacherzählung oder unter Verwendung "literarischer Modelle als Strukturelement" des Textes.[355] Im *Kurzen Brief zum langen Abschied* finden sich alle drei Praktiken des Zitierens wieder: die den beiden Romanteilen als Motti vorangestellen Zitate aus Karl Philipp Moritz' *Anton Reiser*, bruchstückhafte Nacherzählungen der Lektüren des *Großen Gatsby* und des *Grünen Heinrich* sowie die strukturelle Anleihe sowohl an Kriminalgenre als auch an Erzählmodelle des Bildungs- und Entwicklungsromans. Diese scheinbare Hommage an Sprache und Stile anderer Autoren und Gattungen kann durchaus als Versuch des Autors gewertet werden, sich in eine "erlauchte Namensliste"[356] einzuschreiben, wohl weniger aber geht es darum, die Aktualität solcher Erzählmodelle aus Sicht einer postmodern gekennzeichneten Literatur zu erproben.[357] Es handelt sich vielmehr um ein literarisches Experiment, im Dialog mit der Tradition, mit literarischen Vorbildern und Entwürfen das schriftstellerische Ich gleichsam auszuloten. "Durch Mich-Vergleichen erst finde ich mich: und nur mit den Klassikern kann ich mich, Satz für Satz, vergleichen, mich unterscheiden und so mich finden [...]"[358], schreibt Handke 1983. Erst durch die Lektüre also und des weiteren durch ihre literarische Verarbeitung gewinnt die eigene schriftstellerische Leistung, ja das Leben ansich Kontur. Daß dabei den literarischen Anspielungen und Zitaten auch die Funktion zukommt, Wert-

[352]Taubeneck (1984), S. 274.

[353]Bartmann (1984), S. 234. Nicht nachzuvollziehen ist für mich dagegen Renners Ansicht, für den literarischen Bezug sei "ein Bruch der Tradition" Voraussetzung. Vgl. Renner (1988), S. 355.

[354]Bartmann (1984), S. 122.

[355]Ebd., S. 122.

[356]Grieshop (1998), S. 176.

[357]Vgl. Mayer (1979), S. 149.

[358]Handke: Phantasien der Wiederholung. Frankfurt/M. 1983, S. 53. Im folgenden abgekürzt mit PW.

schätzung gegenüber dichterischen Vorbildern auszudrücken, ist ebenso unbestreitbar wie die Tatsache, daß ihre Integration Vergleiche quasi provoziert.[359]

5.2. Die Funktion der Prätexte

5.2.1. Raymond Chandlers Kontrastfolie

In groben Zügen läßt sich Peter Handkes *Der Kurzer Brief zum langen Abschied* wie folgt zusammenfassen: Der Ich-Erzähler, österreichischer Schriftsteller und Dramaturg, durchquert mit 3000 Dollar in der Tasche Amerika von der Ost- bis zur Westküste mit der Absicht, in der Neuen Welt ein neuer Mensch zu werden. Verfolgt von seiner Frau Judith, die ihm mit Mordandrohungen nachreist, erlebt der Protagonist einen sprunghaften Wechsel von Angst- und Glückszuständen. In Reflexionen und Gesprächen durchläuft er eine Art Erinnerungs- und Entwicklungsprozeß, während dessen er sich von seiner von Enge und Angstzuständen geprägten Vergangenheit gedanklich zu befreien sucht. Auf der Suche nach der eigenen Individualität, nach neuer Gelöstheit und authentischer Unmittelbarkeit, beschäftigt er sich mit der Wahrnehmung und Deutung von Zeichensystemen wie auch mit der europäischen und amerikanischen Selbst- und Wirklichkeitserfahrung. Indessen nimmt die Verfolgung und Bedrohung durch seine Frau immer gefährlichere Formen an und gipfelt schließlich im Zusammentreffen der beiden, bei dem Judith mit entsichertem Revolver vor dem Ich-Erzähler steht. Überraschend löst sich jedoch die Anspannung, und die einst verfeindeten Ehepartner landen am Ende im paradiesischen Garten des Regisseurs John Ford, nunmehr bereit, friedlich auseinanderzugehen.

Bereits der hier in aller Kürze skizzierte Inhalt deutet an, wie sehr Elemente des Kriminalromans den Handlungsverlauf des *Kurzen Briefs* bestimmen.[360] Zudem signalisiert der im Titel versteckte Hinweis auf Raymond Chandlers *The Long Good-Bye* die Nähe zur amerikanischen 'hard-boiled' Ausprägung der Gattung.[361] Ein Vergleich

---

[359] Vgl. auch Grieshop (1998), der hinter den literarischen Anspielungen Handkes eine "Beschwörung von Autorität" sieht und darüber hinaus in ihnen eine Demonstration der Kunst als der "privilegierte[n] Form der Welterfahrung" ausmacht. Ebd., S. 180.

[360] Ausführlich hat sich hiermit Marieke Krajenbrink (1996), S. 89-122, beschäftigt.

[361] Kennzeichnend für die Kriminalromane der amerikanischen 'hard-boiled school'sind die Betonung des aktionistischen Erzählelements und die Zurückdrängung der für den Detektivroman typischen 'analysis'-Elemente. Auf der Inhaltsebene wird das Verbrechen als gesellschaftsimmanente Form thematisiert. Chandler erzielte mit seiner Konzentration auf die charakterliche Darstellung seines Helden Philip Marlowe und einer weniger auf Aktion und körperliche Gewalt denn auf verbale Aggressivität ausgerichteten Erzählform eine Weiterentwicklung des Privatdetektivromans. Vgl. zu Raymond Chandler und zum Kriminalroman der 'hard-boiled school' u.a. Vogt (1971), Bd. 1, S. 164-185, Nusser (1992), S. 120-138, sowie Kemmer (2001), S. 16-51. Bereits im 1967 erschienenen Roman *Der Hausierer* zitiert Handke Chandlers *The Long Good-Bye*. Vgl. Krajenbrink (1996), S. 15-21.

des 1953 geschriebenen Romans von Chandler mit Handkes neunzehn Jahre später erschienenen *Kurzen Brief* offenbart Parallelen, die letzteren zwar nicht als "Adaptionsvariante"[362] des älteren Textes entlarven, ihm aber zumindest Bezüge entlocken, die auf Chandlers *The Long Good-Bye* als Inspirationsquelle hinweisen. Handke selbst hat einen solchen Zusammenhang eher abgeschwächt: "Ich wollte das schon so ein bißchen wie Raymond Chandler - wo das alles vorkommt, auch die Aktion - schreiben, einfach weil mir's Spaß macht."[363] Und an anderer Stelle heißt es gar: "Es ist ein Zitat, nicht mehr."[364] Daß es doch etwas mehr ist, zeigen die in den Text eingeschriebenen Übereinstimmungen, die sich zunächst in der spannungsgeladenen Atmosphäre eines vollzogenen (bei Chandler) oder angekündigten (bei Handke) Mordes und der damit verbundenen Verfolgungsgeschichte[365] sowie in der Szenerie des amerikanischen Großstadtdschungels offenbaren. Zudem erweckt die in Chandlers Romanen innewohnende Darstellung einer undurchdringlichen Welt, gegen deren Widersprüchlichkeiten sich der von Einsamkeit umgebene Detektiv durchzusetzen sucht,[366] Assoziationen zur atmosphärischen Schilderung des seelischen Zustandes, in dem sich Handkes Erzähler während seiner Amerikareise befindet. Freilich rücken diese Elemente den *Kurzen Brief* eher allgemein in die Nähe der Gattung Kriminalroman.[367] Wenn auch die Titeladaption explizit eine intertextuelle Einzeltextreferenz darstellt, so verweisen die beschriebenen kriminalistischen Elemente auf der Inhaltsebene dennoch eher auf eine implizite Systemreferenz, nämlich die der literarischen Gattung.

Darüber hinaus läßt sich aber anhand von Chandlers fiktivem Autor Roger Wade eine weitere explizite Einzeltextreferenz ausmachen: Zum einen thematisiert der Roman ja ebenso wie Handkes *Kurzer Brief* mit der Einführung der Figur Wades in die Kriminalhandlung auch das Schreiben, denn neben dem literarischen Geschmack des fiktiven Autors erfährt der Leser einiges von seinen Schreibschwierigkeiten, seinen Zweifeln in Bezug auf die eigene schriftstellerische Arbeit, die er für keinen "Schuß

---

[362]Durzak (1992), S. 128.

[363]Ebd., S. 338.

[364]Karasek (1972), S. 85.

[365]Im Hinblick auf einen Vergleich der Erzählstrukturen beider Texte ist allerdings von Bedeutung, daß Handke eine Verkehrung der Perspektive vom Verfolger zum Verfolgten vorgenommen hat. Darauf weist auch Krajenbrink (1996), S. 95, hin.

[366]Vgl. hierzu besonders Kemmer (2001), S. 16-51.

[367]Krajenbrink will noch eine weitere inhaltliche Übereinstimmung zwischen *The Long Good-Bye* und dem *Kurzem Brief* entdeckt haben: Wie Handkes Erzähler lebe auch Chandlers fiktiver Autor Roger Wade unter der ständigen Bedrohung durch seine Frau, die ihn am Ende umbringt. Die Parallele sieht Krajenbrink folglich in der Figur des Schriftstellers, der von seiner Frau bedroht werde, dabei aber wehrlos bleibe. Tatsächlich jedoch ist bis zum Ende von *The Long Good-Bye* unklar, ob Wade die Bedrohung durch seine Frau wahrnimmt. Eine solche Parallele ist somit nur aus einer nachträglichen, interpretatorischen Lesart zu folgern, die im literarischen Text keine sprachlich fixierte Entsprechung findet.

Pulver wert"[368] hält. Darüber tauscht sich Wade sogar mit Philip Marlow aus, Chandlers hier mit ungewöhnlicher Sensibilität und Sentimentalität ausgestatteten Privatdetektiv, der sich nebenbei an dieser Stelle überraschend als Leser Gustav Flauberts zu erkennen gibt.[369] Weit wichtiger in Bezug auf den intertextuellen Bezug ist aber die Tatsache, daß der zwar trunksüchtige, jedoch erfolgreiche Bestsellerautor Wade ebenso wie Handkes Ich-Erzähler ein "großer Bewunderer von Scott Fitzgerald"[370] ist. Es sei eine "Pose" von ihm, kommentiert Ehefrau Eileen, Fitzgeralds Namen seiner eigenen Unterschrift hinzuzufügen.[371] Nicht erst die hier erfolgte Berufung auf den älteren Novellisten provoziert wiederum einen Vergleich zwischen Chandlers *The Long Goodbye* und Fitzgeralds 1925 erschienenen Roman *The Great Gatsby*. Leon Howard wies in seiner Untersuchung eine Vielzahl von inhaltlichen Übereinstimmungen zwischen beiden Texten nach.[372] Die Geschichte um einen jungen Soldaten, der durch Kriegseinsatz von seiner Geliebten getrennt wird, Jahre später von ihrer inzwischen erfolgten Heirat erfährt und feststellen muß, daß seine soziale und finanzielle Situation ein Wiederaufleben der alten Liebe unmöglich macht, bildet sowohl bei Fitzgerald als auch bei Chandler den Hintergrund, der in Form einer externen Analepse Eingang in die jeweilige Basiserzählung findet.[373] Darüber hinaus lassen sich auf der Inhaltsebene Parallelen in bezug auf den weiteren Verlauf der Handlung, so zum Beispiel im erfolgten Mord an den Geliebten ihrer Männer durch die Ehefrauen, wie auch in der jeweiligen Figurenkonstellation nachweisen. Für Leon Howard verbirgt sich hinter der offensichtlichen Affinität beider Texte nicht so sehr der Versuch Chandlers, dem literarischen Vorbild nachzueifern, als vielmehr sich stilistisch einem ihm bisher fremden Genre anzunähern:[374]

---

[368]Chandler: Der lange Abschied, S. 179.

[369]Vgl. ebd., S. 178.

[370]Ebd., S. 112.

[371]Ebd., S. 111f.

[372]Vgl. Howard (1973).

[373]Die Verwendung des Begriffs 'Analepse' folgt der Definition von Gérard Genettes, wonach "jede nachträgliche Erwähnung eines Ereignisses, das innerhalb der Geschichte zu einem früheren Zeitpunkt stattgefunden hat als dem, den die Erzählung bereits erreicht hat", als Analepse bezeichnet wird. Genette (1994), S. 25. Genette unterscheidet zwischen externer, interner und gemischter Analepse. In den hier untersuchten Fällen handelt es sich um eine externe Analepse, da die Schilderung der Ereignisse jeweils als Vor-Geschichte vor dem narrativen 'Jetzt' beginnt und endet und ihre Funktion in der Information des Lesers über frühere Ereignisse besteht.

[374]Chandlers Bemühungen, sich mit den Mitteln des Detektivromans Fitzgeralds literarischer Vorlage zu nähern, ist nach Ansicht Howards verantwortlich dafür, daß es in *The Long Goodbye* inhaltlich zu einer Verschiebung auf die Verurteilung von Reichtum und Verbrechertum kommt: "How constantly Fitzgerald was in his mind during the composition of *The Long Goodbye* is uncertain. But it is easy to imagine that at some time during the inception of his book Chandler had the notion of creating his own Gatsby and of making sure that his could not be called a 'great' one." Howard (1973), S. 14f.

> The implications of what might be called the secret plot of *The Long Goodbye*, and of the seemingly anti-climactic chapters generally, are that Chandler was attempting something more than a simple detective story. That he was making his attempt within the genre, however, is clearly indicated by his style, which conformed more consistently and successfully to the requirements of the mystery story than did his plot.[375]

Die Tatsache, daß auch Peter Handke in seinem Roman den amerikanischen Autor F. Scott Fitzgerald erwähnt und besonders dessen Werk *The Great Gatsby* in der deutschen Übersetzung eine figurenperspektivische Rezeption durch das Erzähler-Ich erfährt,[376] verleiht der am Chandler-Original vorgenommenen Titelvariation eine zusätzliche Bedeutung: Die scheinbar spielerische Anleihe beinhaltet zum einen eine bewußte Rezeptionssteuerung in Richtung Kriminalgenre. Chandlers *The Long Good-Bye* erscheint damit als Kontrastfolie, durch die Leseanweisungen für den *Kurzen Brief* sichtbar werden, insofern zumindest der Handke-Leser Kenntnis über den Prätext besitzt - eine Verfahrensweise, die den *Kurzen Brief* wiederum als typisch 'postmodern' ausweist, da hier neben anderen Lektüren, solchen des Bildungs- und Entwicklungsromans, auch die der Kriminalgeschichte zugelassen wird.[377] Zum anderen verbirgt sich hinter der Titeladaption auch der Hinweis auf eine literarische Verbindung zwischen Chandlers Roman und Fitzgeralds *The Great Gatsby*, wodurch das im *Kurzen Brief* offen angelegte Geflecht innerliterarischer Verweise wiederum seine Bestätigung erfährt. Kurz gesagt: Der Bezug des *Kurzen Briefes* auf den Prätext *The Long Goodbye* endet nicht mit diesem, sondern *The Long Goodbye* stellt sich wiederum selbst als Text dar, der sich seinerseits auf einen Prätext (*The Great Gatsby*) bezieht. Auf diese Weise entsteht eine Kette von intertextuellen Bezügen, die vom *Kurzen Brief* über Chandlers *The Long Goodbye* bis zu Fitzgeralds *Großen Gatsby* führt, der zudem explizit als Prätext in Handkes Text markiert ist.[378]

5.2.2. Karl Philipp Moritz' Gegenentwurf

Als einstimmende Gattungsreferenz wurden zunächst auch die den beiden Romanteilen als Motti vorangestellten Zitate aus Karl Philipp Moritz *Anton Reiser* aufgefaßt, die als Indizien für die Modelle des Reise- und Abenteuerromans wie auch des

[375] Howard (1973), S. 6f.

[376] Die Vermutung, es handelt sich bei Fitzgeralds Roman im *Kurzen Brief* um die deutsche Übersetzung, ergibt sich aus dem Titelzitat *Der Große Gatsby*.

[377] Vgl. zur Doppel- und Dreifachcodierung so genannter 'postmoderner' Literatur Plumpe (1995), S. 253.

[378] Ulrich Broich führt an, daß solche Textketten in der Literaturgeschichte nicht selten sind und nennt als Beispiel Ugo Foscolos *Ultime lettere di Jacopo Ortis*, in dem die Kette von einer Übersetzung von Sternes *Sentimental Journey* bis zu *Tristam Shandy* führt. Vgl. Broich (1985), S. 51. Weitere Beispiele siehe ebd., Anm. 6, S. 51.

Entwicklungs- und Bildungsromans galten.[379] Von Bedeutung für die Beurteilung des *Kurzen Briefs* ist aber weniger das im *Anton Reiser* vorhandene Reisemotiv,[380] als vielmehr der im Untertitel formulierte Hinweis "psychologischer Roman", der, so der Wortlaut im Vorwort, "auch eine "Biographie" sei, in der die "innere Geschichte des Menschen" (AR, 36) geschildert werde. Im Hinblick auf Handkes *Kurzen Brief* zeigt sich recht deutlich die biographische Parallele: Sigrid Mayer wies bereits darauf hin, daß Karl Philipp Moritz seine autobiographisch gefärbte Geschichte um sein dreißigstes Lebensjahr verfasste, ebenso wie Peter Handke den *Kurzen Brief zum langen Abschied*, dessen Protagonist wiederum während seiner Reise seinen dreißigsten Geburtstag erlebt.[381] Mit Blick auf den Lektürevorrat von Handkes Helden läßt sich dergleichen sowohl über Francis Scott Fitzgerald als auch über seinen Erzähler Nick Carraway in *Der große Gatsby* sagen, und auch für Gottfried Kellers Heinrich Lee ist die Zeit um das dreißigste Lebensjahr eine entscheidende Spanne: Mit 27 Jahren kehrt Lee in seine Heimatstadt zurück und stirbt in der ersten Fassung kurz darauf. In der zweiten Fassung wird diesem Alter als einer Schwelle zum Erwachsenenleben mit Heinrichs resignativem Einfinden in die gesellschaftlichen Umstände und der Ausübung eines bürgerlichen Amtes ebenfalls Bedeutung beigemessen. Keller selbst befand sich in demselben Alter, als er mit der Niederschrift der ersten Fassung seines Romans begann. Die von Handke ausgewählten Zitate enthalten also durchaus auch einen "Hinweis auf die biographische und 'psychologische' Absicht im eigenen Werk."[382]

Den *Kurzen Brief* nun einzig unter dem Blickwinkel des Bildungs- und Entwicklungsromans zu lesen, greift wiederum zu kurz. Diesem Irrtum leistete Handke im vielzitierten Gespräch mit Helmut Karasek durch seine Aussage Vorschub, seine Erzählung beschreibe die "Fiktion eines Entwicklungsromans": In ihr formuliere sich sein Wunsch, auf einer "unabhängigen Reise" die Verwandlung der eigenen Person wie in einem "Entwicklungsroman aus dem neunzehnten Jahrhundert"[383] zu vollführen. Ohne die bereits erschöpfend geführte Diskussion erneut zu wiederholen, muß zur Klärung der Frage nach der Funktion des *Anton Reiser* als eines Prätextes nochmals betont werden, daß dessen Zitation nicht der Einordnung in die der Quelle zu-

---

[379]Vgl. u.a. Baumgart (1972), S. 90-94, bes. S. 92.

[380]Nicht nachzuvollziehen ist für mich Sigrid Mayers Negierung des *Anton Reiser* als Reiseroman, Vgl. Mayer (1979), S. 148. Selbstverständlich ist der Roman nicht gleichzustellen mit solchen Genrevertretern wie der von Defoe begründeten Robinsonade oder den utopisch-phantastischen Reiseromanen im Stile Jules Vernes. Die Bezeichnung 'Reiseroman' ist eben ein inhaltlicher, nicht nach formalen Kriterien definierter Gattungsbegriff, und um den spezifischen Typen dieses Genres gerecht zu werden, wird in der Regel dem Begriff ein signifikantes Attribut beigefügt. So bei *Anton Reiser*, der durchaus ein Vertreter des empfindsamen Reiseromans ist, einer Gattung, die sowohl zeitlich als auch inhaltlich dem Bildungsroman nahesteht.

[381]Mayer (1979), S. 148.

[382]Ebd., S. 149.

[383]Karasek (1972), S. 88.

gehörigen Gattung dient.[384] Auch hier ist der Rückgriff auf die literarische Tradition - in Form der vorangestellten Zitate wie eben auch der in den Text eingeschriebenen Strukturelemente - kein Versuch Handkes, eine moderne Variante des klassischen Bildungsromans zu schaffen. Bereits Theo Elm wies 1974 in seiner Untersuchung daraufhin, daß trotz Vorhandenseins aller wesentlichen Elemente des klassischen Bildungsromans der *Kurze Brief* schließlich das Schema des Entwicklungsromans nicht erfülle.[385] Bildungsgespräch, Natur- und Theatererlebnis thematisieren jeweils die existentielle Entfremdung des Erzählers anstelle der in Bildungsromanen üblichen Auseinandersetzung mit klassischen Bildungsthemen, dem befreienden, da Harmonie stiftenden Naturverhältnis und dem bereichernden Theatererlebnis. Im modernen Industriezeitalter, in dem das Postulat vom freien und autonomen Individuum unverwirklichtes Ideal ist und nur in der Innenwelt als Möglichkeit denkbar wäre, fehlen eben die Voraussetzungen für traditionelle 'Bildungswerte'.[386] Der Verweis auf Moritz' *Anton Reiser* ist deshalb kein Gattungsindiz für den *Kurzen Brief*, so sehr er auch den Erwartungshorizont der Leser in diese Richtung konnotiert. Die vorangestellten Motti werfen die Frage nach einem Traditionszusammenhang auf, den Handkes Roman aber nicht erfüllt. Vielmehr enthalten sie Hinweise, die einen Vergleich zwischen beiden Protagonisten provozieren, um auf diesem Weg ein Thema offenzulegen, daß beiden Werken immanent ist und von ihnen unter dem jeweils spezifischen, literaturhistorischen Kontext dargestellt wird. Dieses Thema heißt 'Antinomie von Wirklichkeit und Ideal'.[387]

Die zentralen Themen Lektüre und Theaterleidenschaft aus dem *Anton Reiser* und die in diesem Zusammenhang auftauchenden Fragen des Wirklichkeitsverlusts, der Identität und Individualität, der Rolle der Erinnerung und der "verrückten Orts- und Zeitideen" (AR, 305) vor Augen, verdeutlichen diese Thematik. In Handkes *Der kurze Brief zum langen Abschied* finden sie eine vergleichsweise andere Aufnahme. Beispiel Lektüre: Wie herausgearbeitet, ist die Lektüre für Anton Reiser ein substantielles Element seiner Existenz. Zunächst als Richtlinie für die 'richtige' Erziehung, übernimmt sie nach und nach die Funktion, Handlungsmuster und Verhaltensweisen aufzuzeigen, Orientierungshilfen in einer freudlosen und zunehmend bedrohlich empfundenen Umwelt anzubieten. Zudem erweitert sie die persönliche Lebenswelt Antons in dem Maße wie sie sich verantwortlich zeigt für sein Empfinden einer Wirklichkeit, der er nicht entfliehen kann. Die Bücher versprechen zugleich Kompensation und Isolation; durch sie erhofft Reiser Verständnis und Klärung seiner Individualität

---

[384]In der Rezeptionsgeschichte zum *Kurzen Brief* wurde besonders auf den Aspekt des Bildungs- und Entwicklungsromans eingegangen, vgl. u.a. Elm (1974), Batt (1974), Mayer (1979), Pakendorf (1981), Bartmann (1984), S. 130-136, Renner (1985). Zeller (1978) erläutert mit dem Instrumentarium der strukturalen Erzählforschung, auf welche Weise Handke konstitutive Elemente des klassischen Realismus auflöst.

[385]Vgl. Elm (1974), 353-377.

[386]Vgl. auch Pakendorf (1981), S. 158.

[387]Vgl. Ebd., S. 159.

wie auch eine Erweiterung seiner "Denk- und Empfindungskraft" (AR, 224). Die Identifikation mit literarischen Helden und deren Handlungsweisen bestimmt eigenes Verhalten und erhebt das persönliche Schicksal zum gelebten Abbild der Lektürevorlage. Damit stiftet sie Identität, die die Wirklichkeit versagt. Die Gründe für die existentielle Bedeutung der Bücher liegen in Anton Reisers frühen Codierung zum Außenseiter, dem nur die fiktionale Welt des geschriebenen Wortes oder die aus diesem hervorgehende Theaterwelt einen Ausgleich für den Mangel an Erlebnissen und Empfindungen bietet. Tatsächlich glaubt Reiser, in seinen literarischen Helden Gleichgesinnte zu finden, und aus diesem Gefühl der Solidarität gewinnt er Trost. Eine Klassifizierung seines Leseverhaltens nach der von Harald Weinrich vorgenommenen historischen Leser-Typologie[388] würde folgendes Ergebnis liefern: Zwar entspricht Anton Reiser dem modernen Typus des extensiven Lesers, der einen Roman nach dem anderen liest und damit ganze Tage und Nächte verbringt. Doch die Intensität seines Rezeptionsverhaltens und seine Versuche, die Lektüre in die eigene Lebenswelt zu transferieren, erinnern weitgehend an den Typus des intensiven Lesers, dessen Lektüre beinahe ausschließlich aus der Bibel besteht, der er sodann nachzuleben sucht. Für Anton Reiser heißt dies: Er verhält sich bei seiner extensiven Lektüre streckenweise wie ein intensiver Leser, oder auch: Er ist ein extensiver Leser, der den Habitus des intensiven Lesens nicht ablegen kann. Das pathologische Ausmaß seines Bücherkonsum überschreitet dabei das "traditionelle Lesebedürfnis, das im Wunsch nach einer fiktionalen Erweiterung des Vorstellungs- und Erlebnisbereiches"[389] liegt.

Von einer dergestalt lebenswichtigen Bedeutung der Lektüre ist bei Handkes Protagonisten nicht die Rede. Zwar zeichnet ihn sein Status als Schriftsteller und Dramaturg bereits jener Intelligenz zugehörig, der Reiser so sehnsüchtig beitreten möchte, wie auch die Reiselektüre des Erzählers literarische Vorlieben widerspiegelt, die jenseits zeitgenössischer Bestsellerliteratur angesiedelt sind. Doch sein Lektüreverhalten während der Reise vermißt die bei Anton Reiser so oft beobachtete entfesselte Begierde, Bücher gleich Opiaden zu konsumieren. Der Ich-Erzähler in Handkes *Kurzem Brief* greift, wie die Untersuchung zur Fitzgerald- und Kellerlektüre noch zeigen wird, ebenso unvermittelt zum Buch wie er sich von diesem abwendet, in Hotelzimmern wie auch im Reisebus, an Orten also, an denen Zeit zur Muße ist. Seiner Lesart haftet Kurzweil und Flüchtigkeit an. Die Lektüre erfolgt meist unvermittelt, sie ist sowohl durch die Auswahl vor Beginn der Reise als auch durch die Auswahl der jeweils bevorzugten Lesestelle an den Bedürfnissen des Rezipienten ausgerichtet. Damit trägt die Rezeption des Erzählers eindeutig metaphorische Züge, sowohl was den nichtlinearen Lesevorgang betrifft als auch in Bezug auf die Auswahl der Lesestellen, die vom Grad der Ähnlichkeit zwischen Leser und literarischem Vorbild determiniert ist.[390] Das Rezeptionsverhalten von Handkes Erzähler verrät im Gegensatz

---

[388]Vgl. Weinrich (1985).

[389]Michel (1978), S. 163.

[390]Zur Nichtlinearität des Lesevorgangs vgl. besonders die Ausführungen in Kapitel 5.4.

zu dem Anton Reisers die Distanz des modernen Lesers, der zwischen Wirklichkeit und Fiktion durchaus zu unterscheiden vermag und Bücher unter dem Diktat ihrer 'Brauchbarkeit' auswählt und konsumiert. Mit anderen Worten: Handkes Leser würde bei dem von Weinrich erstellten Lesertypenmodell am ehesten dem Typus des modernen defensiven Lesers entsprechen, der gegen die Flut von jährlichen Neuerscheinungen seine persönlichen Abwehrstrategien (Buch- und Lesestellenselektion) entwickelt hat.

Zwar konzentriert sich auch Reiser bei seiner Lektüre vorwiegend auf jene Passagen und fiktiven Charaktere, die eine Kongruenz zur eigenen Erfahrungswelt und Persönlichkeit sicherstellen. Doch sein Umgang mit Literatur ist gekennzeichnet durch ein entweder vollkommenes geistiges Versinken, selbstvergessend wie auch selbstbezogen, oder durch eine aktive Teilnahme an der Lektüre, die sich im Anfertigen von Exerpten niederschlägt. Im überwiegend kontinuierlichen, linearen Verlauf seiner Lesart liegt eine metonymische Struktur vor, da in ihr eine kausale und zeitliche Abfolge vorherrscht.[391] Zudem ist das Buch für ihn lebenswichtiges Elixier, gleichermaßen Verbindung zur Innen- und Außenwelt, denn durch die Lektüre gewinnt er Bestätigung seiner seelischen Beschaffenheit, durch sie erhält er Einblicke in Verhaltensweisen und menschliche Regungen, die außerhalb seiner eigenen Erfahrungswelt liegen. Gleichwohl funktioniert eine solche Übernahme fremder, fiktiver Erfahrungsmodelle nur in solchen Fällen, für die Reiser eine gewisse Grundkonstellation mitbringt.

Zwar hat auch der Erzähler im *Kurzen Brief* in seiner Kindheit unter einem Mangel an Erfahrungen und Entfaltungsmöglichkeiten gelitten, wie überhaupt diese von "Entsetzen und Erschrecken" (KB, 9) geprägt war, und mußte aus einem Defizit an konkretem individuellem Dasein die bereits bei Moritz so eingängig beschriebenen Leiden der Einbildungskraft erdulden:

> Als Kinder hatten wir so wenig erlebt, und es gab so wenig zu sehen, daß wir uns jedesmal sogar auf das Foto am neuen Kalender freuten. (KB, 175f.)

Doch sein Lektürebedürnis während der Amerikareise entspringt nicht dem Versuch der Kompensation vorenthaltener Erfahrungswerte, sondern dem der Applikation traditioneller Erzählmodelle. Dies dokumentiert seine Rezeption des *Großen Gatsby* und im besonderen die Keller-Lektüre.[392]

---

[391]Metonymie meint die Verknüpfung mittels Nachbarschaftsbeziehung im Gegensatz zur Metapher, der Verknüpfung mittels Ähnlichkeitsbeziehung. Ich richte mich nach Jakobson (1971), S. 323-333. Im Gegensatz zum Vergleich bei der Metapher definiert Gero von Wilpert "Metonymie" als einen Vorgang, bei dem das eigentliche Wort durch ein anderes ersetzt wird," das zu ihm in realer Beziehung steht, also in e. zeitl., räuml., ursächl., log., oder erfahrungsgemäßen Zusammenhang". Wilpert (1989), S. 570f. Zeller (1978) geht in ihrer Untersuchung der Kompositionsprinzipien den metaphorischen und metonymischen Strukturen im *Kurzen Brief* nach. Ebd., S. 125-128. Vgl. auch Pakendorf (1981), S. 164ff.

[392]Vgl. die Untersuchungen der Kapitel 5.3. und 5.4.

Am Beispiel des Theaters zeigt sich erneut die unterschiedliche Beurteilung beider Protagonisten. Für Anton Reiser bedeutet die Bühne zugleich der Ort, an dem er all das sein kann, "wozu er in der wirklichen Welt nie Gelegenheit hatte" (AR, 173), an dem Innerlichkeit und Isolation schließlich durchbrochen werden, Reflexivität ermöglicht und Individualität in Aussicht gestellt wird. Damit erfüllt das Theater für ihn den von Jürgen Habermas am Beispiel des *Wilhelm Meister* formulierten "Öffentlichkeitsersatz"[393], denn hier allein ist es ihm erlaubt, Öffentlichkeit zu repräsentieren. Mit der Übernahme vorgegebener Rollen gelingt Anton Reiser die physische und psychische Anverwandlung der eigenen Person, wodurch ihm zudem die Möglichkeit der Selbsterhöhung und letztlich die Wiederherstellung seiner in der Realität verlorengegangenen Identität gesichert zu sein scheint. Das Theater steht somit im Dienste seines Kampfes um die Begründung des eigenen Ichs.

Gleichwohl tritt auch im *Kurzen Brief* das Theatererlebnis als elementares Motiv der Erzählung auf, doch anstelle der positiv konnotierten, da erlösenden und erweiternden Funktion im *Anton Reiser*, divergiert es hier zum "Symptom der Entfremdung"[394], das gleichzeitig die Krise des Künstlers berührt. Handkes Dramaturg und Erzähler-Ich nimmt gemeinsam mit seiner Reisebegleiterin Claire in St. Louis als Zuschauer an einer *Don Carlos*-Aufführung teil, die von einer deutschen Theatergruppe inszeniert wird.[395] Er ist also nicht aktiv ins szenische Geschehen eingebunden, sondern kommentiert dessen Wirkung auf das Publikum anschließend im Gespräch mit Claire und dem deutschen Dramaturgen. Die Inszenierung und besonders der räsonierende Dialog zwischen den Freunden wurde von der Handke-Kritik vielfach als Thematisierung des europäischen Problems interpretiert, das im gestörten Verhältnis zwischen dem Subjekt und der ihm entfremdeten Umwelt liegt.[396] Claire, "amerikanischer Typus einer scheinbar unpersönlichen Existenz"[397], erklärt dabei das Unbehagen, das den Erzähler und den Dramaturgen angesichts des auf einer amerikanischen Bühne "mechanisch" (KB, 146) wirkenden Spiels befällt, wie folgt:

> Wir sind hier gewohnt, die historischen Einzelfiguren nur in stehenden Bildern zu sehen. [...] Statt sie zu spielen, stellen wir sie nach, und zwar nur in ihren öffentlich bekannten Gesten. [...] Sie haben für uns keine eigene Geschichte, ihr Leben interessiert uns kaum, sie sind nur Zeichen für das, was sie getan haben oder was zumindest zu ihrer Zeit geschehen ist. (KB, 147)

Schiller dagegen beschreibe in seiner "europäische[n] Abenteuergeschichte" *Don Carlos*, so der Dramaturg, "nicht die historischen Gestalten". Er "spielt sich selber, nur mit ihrem Namen, in den Abenteuern, [...], und beschreibt, wieviel selbst- und

[393] Habermas (1971), S. 27.

[394] Elm (1974), S. 364.

[395] Vgl. KB, S. 144ff.

[396] Vgl. u.a. Pakendorf (1981), S. 161.

[397] Bartmann (1985), S. 135.

rollenbewußter *er* sich dabei verhalten würde." (KB, 148). Wieder klingt die Polarität zwischen Metonymie und Metaphorik an: Für den Amerikaner ist nicht die individuelle Geschichte des Einzelnen von Bedeutung, sondern die "öffentlich bekannten Gesten", die als Teilaspekt das Ganze der Figuren repräsentieren. Das Ziel ist dabei eine realistische Darstellung der Wirklichkeit, die auf einem metonymischen Prozeß beruht. Dagegen liegt der europäischen Wirklichkeitsabbildung eine metaphorische Struktur zugrunde, da die Figuren eben nicht realistisch zu verstehen sind, sondern paradigmatisch für etwas anderes stehen und somit immer den Vergleich provozieren.[398] Die Polarität dieser beiden Verfahrensweisen führt auch bei Handkes Erzähler zu einer Problematik im künstlerischen Ausdruck:

> Es fällt mir schwer, Rollen zu schreiben, [...]. Wenn ich jemanden charakterisiere, kommt es mir vor, als ob ich ihn damit entwürdige. [...] Wenn ich Leute auf der Bühne reden lasse, schnappen sie mir schon nach den ersten Sätzen zu und sind für immer auf einen Begriff gebracht. (KB, 150)

Aber gerade vor den öffentlich bekannten Gesten, vor der Klassifizierung in festgelegte Rollen verspürt der Erzähler eine Aversion, die wiederum in seiner Kindheit wurzelt: Ein festgefügtes "System" (KB, 124) bot im Internat und in seinem Heimatdorf zwar Orientierungshilfe; zugleich aber verhinderte es jegliche differenzierte Erfahrung[399] und löste schließlich beim Erzähler den "Zwang" aus, sich "überall erst aufzuspielen, um eines zweiten Blicks gewürdigt zu werden" (KB, 18). In der instrumentalisierten Pose aber, die immer auch den Vergleich in sich trägt, wird die Individualität gleichsam in Frage gestellt und damit die ersehnte Autonomie des Individuum gefährdet. Während Anton Reiser noch in der Rolle des Predigers brilliert, weil er dadurch eine Erhöhung der eigenen Persönlichkeit verspürt, wehrt sich Handkes Erzähler gegen Klischees, begriffliche Schemata und Typisierungen.[400] Dem figuralen Spiel auf der Bühne mit seiner standardisierten Rollenaufteilung, die charakterliche und damit begriffliche Festsetzung bedeutet, will er dramaturgisch mit der Einsetzung eines "deus ex machina" entgehen, der als "Gegenfigur" (KB, 151) Begrifflichkeiten und Eindeutigkeiten zerstört.

Daß allerdings auch für Moritz' Protagonist der empfundene Widerspruch zwischen Realität und Fiktion trotz positiver Theatereindrücke ungelöst bleibt, ist eine Tatsache, die häufig übersehen wird. Denn letztlich vermag auch Reiser entgegen aller physischen und psychischen Anstrengungen der bedrückenden, ihn in seine bürgerlichen Schranken verweisenden Welt nicht zu entfliehen. Diese Erfahrungen macht er sowohl bei seiner escapistischen Beschäftigung mit Romanen als auch bei seinen

---

[398]Vgl. im besonderen die Ausführungen Pakendorfs (1981), S. 164f.

[399]Vgl. KB, S. 75.

[400]Beispiele für seine Aversion finden sich in der Begegnung mit dem Studenten, mit dem "Liebespaar" und in der Beschreibung der Beziehung zu Judith, die am Ende im Rollenspiel erstarrt sei. Vgl. KB, S. 22, 111-115, 130.

Schauspielversuchen, aus denen er am Ende eben doch mit dem desillusionierenden Bewußtsein einer unveränderten Wirklichkeit erwacht. Ebenso ergeht es ihm beim Studium wissenschaftlicher Werke, bei dem er zwar seine "Denkkraft" (AR, S. 216) bildet und sich erstmals mit den Vorstellungen von Raum und Zeit auseinandersetzt, zugleich aber die Sprachgebundenheit als unüberwindbares Hemnis fühlt:

> *Er stieß hier an die undurchdringliche Scheidewand, welche das menschliche Denken von dem Denken höherer Wesen verschieden macht, an das notwendige Bedürfnis der Sprache, ohne welche die menschliche Denkkraft keinen eignen Schwung nehmen kann* - und welche gleichsam nur ein künstlicher Behelf ist, wodurch etwas dem eigentlichen reinen Denken, wozu wir dereinst vielleicht gelangen werden, Ähnliches, hervorgebracht wird. - Die Sprache schien ihm beim Denken im Wege zu stehen, und doch konnte er wieder ohne Sprache nicht denken. (AR, S. 216)

Wie ein früher Entwurf zur Sprachkritik Wittgensteins lesen sich Anton Reisers Überlegungen, die zugleich bereits an die von Peter Handke und seinen Zeitgenossen empfundene Sprachkrise denken lassen.[401] Die Sprache ist das Verbindungsglied zwischen Außenwelt und Innenwelt, durch sie trifft Fremdes und Vorgegebenes unmittelbar auf das Ich, das sich wiederum nur durch eben diese Sprache formulieren kann. "Sprache ist dasjenige Medium, worin sich der Mythos der Einzigartigkeit manifestiert und wodurch er zugleich potentiell bedroht ist."[402] Denn wenn die Außenwelt für das Subjekt in beziehungslose Wörter zerfällt, wenn die Sprache bereits von einer Umwelt belegt ist, die vom Subjekt als feindlich empfunden wird, so ist der Zugang zur Identifikation mittels Sprache kritisch. Auch Anton Reiser ist bei seinem Versuch, die eigene Persönlichkeit zu ergründen, in seiner Sozialisation auf Sprache angewiesen und wird sich dieser Abhängigkeit hier bewußt.

Es ist also vor allem der Aspekt des Selbstverlusts, der beiden Werken, Moritz' *Anton Reiser* und Handkes *Kurzem Brief*, immanent ist. Beide Protagonisten empfinden die sie umgebende Wirklichkeit als unüberwindbares, leidvolles Hindernis auf dem Weg zur Ausbildung einer eigenen Individualität. Denn bereits Anton Reiser hardert mit seinem bürgerlichen Status, der ihm trotz aller Anstrengung den sozialen Aufstieg verwehrt.[403] Zu Recht bezeichnet deshalb Günther Pakendorf Moritz' Werk als "spiegelbildlich-negative Variante" des harmonisierenden Bildungsromans, "denn die Geschichte des Helden straft die herrschende Idee der frei sich entfaltenden Persönlichkeit in jedem Schritt ihrer Entwicklung Lügen und dokumentiert so den Klas-

---

[401]Einen kurzen Überblick über den Diskurs über sprachliche Grenzen auch im Hinblick auf das Sprachproblem bei Peter Handke liefern Nägele u. Voris (1978), S. 14-24. Vollmer (1995) untersucht u.a. das Verhältnis von Sprache und Individualität im Werk Handkes seit *Langsame Heimkehr*. Vgl. ebd., S. 119-279. Auf die Nähe Handkes zu Wittgenstein weist etwa Renner (1985), S. 47.

[402]Vollmer (1995), S. 197.

[403]Vgl. AR, S. 300.

sencharakter der bürgerlichen Ideenwelt."[404] Die Empfindungen von Handkes Erzähler spiegeln dagegen endgültig die resignative Einsicht des 20. Jahrhunderts in die disharmonische Subjekt-Objekt-Relation, denn sie sind gekennzeichnet vom Bewußtsein der Isolation und Entfremdung von einer Umwelt, die nicht länger eindeutig zu entziffern ist und die im Widerspruch zu der Vorstellung vom freien Individuum steht. Erst unter diesem Aspekt läßt sich die thematische Verwandtschaft, die Antinomie von Wirklichkeit und Ideal, auf welche die vorangestellten Motti verweisen, klar entschlüsseln.

Darüber hinaus figurieren sie ihrem Wortlaut nach in bezug auf den Inhalt des *Kurzen Briefs* als Gegenentwürfe, die kontrastierend zum Handlungsverlauf von Handkes Roman stehen. Denn die in ihnen ausgesprochene Reiselust, verbunden mit der Hoffnung, durch "Veränderung des Orts [...] uns dasjenige, was wir uns nicht gern als wirklich denken, wie einen Traum vergessen zu machen" (KB, 107, Motto z. 2. Teil), erfüllt sich für Handkes Erzähler nicht. Vielmehr bewirkt der Verlauf der Reise ein Fortschreiten des Erinnerungsprozesses: "Seit ich hier in Amerika bin, erinnere ich mich immer mehr" (KB, 74). Angstbesetzte Reflexionen an die Kindheit, an seine dort begründete Aversion gegen Begrifflichkeiten und Verallgemeinerungen,[405] nehmen immer stärkere Konturen an, und anstelle der erwünschten persönlichen Entwicklung, die mit der Reise wie auch der Lektürewahl verknüpft ist, gewinnt immer stärker die Einsicht in die Gefangenheit der eigenen Person und das Gefühl der Entfremdung. Für Reiser dagegen bedeutet ein Wechsel der räumlichen Positionalität, weg von der einengenden Stadt in die offene Natur, noch einen Akt der Befreiung, wenn auch die Wanderschaft an sich letztlich seine Hoffnungen nicht erfüllt. Handkes Erzähler kann seine erdrückenden Gefühle erst bei der Begegnung mit John Ford überwinden, an einem Ort, an dem auch die Natur korrespondierend mit seiner inneren Entwicklung nun jegliche Bedrohung verliert.[406]

> Alles war dann ruhig, ohne Bewegung: eine lange, anhaltende Windstille; und plötzlich rieselte zu unseren Füßen wieder das Gras. Man blinzelte, und schon war es ringsherum düster geworden, die Gegenstände dicht auf der Erde. (KB, 194)

Mit dem versteckten Hinweis auf das dem ersten Teil vorangestellte Motto, in dem noch "der Himmel so dicht auf der Erde liegend, die Gegenstände umher so dunkel, gleichsam als sollte die Aufmerksamkeit nur auf die Straße, die man wandern wollte, hingeheftet werden" (KB, Vorrede 1. Teil), schließt sich zumindest wieder formal der Roman.

---

[404]Pakendorf (1981), S. 159.

[405]Vgl. KB, S. 22.

[406]Vgl. KB, S. 194. Pakendorf (1981) sieht in dieser Szene die bisher im Roman dominierende "Innenwelt-Außenwelt-Dichotomie" aufgehoben. Vgl. ebd., S. 174.

5.3. Die Suche nach dem Verlorenen - das literarische Vorbild *Der große Gatsby*

Die Ankunft des Erzählers in Providence und damit der Beginn seiner Reise durch Amerika wird bestimmt von den Gedanken an Francis Scott Fitzgerald und von der Lektüre des *Großen Gatsby*. Offenbar schon vor Reisebeginn hat der Erzähler mit der Lektüre begonnen, denn in der Badewanne seines Hotelzimmers liest er nun deren Ende. Nicht nur die sich anschließende knappe Zusammenfassung des Romans durch den Erzähler (KB, 16) deutet auf Parallelen zur literarischen Figur Gatsbys hin. Formal knüpft der Vorgang der Nacherzählung, inhaltlich fokussiert auf den Aspekt der Liebesgeschichte Gatsbys, direkt an die Gedanken des Erzählers an seine Frau Judith an. Trotz Erhalt ihres zuvor eingetroffenen beunruhigenden Briefes mit dem Hinweis, in New York zu sein, doch "es wäre nicht schön", sie zu finden (KB, 9), reserviert er sich für den nächsten Tag dort ein Zimmer: im Hotel Algonquin in der Vierundvierzigsten Straße, wo sich F. Scott Fitzgerald einst selbst oft aufhielt. Sein Wunsch, während der Reise "möglichst faul und selbstvergessen zu leben" (KB, 15) - dreitausend Dollar sollen ihm dies ermöglichen - , steht damit im Widerspruch zur Gefahr, in die er sich nun vorsätzlich begeben will.

Fitzgeralds Erzählung über den *Großen Gatsby*, dessen ganzes Streben darauf aus ist, die eigene Herkunft zu verleugnen, eine Existenz nach seiner Vorstellung aufzubauen, um die Liebe seines Lebens, Daisy, wiederzugewinnen, regt den Erzähler zur Reflexion der eigene Person und seines Verhältnisses zu Judith an. Während er beim literarischen Vorbild gleichermaßen dessen Höflichkeit und Rücksichtslosigkeit bewundert, empfindet er die eigene "Anlage zur Scham" in Liebesdingen gleichsam als "eine Art von Feigheit" (KB, 16). So "höflich und rücksichtslos" (KB, 16) wie Gatsby möchte er werden, wie dieser sein Leben der Verwirklichung seiner Glücksvorstellung widmen, ohne diese allerdings näher zu spezifizieren. Parallelen zwischen dem literarischen Vorbild und Handkes Erzähler finden sich aber auch im Hinblick auf ihr jeweiliges Verhältnis zu den sie umgebenden Dingen und Menschen. Denn nur die Bedeutung, die die Umwelt in bezug auf sie selbst annimmt, ist für beide von Interesse. Doch während Gatsby eine konkrete Vorstellung von dem besitzt, was ihm Paradies auf Erden wäre und für die Verwirklichung seiner Ziele jede Anstrengung unternimmt, scheint sich der Erzähler vollständig treiben zu lassen, unklar über das eigene Ich und gänzlich fern von konkreten Zukunftsvisionen. Übereinstimmend ist dagegen ihr Streben nach dem Verlorenen, die Suche nach einer Vergangenheit, die unwiederbringlich ist. Und nur in kurzen, gesteigerten Augenblicken können sowohl der Erzähler im *Kurzen Brief* als auch Gatsby jene Harmonie wiederfinden, die sie zuvor verloren haben: Während Fitzgeralds Romanfigur das Licht der grünen Laterne am Ufer der Angebeteten leuchtet und damit die Hoffnung symbolisiert, die verlorene Liebe zurückgewinnen zu können, erlangt das tiefgelbe Licht in Handkes Roman für den Ich-Erzähler den Status eines metaphysischen Symbols. "Es ist eine Farbe, bei der man sich sofort zu erinnern anfängt", erklärt ihm später der Maler. "[...] man erinnert sich, je länger man sie anschaut, immer weiter zurück, bis es auf einmal nicht weiter zurückgeht. Das ist dann ein Moment, in dem man nur noch davorsteht und träumt." (KB, 140) Mal sind es die "Parkplatzmuster und Straßengrenzstreifen, die Hausdächer der HOWARD-JOHNSON-Restaurantkette, die Postfächer draußen vor den Gärten, die Leibchen mit den USA-Aufdrucken" (KB, 139) - von Menschen gemachte Zeichen, die magisch in der Farbe Gelb leuchten, mal sind es die Seiten eines Buchs, denen illuminierende Eigenschaften attestiert werden: Auf der Fahrt nach Philadelphia kontrastiert die "dämmernde [...] Landschaft", die sich zunehmend "verdüstert" und "von Blick zu Blick leerer" wird mit dem strahlenden Licht eines Buchs, das der Erzähler gerade liest: "Die Buchseiten leuchteten fast, wenn man sie umblätterte" (KB, 52f.).[407]

Was Handkes Erzähler von seiner Lektüre des *Großen Gatsby* erwartet, ist Veränderung, eine sich an den Lesevorgang unmittelbare anschließende, aus ihm hervorgehende Wandlung der eigenen Persönlichkeit:

> "Ob ich mich schon verändert habe?" Ohne es zu wollen, blickte ich im Gehen über die Schulter und schaute dann geradezu ungeduldig auf die Armbanduhr. So wie manchmal, wenn mich etwas Gelesenes gierig machte, es sofort nachzuerleben, rief mich jetzt auch der große Gatsby auf, mich auf der Stelle zu ändern. Das Bedürfnis, anders zu werden als ich war, wurde plötzlich leibhaftig, wie ein Trieb. Ich überlegte, wie ich die Gefühle, die der große Gatsby bei mir möglich gemacht hatte, zeigen und in meiner Umgebung auch anwenden könnte. (KB, 18)

Es sind Gefühle von "Herzlichkeit, Aufmerksamkeit, [...] Heiterkeit und Glück" (KB, 18), kontrastierend zu den ängstlichen und bedrohlichen Empfindungen, die den Erzähler ständig befallen. Auffallend an der eingestalteten Reflexion ist hier der Adaptionsversuch, der sich aus der figurenperspektivischen Rezeption ergibt und sich auf die literarisch vermittelten Empfindungen bezieht, die außerhalb der Erfahrungswelt des fiktiven Rezipienten liegen. Dabei nutzt der Erzähler seine Lektüre nicht zur Erweiterung des Erfahrungshorizontes. Vielmehr divergiert die Lektürefunktion zur "Erlebnisvoraussetzung"[408]: Die Erwartungen des Erzählers konzentrieren sich auf die Veränderungen, die sich *nach* dem Rezeptionsvorgang einstellen. Zudem scheint die zur Leseridentifikation sonst nötige Kongruenz zwischen Rezipienten und literarischem Helden hier in den Hintergrund zu treten, denn der Identität Gatsbys, die auch in Fitzgerald's Roman über weite Teile im Dunkeln bleibt, bringt Handkes Erzähler kein besonderes Interesse entgegen. Dennoch nährt Gatsby bei ihm die Hoffnung, den Zwang, sich "überall erst aufzuspielen, um eines zweiten Blicks gewürdigt zu werden" (KB, 18), ablegen zu können. Schon der Gedanke an das Vorbild stärkt sein Selbstbewußtsein, löst die Fesseln der Erinnerung:

---

[407]Obwohl der Titel des Buches an dieser Stelle nicht explizit genannt wird, handelt es sich doch um Gottfried Kellers *Der Grüne Heinrich*, mit dessen Lektüre der Ich-Erzähler auf seiner Reise von Providence nach New York beginnt.

[408]Michel (1978), S. 163.

> Dabei dachte ich an den großen Gatsby und wurde selbstsicher wie noch nie: bis ich mich gar nicht mehr spürte. Es würde mir gelingen, vieles anders zu machen. Ich würde nicht wiederzuerkennen sein! (KB, 19f.)

Wie wenig das literarisch geweckte neue Selbstwertgefühl jedoch im Einklang mit der real existierenden Umwelt steht, zeigen die sich ihm ständig aufdrängenden Gedanken an Judith. Eben noch erwachtes Vertrauen in die Fähigkeit zur Verwandlung wird unmittelbar erschüttert durch eine den Erzähler überkommende "Wut, die fast zu einer Mordlust" (KB, 19) wird bei dem Gedanken an seine Frau. Trotz der geographischen Distanz zwischen Österreich, dem Heimatland des Erzählers, und jenem "Prospekt-Amerika"[409], fühlt sich der Erzähler noch unfähig, die Vergangenheit und das in ihr gefangene Ich abzustreifen, um "der Umgebung gegenüber aufmerksam und offen zu sein, [...]." (KB, 18) Je weiter aber die Reise voranschreitet, umso mehr werden die Bilder der Erinnerung abgemildert.[410] Im paradiesischen Garten des Regisseurs John Ford am Ende des Romans, einem Ort, der so offensichtlich sowohl der Gatsby-Welt Rechnung trägt als auch mit seinen Topoi der Romantik huldigt,[411] gelingt es ihm schließlich, seine Zerrissenheit zwischen Gestern und Morgen abzustreifen und "friedlich" (KB, 195) die endgültige Trennung von seiner Frau zu vollziehen.

5.4. Der Lebenszuschauer. Grüner Heinrich - Grüner Handke

Neben dem *Großen Gatsby* führt Handkes Erzähler auch Gottfried Kellers *Grünen Heinrich* mit im Gepäck. Formal unterscheidet sich die Keller-Lektüre vom zuvor rezipierten *Großen Gatsby* bereits im Umfang, den sie in Handkes Roman einnimmt: Der Beschreibung der Fitzgerald-Lektüre durch den Erzähler werden nur wenige

---

[409]Batt (1974), S. 618. Batt sieht in Handkes Amerika-Darstellung "mehr die Projektion einer merkwürdig stillen zivilisatorischen Zukunft, ein Gefüge kultureller Zeichen als das Land des Vietnam-Krieges, der Rassendiskriminierung und der Studentenunruhen." Ebd. Vgl. zu Handkes Fiktion von Amerika im KB auch Nägele (1976). Im Gespräch mit Karasek antwortet Handke auf die Frage nach der Wahl der Außenwelt im *Kurzen Brief*, daß Amerika eine fiktive Umwelt sei, da sie für ihn "durch die Kenntnis ihrer Signale vorgegeben" sei. "Amerika ist das einzige, von dem man heutzutage sagen kann, es sei die Fremde, es sei die andere Welt. Für mich ist es halt auch eine Traumwelt, in der man sich selber ganz neu entdecken muß, in der man selbst ganz neu anfangen muß. Unter diesen Umständen gewinnt man Distanz zu sich selber. Man fühlt sich im guten Sinne erleichtert, entpersönlicht, als Typus, nicht als Individuum." Karasek (1972), S. 86f.

[410]Bartmann stellt zur Reisetätigkeit des Erzählers fest: "Amerika ist im *Kurzen Brief* der durchquerte Raum einer Fortbewegung weg von der Kindeit, die, je stärker die Einflüsse der Reise-Gegenwart sind, desto »tätiger« als gemilderte Erinnerung zurückkehren kann." Vgl. Bartmann (1985), S. 126.

[411]Vgl. zur Anlehnung an die Gatsby-Welt auch Rossbacher (1975), S. 99. Auf die der Romantik entlehnten Elemente der Schlußszene (erhöhte räumliche Positionalität der Protagonisten in der Landschaft und der damit verbundene plastische Weitblick) wurde in der Forschung vielfach hingewiesen. Vgl. u.a. Pakendorf (1981), S. 174.

Zeilen und seinen darauffolgenden Reflexionen im Ganzen nur zwei Seiten eingeräumt. Zudem umfassen die beschriebenen Folgen und Ergebnisse dieser Rezeption inhaltlich eine Zeitspanne von nur wenigen Stunden. Dagegen begleiten die Lektüre des *Grünen Heinrich* und die durch sie ausgelösten Empfindungen den Erzähler gut drei Viertel der gesamten Erzählung. Hinzu kommt, daß von der Lektüre des *Großen Gatsby* nur in Providence die Rede ist, wo sich der Erzähler zurückgezogen in seinem Hotelzimmer dem Buch widmet. Die Rezeption des *Grünen Heinrich* dagegen erfolgt sowohl allein als auch in Gesellschaft mit der amerikanischen Freundin Claire, und sie flankiert als von nun an ständige literarische Begleitung die von der Westküste zur Ostküste verlaufenden Reisestationen. Inwiefern der *Grüne Heinrich* als Begleitlektüre auch auf die 'innere' Handlung der Erzählung Einfluß nimmt, die um die Bewußtseinszustände des Erzählers kreisen, und darüber hinaus als Paralleltext zum *Kurzen Brief* Rezeptionsanweisungen für den *realen Leser* offenlegt, wird im folgenden zu untersuchen sein.

Bereits einen Tag nach seiner Ankunft in Providence bricht der Erzähler erneut auf, wobei die Fahndung nach seiner Frau Judith die nächste Reisestation markiert: Im Greyhoundbus fährt er durch Neu-England in Richtung New York. Mangels Wahrnehmung äußerer Eindrücke - die Fenster sind verdunkelt und verschlossen, überdimensionale Werbereklamen und geräuschvolle Tätigkeiten der Mitreisenden bestimmen die Szenerie - beginnt der Erzähler mit der Lektüre des *Grünen Heinrich*. Der Erwähnung des Romans folgt wie schon beim *Großen Gatsby* eine kurze Zusammenfassung des Gelesenen:

> Heinrich Lees Vater war gestorben, als das Kind fünf Jahre alt war. Dieses erinnerte sich an den Vater nur noch, wie er vor ihm eine Kartoffelstaude aus der Erde zog und ihm die Knollen zeigte. Weil es immer grün gekleidet war, wurde es bald Grüner Heinrich genannt." (KB, 28)

Aufallend bei der Wiedergabe der Lektüre ist zum einen die Zusammenfassung zweier Textstellen aus dem *Grünen Heinrich*, die in der Kellerschen Vorlage insgesamt drei Kapitel voneinander getrennt sind.[412] Zum anderen erscheint die Nacherzählung als isolierter Texteinschub, der autonom vom Handlungsverlauf erfolgt. Unvermittelt wechselt die knappe Leseschilderung in die bedrückende Ankunftsbeschreibung des Erzählers in New York mit der Fahrt durch Harlem, vorbei an Autowracks und Ruinen bis zu seinem Hotel. Die folgenden Stunden verbringt der Protagonist in einer streckenweisen Orientierungslosigkeit, im Wechsel mit weiteren Nachforschungen nach Judith, einem Kino- und Theaterbesuch. Dabei weisen weder die konkreten Handlungsaktionen des Erzählers noch die Schilderungen seiner inneren Zustände offenkundig Verbindungen zur zuvor begonnenen Lektüre auf. Sein körperliches

[412]Heinrichs Erinnerung an das Kartoffelstauden-Erlebnis mit dem Vater findet sich bei Keller im 1. Bd., 4. Kapitel. Vgl. SW XVI, S. 86f. Von der Entstehung seines Rufnamens dagegen ist erst im 7. Kapitel desselben Bandes die Rede. Vgl. SW XVI, S. 161f.

Unbehagen im Hotelzimmer ist nicht Folge seiner zuvor begonnenen Lektüre, sondern Ausdruck seiner allgemeinen seelischen Verfassung, die sich während der gesamten Reise immer wieder in unvermittelten Angstzuständen äußert und sich gar bis zur "Todesangst, nicht die Angst vor dem eigenen Tod, sondern eine fast wahnsinnige Angst vor dem plötzlichen Tod andrer" (KB, 30) steigert. Erst der Gedanke an Judith, die aufkeimende Hoffnung, ihr sei nichts passiert, lassen solche Anzeichen verschwinden. Im besonderen ist es die sensibilisierte Wahrnehmung des Erzählers für die von Menschen gemachten Zeichen, die den Handlungsverlauf bestimmt.[413] Nur langsam nähert er sich dem Rhythmus New Yorks an und kann erst am Ende des Tages die Stadt "als ein sanftes Naturschauspiel" (KB, 47) wahrnehmen. Das Bild der sich vor ihm ausbreitenden Metropole "entspannt" ihn nun und weckt in ihm die "Lust, [...] darin ein Buch zu lesen." (KB, 47)

Doch erst am Abend nimmt der Erzähler die Lektüre des *Grünen Heinrich* erneut auf. Auf dem Bett seines Hotelzimmers liegend liest er,

> wie Heinrich Lee auf der Schule seinen ersten Feind bekam. Ein Mitschüler veranlaßte ihn, auf alles, was sich in der Natur regte, zu wetten : auf welchen Pfahl sich ein Vogel setzen, wie tief sich ein Baum im Wind beugen, ob am See jede fünfte oder jede sechste Welle wieder eine große sein würde. So stellte sich bei Heinrich eine Wettsucht ein, er verlor auch, und als er nicht zahlen konnte, begegneten sich die beiden, inzwischen Feinde, nur noch einmal, auf einem schnalen Felspfad. Sie fuhren sofort aufeinander los und kämpften stumm und erbittert. Mit tödlicher Ruhe klammerte sich Heinrich an den andern, schlug ihm gelegentlich die Faust ins Gesicht und empfand dabei doch ein solch *wildes Weh* wie er es tiefer nie mehr empfinden würde. Bald darauf mußte er die Schule verlassen und kam aufs Land, wo er zum ersten Mal frei in die Natur blickte und sie mit einer neuartigen Lust gleich auch zeichnen wollte. (KB,50. Hervorhebung ad.)

Auch hier ist es wieder die Nacherzählung, die den Blick auf die literarische Vorlage lenkt, diese in Handkes Text einführt und mit der Übernahme des Ausdrucks "wildes Weh" - ohne ihn als Zitat kenntlich zu machen - sich die Kellersche Vorlage auch sprachlich einverleibt. "Archäologische Aneignung" nennt Christoph Bartmann diesen Vorgang, bei dem einerseits auf eine Vorlage verwiesen wird, andererseits der aus ihr stammende Ausdruck schon als Textbaustein verarbeitet wurde.[414] Darüber hinaus aber offenbart die Gegenüberstellung mit dem Kellerschen Original diesmal eine bei-

---

[413]Krajenbrink (1996) weist in dieser Szene auf die für Handke typische Verbindung von Krimi-Situation und spezifischer Sensibilisierung der Wahrnehmung: "Die Aufmerksamkeit für Zeichen und Signale wird zugespitzt und läßt in einem entfesselten 'looking-for-clues'-Zwang die willkürlichsten Gegenstände und Vorgänge, die im Wahrnehmungsfeld auftauchen, als Indizien erscheinen." Ebd., S. 104.

[414]Bartmann (1984), S. 129. "Der Eindruck der Lektüre der Vorlage wird in einen Ausdruck zurückverwandelt, der nicht kritisch oder kommentierend sich zu dem Gelesenen verhält, sondern es durch Verinnerung und neue Entäußerung seiner Aussageweise zu verstehen sucht." Ebd., S. 129.

nahe wortgetreue Wiedergabe.[415] Zudem zeigt sich, daß zwischen der ersten und der hier skizzierten zweiten Lektürestelle in der literarischen Vorlage tatsächlich mehr als 60 Seiten liegen. Ein Hinweis darauf, daß Handkes Ich-Erzähler mit der Rezeption des *Grünen Heinrich* offenbar keineswegs linear verfährt. Die hier skizzierte Art der Lektüre legt einen Umgang mit dem Buch offen, der weder die durch Paginierung vorgegebene Ordnung noch die Geschlossenheit des Textes selbst als notwendig ansieht. Damit ist keineswegs eine nichtlineare Perspektive gemeint, wie sie die mit Flüchtigkeit und Oberflächlichkeit verbundene Form des Blätterns durch ein Buch vermittelt.[416] Die Bedeutung liegt vielmehr im bewußten Akt des Vor- oder auch Zurückblätterns, durch den die bestehende Ordnung des Textes zerstört und gegen einen persönlichen Entwurf ausgetauscht wird. Jürgen Gunia und Iris Hermann weisen unter diesem Gesichtspunkt dem Vorgang des Blätterns durchaus produktive Fähigkeiten nach: "Das plötzliche und überraschende Nebeneinander von formal wie inhaltlich verschiedenen Texten kann neue strukturelle Konstellationen mit sich bringen, die man so niemals erwartet hätte. Blättern ist gewissermaßen der Ausgangspunkt von Intertextualität, ja es ist Intertextualität im und als Prozeß."[417] Geht man davon aus, daß die Lektüreart des Erzählers hier nicht dem Zufall und der Beliebigkeit zuzuschreiben ist, sondern mit Vorsatz erfolgt, so impliziert dieser Vorgang eine Neuordnung der Lektüre, die von Faktoren determiniert ist, die zuvor vom Rezipienten festgelegt wurden. Besonders im Vergleich mit der kurz zuvor geschilderten Zeitungslektüre des Erzählers zeigt sich die Bedeutung der Keller-Lektüre: Während das Lesen der Zeitung metonymische Züge trägt, weil der Erzähler einfach alles nacheinander folgend liest, "eine Seite nach der andern" (KB, 40f.),[418] weist seine Auswahl der Lesestellen aus dem *Grünen Heinrich* eine metaphorische Struktur auf. Sie erfolgt sowohl nach dem Grad der Ähnlichkeit bzw. der Übereinstimmung der literarisch fixierten Vorgänge mit den persönlichen Erfahrungen als auch allgemein nach dem Grad ihrer Reflexionsmöglichkeiten für das lesende Subjekt. Die Relevanz von Identifikation - als Phänomen an und für sich im fachlichen Zuständigkeitsbereich der Psychologie verankert - ist von der Literaturwissenschaft hinsichtlich der Aufnahme von Literatur längst anerkannt.[419] So definiert Karl Maurer die Leseridentifikation als "einer der wichtigsten unter den Faktoren, die vom Subjekt des Lesers her die Lektüre determinieren"; die literarische Identifikation sei zudem "elementares Bedürfnis

---

[415]Vgl. SW XVI, S. 227 u. S. 240.

[416]Vgl. zur Bedeutung und Funktion des Blätterns den Sammelband von Gunia u. Hermann (2002).

[417]Ebd., S. 11.

[418]Vgl. auch Zeller (1978), S. 126.

[419]Im Zuge des neu entdeckten 'Interesses am Leser' zu Beginn der 70er Jahre des 20. Jahrhunderts wurde das Phänomen der Leseridentifikation umfassend diskutiert. Vgl. besonders Jauss (1975), S. 263-339, bes. S. 268f., 275-277, sowie S. 300-335.

des Lesers"[420]. Was für die Lektürewahl im allgemeinen gilt, kann wohl gleichermaßen für die Auswahl einzelner Lesestellen in Anspruch genommen werden. Doch setzt ein solches nichtlineares, oder hier besser selektives Lesen eines Werkes zugleich dessen Kenntnis voraus und impliziert damit mehrmaliges Lesen.

In Handkes Text ist von einer wiederholten Lektüre des *Grünen Heinrich* aber nicht die Rede. Ebensowenig ist ersichtlich, ob der Ich-Erzähler bereits zu einem früheren Zeitpunkt Kellers Roman rezipiert und das Buch sodann bewußt, vielleicht im Hinblick auf eine mögliche therapeutische Wirkung, auf seine Reise mitgenommen hat. Festzuhalten ist aber, daß die Art und Weise der von Handke im *Kurzen Brief* beschriebenen Keller-Lektüre nichtlineare Züge trägt und einem Muster folgt, das an den Lesebedürfnissen seines Erzählers ausgerichtet ist. Die sich erstmals an das zuvor Gelesene anschließenden Reflexionen des Erzählers verdeutlichen dies. Der auf diese Weise ausgelöste Rückblick auf die eigene Kindheit bringt dabei vor allem die Unterschiede zwischen Handkes Erzähler und dem Keller-Protagonisten zu Tage: Heinrich Lees befreiendes Gefühl beim Anblick der Natur steht im Widerspruch zu den Naturerfahrungen von Handkes lesendem Helden. Statt Erlösung empfand der Erzähler beim Anblick von "Stoppelfelder[n], Obstbäume[n] und Weidenflächen" (KB, 50) Bedrückung und Abschreckung. Die Begegnungen mit der Natur sind im Gegensatz zu den Erfahrungen Heinrich Lees geprägt von "Unbequemlichkeiten" (KB, 51) und einem Gefühl von Unfreiheit.

Bereits Theo Elm wies auf die "Entfremdung von der Natur"[421] in Handkes Erzählung hin und stellte sie kontrastierend den in traditionellen Bildungs- und Entwicklungsromanen beschriebenen Naturerfahrungen gegenüber. Während noch bei Goethes *Wilhelm Meister*, Novalis *Heinrich von Ofterdingen* oder Kellers *Grünem Heinrich* ein harmonisches Verhältnis zwischen Mensch und Natur dominiere, repräsentiere letztere im *Kurzen Brief* eine "unheimliche Bedrohung"[422]. Der locus amoenus, als den sich die Natur noch im *Wilhelm Meister*, *Werther*, *Anton Reiser* oder im *Grünen Heinrich* offenbart, enpuppt sich in der Erzählung Handkes tatsächlich als menschenunfreundlich, gar lebensbedrohlich: Bereits das Erzähler-Kind hat die Natur entweder nur als gefahrvollen Kriegsschauplatz[423] oder als fremdes Arbeitsfeld kennengelernt.[424] Doch während Elm der "Darstellung existentieller Entfremdung" durch die Natur im *Kurzen Brief* harmonische Naturschilderungen traditioneller Bildungs- und Entwicklungsromane gegenüberstellt, übersieht er dabei folgendes:

---

[420]Maurer (1977), S. 490.

[421]Elm (1974), S. 356. Auf besondere Weise zugespitzt ist dieser Zustand im Sumpferlebnis. Vgl. KB, S. 90f.

[422]Elm (1974), S. 356.

[423]Vgl. KB, S. 9f.

[424]Vgl. KB, S. 51. Elm will im Sinne Adornos die Kindheitserinnerungen des Erzählers an eine von Arbeit geprägte Natur als ein Signal sehen für dessen "Besitztrieb", der sich ebenso in der ersehnten Naturidylle als auch im paradiesischen Garten John Fords widerfinde. Vgl. Elm (1974), S. 360.

Einerseits bewertet er den *Kurzen Brief* inhaltlich aus der Perspektive des klassischen Realismus.[425] Andererseits schenkt er der Diskrepanz zwischen Illusion und Wirklichkeitserfahrung keine Bedeutung. Der empfundene Widerspruch, die "Antinomie von Ideal und Wirklichkeit"[426], gehört jedoch zu den Hauptproblemen des bürgerlichen Realismus, und ihre Thematisierung findet sich auch, aber nicht erst in den Naturerfahrungen bürgerlicher Helden.[427]

Der Diskrepanz zwischen Heinrich Lees Naturerfahrungen und denen des Erzählers steht die Übereinstimmung im Mangel an eigenen Erfahrungen gegenüber. Auch dies entdeckt Handkes Protagonist während seiner Lektüre, die er nach weiteren Streifzügen durch die Stadt erneut aufnimmt. Diesmal sind es Heinrichs Versuche, die Natur zu zeichnen. Während Lee auf die Anforderungen der Realität mit dem Rückzug in das eigene Reich der Freiheit und der willkürlichen Ordnung reagiert und die Natur mit phantasierten Nachahmungen zu ersetzen und zu überbieten sucht, erinnert sich der Erzähler einzig an "Abnormitäten" (KB, 66), die sich im Gefühl der Entfremdung niederschreiben. Zudem wird die Umwelt mit abnormen Äußerlichkeiten versehen:

> Mir fiel wieder ein, daß auch ich lange Zeit nur einen verschrobenen Sinn für die Umwelt gehabt hatte: wenn ich etwas beschreiben sollte, wußte ich nie, wie es aussah, erinnerte mich höchstens an Absonderlichkeiten, und wenn es keine gab, erfand ich sie. [...] Nur für Abnormitäten und schlechte Angewohnheiten brachte ich einen zweiten Blick auf, sonst sah ich schon nach dem ersten nicht mehr hin und mußte phantasieren, wenn ich davon erzählen sollte; und weil auch die Phantasie noch nichts wußte, log ich allem besondere Merkmale an, wie auf einem Steckbrief. Diese besonderen Merkmale ersetzten dann ganze Landschaften, Zusammenhänge und Schicksale. (KB, 65f.)

Diese "Unwissenheit" der Phantasie ist auf einen Mangel an Eindrücken zurückzuführen, der die gesamte Kindheit des Erzählers bestimmte und mit immer gleichen Wiederholungen Erfahrungshorizont und Sprache gleichermaßen begrenzte. Nur mit Hilfe seiner Träume gelang dem Erzähler der Ausbruch aus einer dergestalt engen Lebenswelt, doch da sich diese, "weil es für sie in dieser Umwelt keine Entsprechung gab, nichts Vergleichbares, das sie möglich gemacht hätte", als "Schwärmereien" (KB, 75) entpuppten, konnten sie sich ebensowenig wie die unscharfen Eindrücke der Umwelt im Bewußtsein des Protagonisten verankern. Die negative Konnotation der Umwelt findet ihre Auflösung erst mit Beginn eigenen Erlebens, wodurch sich auch die abgekapselte Ich-Zentrierung des Protagonisten verringert: "Ich hörte auf, Merkmale zu sammeln, und fing an, geduldig zu werden." (KB, 66)

---

[425] Vgl. auch die Anmerkung v. Pakendorf (1981), S. 158.

[426] Ebd., S. 159.

[427] Wie umfassend dargestellt, bekommt schließlich bereits Anton Reiser die Antinomie von Ideal und Wirklichkeit, besonders in Bezug auf die Vorstellung vom freien Individuum, bitter zu spüren.

Erst in Amerika löst sich nach und nach seine Unfähigkeit, die Vergangenheit in einem anderen als nur negativen Lichte zu betrachten. Die ehemals "leidende Erinnerung" wird hier allmählich zur "tätigen Erinnerung" (KB, 77) mit dem Ziel allerdings, Reflexionen über Erlebtes einzig im Hinblick auf die ersehnte Veränderung der eigenen Person zuzulassen. Amerika ist in diesem Prozess der Ort, der die Veränderung möglich macht, hier weicht sein Wunsch, "vom Erdboden zuverschwinden", einer "Freude auf eine Zukunft, in der ich nicht mehr der sein würde, der ich im Augenblick war." (KB, 78) Claire durchschaut an späterer Stelle die Beweggründe des Erzählers mit folgenden Worte: "Du bist hierhergekommen wie mit einer Zeitmaschine, nicht um den Ort zu wechseln, sondern um in die Zukunft zu fahren." (KB, 80) Auf dem Weg in diese noch unklare Zukunft erweist sich die Lektüre des *Grünen Heinrich* als ein für den Erzähler wirksames Therapeutikum. Mittels der in den Text eingeschriebenen Möglichkeiten der Identifikation wie auch der Differenzierung vermag sich Handkes Erzähler über die eigene Erfahrungswelt Klarheit zu verschaffen. - Die durch die Lektüre hervorgerufenen Reflexionen enden hier im nachträglichen Eingeständnis des Erzählers, über seinem Buch eingeschlafen zu sein, und erst bei der Zusammenkunft mit Claire wird der *Grüne Heinrich* erneut thematisiert.

Die Begegnung mit der amerikanischen Freundin und ihrem Kind und die gemeinsame Autofahrt nach St. Louis kennzeichnet einen Wendepunkt in der Erzählhandlung. Die von Krimi-Elementen dominierte vorausgehende Phase wird nun weitgehend abgelöst durch eine Periode der Ruhe und Entspannung sowohl für den Erzähler, der gleich zu Beginn der Reise in Phoenixville feststellt: "Es tat gut, dabeizusitzen; alles so wunderbar harmlos!" (KB, 72) als auch für den äußeren Handlungsablauf: Die Episode leitet in den zweiten Teil des Romans, *Der lange Abschied*, über, in dem nun größere Zeitabschnitte zusammengefaßt wiedergegeben werden.[428] Auch in bezug auf die Lektüre weisen beide Erzählabschnitte Unterschiede auf: Bis auf jene Stelle, in der der Erzähler in einem Hotel in Tucson den *Grünen Heinrich* zuende liest, findet sich im gesamten zweiten Teil des Romans keine weitere explizite Beschreibung eines Lesevorgangs. Die im ersten Teil, insbesondere nach der 3. Lektürestelle[429] einsetzenden Reflexionen des Erzählers über die eigene Persönlichkeit, Kindheit, Einbildungskraft, das Verhältnis von Träumen und Umwelt werden im zweiten Teil fortgeführt. Mit dem Wunsch nach Veränderung setzt die allmähliche Bewußtwerdung des Protagonisten ein, und Überlegungen zu den Themen Nachahmung, Illusion und Wirklichkeit geben zugleich weiter Aufschluß über seine Vergangenheit wie auch über die Motivation für seine Lektüre. Zudem spitzt sich zunehmend das Problem des Erzählers zu, Ereignisse nicht länger "*systematisch*" (KB, 124) in ein vorgegebenes Deutungsmodell einordnen zu können. Sein "Ekel vor allen Begriffen,

---

[428]Hierauf verweist auch Krajenbrink (1996), S. 113.

[429]Es ist jene Stelle, in der Heinrich Lees erste Malversuche thematisiert werden. Vgl. KB, S. 64f.

Definitionen und Abstraktionen" (KB, 22) wandelt sich im Verlauf der Reise immer mehr in ein Unvermögen, die eigene Geschichte in Worte zu fassen.

Der Bitte Claires folgend, die Kellers Roman nicht kennt, liest der Erzähler ihr am ersten Abend ihrer gemeinsamen Fahrt im Zimmer eines Motels in Donora aus dem *Grünen Heinrich* vor:

> Sie setzte sich aufs Bett, lehnte sich zurück, und während nur ab und zu leise ein Auto aufrauschte, las ich in einem breiten Sessel, über dessen eine Seite ich die Beine gelegt hatte, wie Heinrich Lee, als er zum ersten Mal jemanden umarmte, in eine eisige Kälte versank und wie er und das Mädchen sich plötzlich als Feinde fühlten. (KB, 82)

Auffallend ist der bereits erprobte Wechsel zwischen Nacherzählung und wortgetreuer Zitation, welche sich hieran anschließt. Es ist jene Stelle, in der Heinrich zum ersten Mal seiner zur Heiligen idealisierten Anna körperlich nahe kommt und beide über diese Nähe erschrecken. Beruhigung in die aufgewühlten Gefühle kommt erst durch die "gemächliche Beschäftigung" mit dem Pferd, das Heinrich anschließend füttert, und dieser jetzt gefahrlose Zustand scheint beiden gleichsam das eigentlich "rechte Fahrwasser"[430] (KB, 82) ihrer Beziehung zu sein. Bezeichnenderweise liest der Erzähler im Anschluß seiner Freundin noch jene Stelle aus dem Kellerschen Roman vor, in der Heinrich auch seiner zweiten Liebe, der rassigen Judith in eben der selben Nacht einen Besuch abstattet, bei dem er in der erotisierenden Gegenwart der erfahrenen Freundin seine Liebe zur keuschen Anna leugnet und das Gefühl sexueller Begierde erstmals kennenlernt. Die Lektüreauswahl des Erzählers ist hier insofern von Bedeutung, als die Intimität schaffende Situation des Vorlesens, unterstützt durch die Intimität des Raumes, ihre Entsprechung im Text findet.

Lesen und körperliche Lust mögen zwar unvereinbar sein, aber erzählte Lust kann die der realen Körper bekanntlich in Bewegung setzen.[431] Dergleichen hat bereits Dante in seinem zweiten Kreis der Hölle anschaulich beschrieben.[432] Und auch

---

[430]Vgl. auch SW XVII, S. 281f., woraus der Erzähler wörtlich zitiert.

[431]Zur Verbindung von Literatur und körperlicher Lust vgl. u.a. die Arbeit von Anz (1998), S. 205-236. Wohl das bekannteste Beispiel für die Macht von Literatur, zu sexueller Lust zu verführen, liefert Goethes *Werther*, der seiner Lotte aus den Gesängen des *Ossian* vorliest und nach gemeinsamem Tränenfluß vollends die Fassung verliert: "Die ganze Gewalt dieser Worte fiel über den Unglücklichen. Er warf sich vor Lotten nieder in der vollen Verzweifelung, faßte ihre Hände, drückte sie in seine Augen, wider seine Stirn, und ihr schien eine Ahnung seines schrecklichen Vorhabens durch die Seele zu fliegen. Ihre Sinnen verwirrten sich, sie drückte seine Hände, drückte sie wider ihre Brust, neigte sich mit einer wehmütigen Bewegung zu ihm, und ihre glühenden Wangen berührten sich. Die Welt verging ihnen. Er schlang seine Arme um sie her, preßte sie an seine Brust und deckte ihre zitternden, stammelnden Lippen mit wütenden Küssen. -" Goethe: Die Leiden des jungen Werther. 2. Buch, S. 115.

[432]So berichtet Francesca da Rimini über die verderblichen Folgen eines Romans, den sie gemeinsam mit ihrem Liebhaber Paolo Malatesta gelesen hat: "Wir lasen eines Tages, uns zur Lust,/ Von Lanzelot, wie Liebe ihn durchdrungen;/ Wir waren einsam, keines Args bewußt.// Ob-

(Fortsetzung...)

Gottfried Keller führte mit seiner Schilderung der Leserfamilie den direkten Zusammenhang zwischen Literatur und körperlicher Lust und die damit verbundenen verderblichen Folgen warnend vor Augen.

Die offensichtliche Namensgleichheit der fiktiven Judith-Figuren bei Handke und bei Keller gewinnt eine zusätzliche Dimension bei näherer Betrachtung ihres jeweils entworfenen Lebenslaufs: Beide Frauen flüchten aus enttäuschter Liebe nach Amerika. Zwar findet im Gegensatz zur Version Handkes die Versöhnung der einst Liebenden in der zweiten Fassung von Kellers Roman erst bei Judiths Rückkehr auf schweizer Heimatboden statt, doch durch ihren zehnjährigen Aufenthalt in der Neuen Welt hat sie, wie es heißt, "Erfahrung und Menschenkenntnis" (SW VI, S. 312) gewonnen. Sie ist nunmehr "veredelt und höher gehoben" (SW VI, 315) und gleicht mit ihrer gewonnenen Lebensweisheit Handkes Erzähler und seiner Judith am Ende des *Kurzen Briefs*.

Doch zurück zur gemeinsamen Rezeption des *Grünen Heinrich* durch den Erzähler und seine amerikanische Freundin. Zwar erfüllen sich die durch die Lektüre und die Lesesituation geweckten Erwartungen in bezug auf das Verhältnis zwischen Erzähler und Claire erst an späterer Stelle, doch der gemeinsame Rezeptionsvorgang verhilft zur ersten Bewußtwerdung solcher Wünsche. Die Unfähigkeit des Erzählers zur Kommunikation mit den Erscheinungen der Außenwelt, sein gestörtes Verhältnis zu Judith, das seinen sprachlichen Höhepunkt über das "Zitieren eines Streits" (KB, 42) im Verstummen der Sprache findet,[433] führte zu einer Triebveränderung, deren er sich bewußt wird, als er den *Grünen Heinrich* liest. In der nun folgenden Nacht träumt er dann zum ersten Mal seit Monaten, mit einer Frau zusammenzusein, und im tatsächlich vollzogenen Sexualakt mit Claire gelingt es ihm schließlich, die tiefe Fremdheit zu überwinden.[434]

Während sich bisher sowohl die Lektüren als auch die durch sie angeregten Reflexionen einzig auf das Erzähler-Ich konzentrierten, ist es im folgenden Claire, die über den *Grünen Heinrich* die Persönlichkeitsanalyse ihres Begleiters vorantreibt. Sein Unwille, sich näher mit sich selbst auseinanderzusetzen, seine Rätselhaftigkeiten zu ergründen, erinnere, so ihr Urteil, an das Verhalten seines literarischen Vorbildes Heinrich Lee:

---

[432](...Fortsetzung)
wohl das Lesen öfters uns verschlungen/ Die Augen und entfärbt uns das Gesicht,/ War eine Stelle nur, die uns bezwungen:// Wo vom ersehnten Lächeln der Bericht,/ Daß der Geliebte es geküßt, gibt Kunde,/ Hat er, auf den ich leiste nie Verzicht,// Den Mund geküßt mir bebend mit dem Munde;/ Galeotto war das Buch, und der's geschrieben:/ Wir lasen weiter nicht in jener Stunde." Dante: Die Göttliche Komödie. V. Gesang, S. 28f. Gleichwohl ist nicht allein die Artus-Lektüre verantwortlich dafür, daß Francesca und Paolo zu "schuldlos Liebenden" werden, "aber daß sie in der gemeinsamen Hinwendung zum Erzählten sich ihrer Liebe bewußt werden bis zur Selbstvergessenheit, die sie das Leben kosten sollte, das ist die Wirkung, die Dante hier festhält." Wuthenow (1980), S. 25.

[433]Vgl. KB, S. 130.

[434]Vgl. ebd., S. 103f.

> Auch der Grüne Heinrich wollte nichts deuten. [...] Er erlebte nur möglichst unbefangen und sah zu, wie das eine Erlebnis das andre auslegt, und das nächste wiederum dieses eine. Er ließ die Erlebnisse vor sich aufspielen, ohne selber einzugreifen, und so tanzten auch die Menschen, die er erlebte, nur an ihm vorbei. [...] Er wollte nichts entziffern; [...]. Auch du kommst mir vor, als ob du die Umwelt nur an dir vorbeitanzen läßt. Du läßt dir Erfahrungen vorführen, statt dich hineinzuverwickeln. Du verhältst dich, als ob die Welt eine Bescherung sei, eigens für dich. [...] Du läßt nur geschehen, und wenn dir etwas zustößt, nimmst du es mit Erstaunen, bewunderst das Rätselhafte daran und vergleichst es mit früheren Rätseln. (KB, 97)

Die überlieferte Wirklichkeitserfahrung des Lebenszuschauers Heinrich Lee bietet Handkes Erzähler ein Schemata, auf dem eigenes Erleben faßbar wird, gerade weil hierin scheinbar die Möglichkeit skizziert ist, sich allgemeinen Deutungen und dem Aufstellen von Beziehungen zu verweigern. Dabei spielt der desillusionierende Verlauf von Kellers Roman zu diesem Zeitpunkt noch keine Rolle, sondern wird zugunsten der vermeintlichen Bestätigung des eigenen Lebensmodells verdrängt. Tatsächlich zeigt sich der Erzähler von Claires Feststellung zunächst geschmeichelt. In seiner das Gespräch abschließenden Äußerung: "Und jetzt ist das Märchen vom Grünen Heinrich zuende" (KB, 99) liegt aber bereits die Einsicht in die Historizität dieses aus einem Entwicklungsroman des 19. Jahrhunderts entliehenen Wirklichkeitsmodells.[435]

Nicht unwichtig ist auf dem Weg zu dieser Erkenntnis die Freundin Claire. Aus ihrer Rolle als bloße Zuhörerin im Prozeß des Vorlesens heraus wandelt sie sich zur Übersetzerin des Textes, indem sie mit ihren Interpretationen den Erzähler zur Rückkehr aus der literarischen Illusion zwingt. Sie deutet die Lektüre des *Grünen Heinrich* als Versuch des Erzählers, den Mangel an Erlebnissen in der Kindheit zu kompensieren und mittels der Eindrücke des fiktiven Helden und dessen Wandlungen die eigene Veränderung quasi ohne eigenen Einsatz voranzutreiben.[436] Das erinnert an Peter Handkes Antwort auf die Frage, warum er seinen Protagonisten den *Grünen Heinrich* lesen lasse: "In meinem Buch versuche ich eine Hoffnung zu beschreiben - daß man sich so nach und nach entwickeln könnte. Daß wenigstens auf einer unabhängigen Reise [...] die Vorstellungen eines Entwicklungsromans aus dem neunzehnten Jahrhundert möglich wären."[437] Mit Claires Vorwurf der geborgten Erfahrung entlockt sie dem Erzähler schließlich das Eingeständnis, zu wissen, daß "man nicht mehr so nach und nach leben kann wie der Grüne Heinrich" (KB, 142), und es klingt durchaus eine "retrospektive Sehnsucht"[438] nach dem vergangenen Jahrhundert an, wenn der Erzähler seine Motivation für die Lektüre mit dem "Vergnügen an den Vorstellungen einer anderen Zeit, in der man noch glaubte, daß aus einem nach und nach ein andrer werden müsse", rechtfertigt. Tatsächlich meint er die Auswirkungen

---

[435]Christine Kraus interpretiert die Äußerung des Erzählers als dessen Vorsatz, Kellers Vorbild künftig aufzugeben. Vgl. Kraus (1978), S. 178.

[436]Vgl. KB, S. 142.

[437]Karasek (1972), S. 88.

[438]Bartmann (1984), S. 123.

dieses “Vergnügen[s] eines vergangenen Jahrhunderts” (KB, 142) in seiner unmittelbaren Lebenswelt bereits zu verspüren:

> Im übrigen kommt es mir seit ein paar Tagen vor, daß mir die Welt wirklich offensteht und daß ich mit jedem Blick etwas Neues erlebe. (KB, 142)

Dergleichen Empfindungen sind aber nur von kurzer Dauer, bereits am nächsten Tag wird mit dem Eintreffen eines mit Drähten umwickelten Pakets, von dem der Erzähler elektrische Schläge erhält, der illusorische Neuanfang durchbrochen. Der Erkenntnis, daß seine Frau Judith, die er ganz selbstverständlich als Adressatin der ‘Briefbombe’ identifiziert, durchaus in der Lage ist, “etwas weit Ernsteres herzustellen”, folgen plötzlich angstvolle Sinnestäuschungen, die an frühere Angst- und Kindheitsbilder erinnern: “[...] wieder liefen Eidechsen in meinen Augenwinkeln, die Gegenstände um mich her zu Hieroglyphen verschlungen, ich duckte mich vor einem Insekt, [...], vor Angst.” (KB, 144)

Es ist der Kampf mit konträren Wirklichkeitsmodellen, den der Erzähler durchlebt und der den gesamten Roman Handkes kennzeichnet. Auch wenn der Erzähler um die Historizität der dargestellten literarischen Wirklichkeit in Kellers Erzählung weiß, so ist es ihm doch nicht möglich, eigenes Erleben auf eine andere Weise als über die in fremder Schrift fixierte zu reflektieren. Daß es ihm dabei weniger um die tatsächliche Lebensgeschichte Heinrich Lees geht, aus ihr auch nur jene Stellen auswählt, die einem Vergleich mit der eigenen Lebenswelt standhalten, darauf hat bereits Christoph Bartmann hingewiesen: “Kellers Roman tritt im *Kurzen Brief* als Gegenstand einer vergleichenden, sentimentalen und wunschgeleiteten Lektüre auf, die sich nimmt, was sie braucht, um von der Möglichkeit eines Entwicklungsromans zu träumen.”[439] Doch es ist nicht nur der Traum, dem der Erzähler nachhängt, oder, wie Handke selbst sagt, “die Fiktion eines Entwicklungsromans”[440], die hier beschrieben wird. Vielmehr zeigt sich in der Lektüreerwartung des Erzählers der Versuch, die Unmöglichkeit des Erzählens der eigenen Erlebnisse als *Geschichte* durch die eines anderen, und sei es durch die einer fiktiven Figur, zu überwinden.

Am Ende des *Kurzen Briefs* hat der Erzähler auch die Lektüre des *Grünen Heinrich* beendet, und dieses Ende führt ihm die eigene Gefangenheit, seine Verlorenheit zwischen Gestern und Morgen, schmerzlich vor Augen. Die Zusammenfassung des Romanendes durch den Erzähler offenbart hier zum ersten Mal, daß es sich bei seiner Lektüre um die 2. Fassung des *Grünen Heinrich* handelt. Heinrich Lee, der über seine gescheiterten Malversuche resigniert, zur sterbenden Mutter mit der Einsicht in die Dualität des Daseins zurückkehrt, einen bürgerlich angemessenen Platz in der Gesellschaft einnimmt und seine idealistischen Träume in die Innenwelt verbannt, lebt auf, als die ihn immer noch liebende Judith aus Amerika zurückkehrt. Auf Handkes Erzähler wirkt dieser Schluß wie folgt:

[439] Bartmann (1985), S. 127.

[440] So Handke im Gespräch mit Karasek (1972), S. 88.

> Nun wurde seine Geschichte ein Märchen, und als ich an die Stelle kam: "Fröhlich und zufrieden aßen wir zusammen im Herrenstübchen des Gasthauses zum goldenen Stern", mußte ich wegschauen, um nicht zu weinen. Dann weinte ich doch, ziemlich hysterisch, aber ich vergaß die Zeit dabei. (KB, 172)

Die sentimentalen Tränen vergießt der Erzähler weniger angesichts des märchenhaften Finales, sondern vielmehr aufgrund der sich für ihn aus der Lektüre ergebenen Schlußfolgerungen für die eigene Situation. Es ist die Trauer über die Erkenntnis, daß ein versöhnliches Ende *seiner* Geschichte eben nur in märchenhafter Fiktion denkbar ist.

6. Schlußbetrachtung

Zu Beginn der Untersuchung wurden einige Fragen aufgeworfen, die einerseits die Bedeutung der Konfiguration 'Leser im Buch' als speziellen Typus poetologischer Selbstreflexion moderner Literatur berührten und andererseits deren Aufgabe und Funktion innerhalb dreier verschiedenartiger Romane aus unterschiedlichen Jahrhunderten in den Mittelpunkt der Studie rückten. Neben der Analyse der einzelnen fiktiven Lesesituationen in den Romanen *Anton Reiser* von Karl Philipp Moritz, *Der grüne Heinrich* von Gottfried Keller und *Der kurze Brief zum langen Abschied* von Peter Handke, der in ihnen entworfenen Lesertypen, ihres Lektürekanons und ihrer spezifischen Rezeptionserwartungen galt es vor allem, die funktionale Bedeutung solcher Leser- und Leseentwürfe für die jeweilige Erzählhandlung in den Blick zu bekommen. Auf diese Weise sollten Variationen und unterschiedliche Gestaltungsmöglichkeiten der Konfiguration wie auch thematische und erzähltechnische Analogien aufgedeckt werden, die sich hinter ihrer Verwendung verbergen können und sich nicht allein im Aspekt der Gefährdung durch Literatur erschöpfen. Beschreibungen von Lektüreeindrücken in literarischen Texten können, so die eingangs getroffene Annahme, neben der Funktion der Unterstreichung der Figurencharakteristik, der Verarbeitung empirischen Leseverhaltens, dem Entwurf neuer, möglicher Leser und der Auseinandersetzung mit literarischen Vorbildern auch die Aufgabe der versteckten Akzentuierung eines Themas haben, das sich, wie zum Beispiel in den oben genannten Werken, im Problem der Identität manifestiert und zu dessen Verdeutlichung Buchbegegnungen im besonderen Maße geeignet scheinen. Um diesen Aspekt noch einmal zu verdeutlichen, werden im folgenden die Ergebnisse der Werkanalysen abschließend kurz rekapituliert und zusammengefasst.

Die Funktionalisierung der Lektüre erfolgt in Moritz' *Anton Reiser* noch ganz im Zusammenhang mit der Betonung der eigentümlichen Psychologie des lesenden Helden und dient vor allem ihrer Unterstreichung. Während Reisers Suche nach alternativen Modellen der Lebensführung, mit denen er das empfundene widerspruchsvolle Verhältnis von faktischer Außenwelt und hochsensibler, phantasievoller Innenwelt überwinden kann, übernehmen die Bücher zunächst die Aufgabe, Zufluchten zu gewähren. Ihre Lektüren ermöglichen eine Kompensation der realen Lebensumstände, indem sie Liebes-, Freundschafts- und Erlebnisersatz bereitstellen und in den Entwürfen fiktiver Schicksale mögliche neue Identitäten aufzeigen. Damit scheinen sie zwar zunächst zur Stabilisierung der Gemütslage des lesenden Helden beizutragen. Zugleich aber verstärken sie sein Unwohlsein an der Außenwelt, denn Fiktion und Wirklichkeit zeigen sich während der Transformationsversuche des Lesers als unüberwindbarer Gegensatz. Zudem bedarf Reisers empfindsame Seelenlage einer permanenten und nachhaltigen Sensibilisierung, die ihm nur die Literatur und daran anschließend das Theater gewähren können. Im Wunsch, den literarischen Vorbildern nachzueifern, Literatur in Wirklichkeit zu verwandeln, steigert sich das Verlangen nach Büchern zur suchthaften Begierde, in dessen Folge Umwelt und persönliche Identität nunmehr nur durch die Folie der Fiktion erfahrbar sind.

Neben diesen, die Selbstfindung der eigenen Persönlichkeit durchaus gefährdenden Lektüren entwirft Moritz aber auch solche, die klärend und damit heilsam auf die gestörte Empfindungswelt seines Protagonisten einwirken: Vor allem die Rezeption der Werke Shakespeares und Goethes spenden Reiser neues Selbstbewußtsein, regen seine Denkkraft und Kreativität an und schaffen auf diese Weise eine Verbindung zur Außenwelt. Eine dergestalt produktive Rezeption bietet zumindest implizit die Möglichkeit einer Überwindung der empfundenen Dialektik von idealistischer Lebensvorstellung und faktischer Wirklichkeit, deren Realisierung aber sowohl an der spezifischen Seelenlage Reiser als auch an den besonderen äußeren Einflüssen scheitert.

Die Komplexität in der Beurteilung des möglichen Einflusses von Büchern auf die faktische Wirklichkeit der Leser, im *Anton Reiser* besonders in den ambivalenten Auswirkungen der Lektüren wissenschaftlicher Werke wie auch in denjenigen Goethes und Shakespeares dokumentiert, kennzeichnet ebenso die skizzierten Lektüreeindrücke in Kellers Roman *Der grüne Heinrich*. Neben den Versuchen der verschiedenen fiktiven Leser, mittels Literatur der eigenen Lebenswelt entweder zumindest kurzzeitig zu entkommen oder aber diese zu verifizieren, variieren die Funktionsbeschreibungen von Büchern besonders bei Heinrich Lee zwischen bloßer Unterhaltung, Bereicherung der unbefriedigenden Wirklichkeit, Erweiterung der persönlichen Vorstellungswelt, Gegenwartsbewältigung, Wissensaneignung und - damit verbunden - Klärung und Bestätigung der eigenen Identität. Besonders die Jean Paul-Lektüre, aber auch die der Werke Goethes indizieren mit ihren ambivalenten Auswirkungen auf Heinrichs Wirklichkeit die Vielschichtigkeit der Funktionsbeschreibungen von Büchern in Büchern. So können sich selbst die Lektüren klassischer Werke, aus denen Heinrich Impulse für die eigene künstlerische Arbeit gewinnt und die zur Klärung seiner persönlichen Lebensanschauung beitragen, durchaus problematisch auf seine faktische Wirklichkeit auswirken. Ihr Einfluß ist in Kellers Roman immer auch determiniert von der psychischen Konstitution des Rezipienten, seiner spezifischen Leseerwartung und der von ihm praktizierten Lesart.

Die bereits im *Anton Reiser* beschriebene Problematik einer künstlerischen Existenz, sich manifestierend im Widerspruch zwischen idealistischer Lebensvorstellung und prosaischer Wirklichkeit, findet besonders in der ersten Fassung des *Grünen Heinrich* ihre Aufnahme und Weiterentwicklung in der Schilderung von Heinrichs zunehmend destruierten Verhältnisses zur Realität - auch dieses, so hat die Analyse des Romans gezeigt, eine Folge der Lektüre. Am Ende seiner künstlerischen Laufbahn vermag der Held, ähnlich wie sein literarischer Vorgänger Reiser, den Anforderungen des Lebens nur noch mit den Mitteln der Kunst zu begegnen. Eine Lösung dieser Problematik entwirft Keller erst in der zweiten Romanfassung: Heinrichs künstlerische Ambitionen werden als idealistische Träume verbannt und weichen damit der resignierten Einsicht in die gesellschaftliche Ordnung und die Notwendigkeit einer bürgerlichen Existenz.

Daß Thematisierungen von Lektüren in Romanen zumeist der Erklärung von Schreib-, Lese- und Lebensdiskursen und damit zugleich häufig auch der Betonung der literarischen Sozialisation des Autors dienen, ist eine Erkenntnis, die sicherlich nicht erst die literarischen Leseberichte des ausgehenden 20. Jahrhunderts liefern. Doch besonders die Literatur der sogenannten Postmoderne experimentiert mit verschiedenen literarischen Vorlagen, deren Eingestaltung in Form von Zitaten, Nacherzählungen oder strukturellen Anleihen gleichermaßen die Funktion der Auseinandersetzung mit der literarischen Tradition erfüllt wie auch die der Akzentuierung einer neuen, eigenen Schreibweise.

In Peter Handkes *Der kurze Brief zum langen Abschied* besteht die Inanspruchnahme divergenter literarischer Vorlagen aus den als Motti vorangestellten Zitaten aus Moritz' *Anton Reiser*, aus exemplarischen Nacherzählungen und Interpretationen der Romane *Der große Gatsby* und *Der grüne Heinrich* sowie aus strukturellen Anleihen an Kriminalgenre und realistischen Bildungs- und Entwicklungsroman. Erzähltechnisch bilden die literarischen Verweise ein Gefüge an atmosphärischen und inhaltlichen Parallelitäten und kontrastierenden wie auch äquivalenten Sachverhalten, in dessen Mittelpunkt Handkes Erzähler steht. Mit seiner Lektüre des *Großen Gatsby* und der des *Grünen Heinrich* versucht er während seiner Amerikareise die Selbstfindung der eigenen Person quasi auf dem Wege der geborgten literarischen Erfahrung voranzutreiben. Denn erst die Literatur und ihre Lektüre evozieren bei ihm ein Bewußtsein vom Ich und verleihen damit seiner gestörten Subjektivität Klarheit, indem sie zeigen, daß seine Innenwelt kein Einzelfall ist. Zugleich nährt die Lektüre seine Hoffnung auf Veränderung, denn die Gegenüberstellung der eigenen Lebenswelt und Erfahrungen mit denen der literarischen Vorbilder setzt einen Prozeß der Introspektion in Gang, während dessen das eigene Handeln im Geflecht von Vergangenheit und Gegenwart aufmerksam und kritisch analysiert und der Blick für die Wirklichkeit geschärft wird.

In diesem Prozeß übernimmt die Schrift eine besondere Rolle: Die Sehnsucht nach einem mystischen Einssein von Subjekt und Natur, nach Vergewisserung und Bestätigung der eigenen Persönlichkeit manifestiert sich für den Erzähler im Prozeß des Schreibens. Doch der Argwohn gegenüber der eigenen schriftstellerischen Leistung, die wiederum auf eine Sprache angewiesen ist, die ihrerseits bereits durch die Inanspruchnahme einer als feindlich empfundenen Umwelt negativ konnotiert ist, verhindert zugleich die Ausbildung eines festen Identitätsbewußtseins. Erst die Vermittlung durch eine fremde Schrift, deren indizierte Wahrheiten zur Konturierung und Bestätigung des persönlichen Lebensmodells beitragen sollen, ermöglicht die Auseinandersetzung mit der eigenen Geschichte. Aus dieser Notwendigkeit ergibt sich für den Erzähler aber auch die Erkenntnis, daß die erhoffte Autonomie des Individuums und damit eine Auflösung der Antinomie von Wirklichkeit und Ideal mehr denn je Fiktion ist.

Bibliographie

Literarische Texte

Blanckenburg, Friedrich von: Versuch über den Roman (Ausschnitte). Mit einem Nachwort von Eberhard Lämmert. Stuttgart 1965. [Faksimiledruck der Originalausgabe von 1774]

Bodmer, Johann Jakob u. Breitinger, Johann Jakob: Die Discourse der Mahlern. Hildesheim 1969. [Reprographischer Nachdruck d. Ausg. Zürich 1721-1723]

Borges, Jorge Luis: Ficciones. Relatos. Barcelona 1983.

Canetti, Elias: Die Blendung. Roman. Wien 1935.

Chandler, Raymond: Der lange Abschied. Roman. 1. vollst. dt. Ausgabe übersetzt v. Hans Wollschläger. Zürich 1975.

Dante Alighieri: Die Göttliche Komödie. Vollst. Ausg. Aus dem Italienischen übertragen v. Wilhelm G. Hertz. München 1957.

Eco, Umberto: Der Name der Rose. München 1982.

Ende, Michael: Die unendliche Geschichte von A bis Z. Mit Buchstaben und Bildern versehen v. Roswitha Quadflieg. Stuttgart 1979.

Fitzgerald, F. Scott: Der große Gatsby. Roman. Aus dem Amerikanischen v. Walter Schürenberg. Zürich 1974.

Freytag, Gustav: Soll und Haben. Roman in sechs Büchern. Mit einem Nachwort v. Hans Mayer. München 1977.

Gide, Andre: Œuvres complètes d'Andre Gide. 15. Bde. Hrsg. v. Louis Martin-Chauffier. Paris 1932-1939.

Goethe, Johann Wolfgang: Die Leiden des jungen Werther. In: Goethes Werke. Bd. 6. Romane und Novellen I. Hamburger Ausgabe in vierzehn Bänden. Textkrit. durchges., komment. u. hrsg. v. Erich Trunz. 14. überarb. Aufl. München 1996.

Grabbe, Christian Dietrich: Scherz, Satire, Ironie und tiefere Bedeutung. In: Werke und Briefe. Bd. 1. Hist.-krit. Gesamtausg. in sechs Bänden. Hrsg. v. d. Akademie der Wissenschaften in Göttingen. Darmstadt 1960.

Handke, Peter: Ich bin ein Bewohner des Elfenbeinturms. Frankfurt/M. 1972.

Handke, Peter: Der kurze Brief zum langen Abschied. Frankfurt/M. 1974.

Handke, Peter: Die Innenwelt der Außenwelt der Innenwelt. Frankfurt/M. 1979.

Handke, Peter: Phantasien der Wiederholung. Frankfurt/M. 1983.

Huizing, Klaas: Der Buchtrinker. Zwei Romane und neun Teppiche. München 1994.

Keller, Gottfried: Sämtliche Werke. Hrsg. v. Jonas Fränkel. 24 Bde. Zürich u. München 1926ff. Bern u. Leipzig 1931ff. Später hrsg. v. Carl Helbing. Bern u. Leipzig 1943/44. Bern 1945ff.

Keller, Gottfried: Leben, Briefe und Tagebücher. Auf Grund der Biographie Jakob Baechtolds dargest. u. hrsg. v. Emil Ermatinger. 3 Bde. Stuttgart u. Berlin 1915-1916.

Keller, Gottfried: Gesammelte Briefe. 4 Bde. Hrsg. v. Carl Helbling. Bern 1950-1954.

Lessing, Gotthold Ephraim: Werke. 8 Bde. Hrsg. v. Herbert G. Göpfert u.a. München 1970ff.

Lessing, Gotthold Ephraim: Werke. Vollst. Ausg. in fünfundzwanzig Bänden. Hrsg. v. Julius Petersen und Waldemar v. Olshausen. Hildesheim, New York 1970. [Reprografischer Neudruck der Ausg. Berlin, Leipzig, Wien u. Stuttgart 1925ff.]

Moritz, Karl Philipp: Grammatisches Wörterbuch der deutschen Sprache. 4 Bde. Berlin 1794. [Nachdruck Hildesheim, New York 1970]

Moritz, Karl Philipp: Schriften zur Ästhetik und Poetik. Krit. Ausg. Hrsg. v. Hans Joachim Schrimpf. Tübingen 1962.

Moritz, Karl Philipp: Anton Reiser. In: Werke. Bd. 1. Hrsg. v. Horst Günther. 3 Bde. Frankfurt/M. 1981, S. 33-399.

Moritz, Karl Philipp: Über die bildende Nachahmung des Schönen. In: Werke. Bd. 2. Hrsg. v. Horst Günther. 3 Bde. Frankfurt/M. 1981, S. 549-606.

Moritz, Karl Philipp: Reisen eines Deutschen in Italien in den Jahren 1786 bis 1788. In: Werke. Bd. 2. Hrsg. v. Horst Günther. 3 Bde. Frankfurt/M. 1981, S. 125-485.

Moritz, Karl Philipp: Reisen eines Deutschen in England im Jahr 1782. In: Werke. Bd. 2. Hrsg. v. Horst Günther. 3 Bde. Frankfurt/M. 1981, S. 7-125.

Moritz, Karl Philipp: Gnothi sauton oder Magazin zur Erfahrungsseelenkunde als ein Lesebuch für Gelehrte und Ungelehrte. In: Karl Philipp Moritz. Die Schriften in dreißig Bänden. Bd. 1-10. Hrsg. v. Petra u. Uwe Nettelbeck. Nördlingen 1986.

Moritz: Beiträge zur Ästhetik. Hrsg. u. komm. v. Hans Joachim Schrimpf u. Hans Adler. Mainz 1989.

Schweiggert, Alfons: Das Buch. Roman. München 1989.

Shakespeare, William: Hamlet. Edited by G. R. Hibbard. Oxford 1987.

Shakespeare, William: The Tragedy of Macbeth. Edited by Nicholas Brooke. Oxford 1990.

Wilde, Oskar: Das Bildnis des Dorian Gray. Übers. v. Hedwig Lachmann und Gustav Landauer. Frankfurt/M. 1985.

Wolf, Christa: Kindheitsmuster. Roman. Darmstadt/Neuwied 1979.

Zweig, Stefan: Buchmendel. In: Buchmendel. Erzählungen. Frankfurt/M. 1990, S. 197-229.

Forschungsliteratur

Adamczyk, Rosemarie: Die realitätsbezogene Konstruktion des Entwicklungsromans bei Gottfried Keller. Frankfurt/M. u.a. 1988.

Alt, Peter André: Der Schlaf der Vernunft. Literatur und Traum in der Kulturgeschichte der Neuzeit. München 2002.

Alt, Peter-André: Tragödie der Aufklärung. Tübingen u. Basel 1994.

Altenberger, Wilhelm: Karl Philipp Moritz' pädagogische Ansichten. Ein Beispiel der Wirksamkeit Rousseauscher Ideen in Deutschland. Uni. Diss. Leipzig 1905.

Anz, Thomas: Literatur und Lust. Glück und Unglück beim Lesen. München 1998.

Arnim, Bernd von u. Knilli, Friedrich: Gewerbliche Leihbüchereien. Gütersloh 1966.

Arx, Alice von: Krisenhaftes Erleben als Entwicklungsfaktor. Unter besonderer Berücksichtigung von Gottfried Kellers Roman "Der grüne Heinrich". Uni. Diss. Bern 1968.

Assmann, Aleida: Die Legitimität der Fiktion. Ein Beitrag zur Geschichte der literarischen Kommunikation. München 1980.

Assmann, Aleida: Die Domestikation des Lesens. Drei historische Beispiele. In: LiLi 15 (1985). Heft 57/58: Lesen - historisch, S. 95 ff.

Assmann, Aleida: Kanon und Zensur. München 1987.

Aust, Hugo: Literatur des Realismus. 2. durchgesehene u. ergänzte Aufl. Stuttgart 1981.

Banuls, André: Phantastisch zwecklos? Essays über Literatur. Würzburg 1986.

Barth, Markus: Lebenskunst im Alltag. Analysen der Werke von Peter Handke, Thomas Bernhard und Brigitte Kronauer. Wiesbaden 1998.

Bartmann, Christoph: Suche nach Zusammenhang. Handkes Werk als Prozeß. Wien 1984.

Bartmann, Christoph: "Der Zusammenhang ist möglich". *Der kurze Brief zum langen Abschied* im Kontext. In: Raimund Fellinger (Hg.): Peter Handke. Frankfurt/M. 1985, S. 114-139.

Bartmann, Christoph: "Das Gewicht der Welt" - revisited. In: Heinz Ludwig Arnold (Hg.): Peter Handke. Text und Kritik. Heft 24. 5. Aufl. Neufass. (1989), S. 34-41.

Batt, Kurt: Leben im Zitat. In: Sinn und Form. 26 (1974), S. 603-623.

Baumgärtner, Alfred C. (Hg.): Lesen: ein Handbuch; Lesestoff, Leser und Leseverhalten, Lesewirkungen, Leseerziehung, Lesekultur. Hamburg 1974.

Baumgart, Reinhard: Vorwärts, zurück in die Zukunft. In: Michael Scharang (Hg.): Über Peter Handke. 1. Aufl. Frankfurt/M. 1972, S. 90-94.

Beaujean, Marion: Der Trivialroman in der zweiten Hälfte des 18. Jahrhunderts. Bonn 1964.

Beaujean, Marion: Der Leser als Teil des literarischen Lebens. Eine Vortragsreihe. Bonn 1971.

Bergh, Ulrike van den: Der Weg in die "Republik der Geister" - Studien zu Karl Philipp Moritz' "Anton Reiser" unter Berücksichtigung des "Andreas Hartknopf". Uni. Diss. Mainz 1986.

Bergk, Johann Adam: Die Kunst, Bücher zu lesen. Nebst Bemerkungen über Schriften und Schriftsteller. Jena 1799. [Reprint München-Pullach u. Berlin 1971]

Berthold, Christian: Fiktion und Vieldeutigkeit. Zur Entstehung moderner Kulturtechniken des Lesens im 18. Jahrhundert. Tübingen 1993.

Best, Otto F.: Das verbotene Glück. Kitsch und Freiheit in der deutschen Literatur. München u. Zürich 1978.

Best, Otto F.: Der weinende Leser. Kitsch als Tröstung, Droge und teuflische Verführung. Frankfurt/M. 1985.

Betyna, Gabriele: Kritik, Reflexion und Ironie. Frühromantische Ästhetik und die Selbstreferentialität moderner Prosa. Thomas Bernhard, Peter Handke und Botho Strauß. Uni. Diss. Düsseldorf 1998.

Bialostocki, Jan: Bücher der Weisheit und Bücher der Vergänglichkeit. Zur Symbolik des Buches in der Kunst. Schwetzingen 1985.

Bialostocki, Jan: Das Lesen in der Kunst der Romantik. In: Wissenschaftliche Zeitschrift der Ernst-Moritz-Arndt-Universität 35 (1986), Heft 3/4, S. 25-27.

Bichsel, Peter: Der Leser. Das Erzählen. Frankfurter Poetik-Vorlesungen. Darmstadt u. Neuwied 1982.

Bickenbach, Matthias: Von den Möglichkeiten einer ›inneren‹ Geschichte des Lesens. Tübingen 1999.

Blasberg, Cornelia: Peter Handke und die ewige Wiederkehr des Neuen. In: Literaturwissenschaftliches Jahrbuch 38 (1997), S. 185-204.

Blumenberg, Hans: Irdische und himmliche Bücher. In: Akzente 26 (1979), S. 619-631.

Blumenberg, Hans: Die Lesbarkeit der Welt. Frankfurt/M. 1981.

Blumenthal, Hermann: Karl Philipp Moritz und Goethes "Werther". Sonderabdruck der Zeitschrift für Ästhetik und allgemeine Kunstwissenschaft. Hrsg. v. Max Dessoir. XXX. Bd. Heft 1. Stuttgart 1936.

Bong, Jörg: "Die Auflösung der Disharmonien". Zur Vermittlung von Gesellschaft, Natur und Ästhetik in den Schriften Karl Philipp Moritz'. (Analysen und Dokumente. Beiträge zur Neueren Literatur, Bd. 32) Frankfurt/M. u.a. 1993.

Böning, Holger: Aufklärung auch für das *Volk*? Buchhandel, Verleger und Autoren des 18. Jahrhunderts entdecken den *gemeinen Leser*. Bibliotheksgesellschaft Oldenburg Nr. 25. Oldenburg 1998.

Bonn, Klaus: Die Idee der Wiederholung in Peter Handkes Schriften. Würzburg 1994.

Born-Wagendorf, Monika: Identitätsprobleme des bürgerlichen Subjekts in der Frühphase der bürgerlichen Gesellschaft. Untersuchungen zu "Anton Reiser" und "Wilhelm Meister". Pfaffenweiler 1989.

Bossinade, Johanna: Moderne Textpoetik. Entfaltung eines Verfahrens mit dem Beispiel Peter Handke. Würzburg 1999.

Bracht, Edgar: Der Leser im Roman des 18. Jahrhunderts. Frankfurt/M., Bern, New York, Paris 1987.

Brinkmann, Richard: Zum Begriff des Realismus für die erzählende Dichtung des neunzehnten Jahrhunderts. In: Richard Brinkmann (Hg.): Begriffsbestimmung des literarischen Realismus. Darmstadt 1969, S. 222-235.

Broich, Ulrich: Bezugsfelder der Intertextualität. Zur Einzeltextreferenz. In: Ulrich Broich u. Manfred Pfister (Hgg.): Intertextualität. Formen, Funktionen, anglistische Fallstudien. Tübingen 1985, S. 48-52.

Brüggemann, Werner: Cervantes und die Figur des Don Quijote in Kunstanschauung und Dichtung der deutschen Romantik. Münster 1958.

Brunner, Otto / Conze, Werner / Koselleck, Reinhart (Hgg.): Geschichtliche Grundbegriffe. Historisches Lexikon zur politisch-sozialen Sprache in Deutschland. Bd. 1. Stuttgart 1972.

Bürger, Christa: Der Ursprung der bürgerlichen Institution Kunst im höfischen Weimar. Literatursoziologische Untersuchungen zum klassischen Goethe. Frankfurt/M. 1977.

Bürger, Christa: Das menschliche Elend oder der Himmel auf Erden. Zur Dichotomisierung von hoher und niederer Literatur am Ende des 18. Jahrhunderts in Deutschland. In: Sprachkunst 9 (1978), S. 203-219.

Bürger, Christa: Die Dichotomie von 'höherer' und 'volkstümlicher' Bildung. Zum Funktionswandel der Literatur in der bürgerlichen Gesellschaft. In: Rudolf Schäfer (Hg.): Germanistik und Deutschunterricht. Zur Einheit von Fachwissen und Fachdidaktik. München 1979, S. 74-102.

Carlsson, Anni: Die deutsche Buchkritik. Bd. 1. Von den Anfängen bis 1850. Stuttgart 1963.

Catholy, Eckehard: Karl Philipp Moritz. Ein Beitrag zur „Theatromanie" der Goethezeit. In: Euphorion 45 (1950), S. 100-123.

Catholy, Eckehard: Karl Philipp Moritz und die Ursprünge der deutschen Theaterleidenschaft. Tübingen 1962.

Cersowsky, Peter: Nicht nur ein Span aus Stratford. Shakespeare-Lektüre bei Karl Philipp Moritz. In: Karl Philipp Moritz. Text und Kritik. Heft 118/119 (1993), S. 76-85.

Dällenbach, Lucien: Le récit spéculaire. Contribution á l'étude de la mise en abyme. Paris 1977.

Dann, Otto: Die Lesegesellschaften des 18. Jahrhunderts und der gesellschaftliche Aufbruch des deutschen Bürgertums. In: Ulrich Herrmann (Hg.): Die Bildung des Bürgers. Die Formierung der bürgerlichen Gesellschaft und die Gebildeten im 18. Jahrhundert. Weinheim und Basel 1982, S. 100-118.

Döhmer, Klaus: Merkwürdige Leute. Bibliothek und Bibliothekar in der Schönen Literatur. Würzburg 1982.

Dörr, Volker C.: Reminiscenzien. Goethe und Karl Philipp Moritz in intertextuellen Lektüren. Uni. Diss. Bonn 1999.

Dujmić, Daniela: Literatur zwischen Autonomie und Engagement. Zur Poetik von Hans Magnus Enzensberger, Peter Handke und Dieter Wellershoff. Uni. Diss. Konstanz 1996.

Dülmen, Richard van: Die Aufklärungsgesellschaften in Deutschland als Forschungsproblem. In: Ulrich Herrmann (Hg.): Die Bildung des Bürgers. Die Formierung der bürgerlichen Gesellschaft und die Gebildeten im 18. Jahrhundert. Weinheim und Basel 1982, S. 81-99.

Durzak, Manfred: Gespräche über den Roman. Frankfurt/M. 1976.

Durzak, Manfred: Postmoderne Züge in Handkes Roman *Der kurze Brief zum langen Abschied*? In: Laurent Dassagneu, u.a. (Hgg.): Partir - revenir ... en route avec Peter Handke. Asnières 1992, S. 123-132.

Eggert, Hartmut u. Garbe, Christine: Literarische Sozialisation. Stuttgart u. Weimar 1995.

Eilert, Heide: Das Kunstzitat in der erzählenden Dichtung. Studien zur Literatur um 1900. Stuttgart 1991.

Elm, Theo: Die Fiktion eines Entwicklungsromans. Zur Erzählstrategie in Peter Handkes Roman *Der kurze Brief zum langen Abschied*. In: Poetica 6 (1974), S. 353-377.

Engel, Ingrid: Werther und die Wertheriaden. Ein Beitrag zur Wirkungsgeschichte. Sankt Ingbert 1986.

Engelsing, Rolf: Die Perioden der Lesergeschichte in der Neuzeit. In: Archiv für Geschichte des Buchwesens. Bd. X. Frankfurt/M. 1970, S. 946-1002.

Engelsing, Rolf (1): Analphabetentum und Lektüre. Zur Sozialgeschichte des Lesens in Deutschland zwischen feudaler und industrieller Gesellschaft. Stuttgart 1973.

Engelsing, Rolf (2): Zur Sozialgeschichte deutscher Mittel- und Unterschichten. Göttingen 1973.

Engelsing, Rolf: Der Bürger als Leser. Lesergeschichten in Deutschland 1500-1800. Stuttgart 1974.

Ermatinger, Emil: Gottfried Keller. Eine Biographie. Zürich 1990.

Erning, Günter: Das Lesen und die Lesewut. Beiträge zu Fragen der Lesergeschichte; dargestellt am Beispiel der schwäbischen Provinz. Bad Heilbrunn /Obb. 1974.

Eybisch, Hugo: Anton Reiser. Untersuchungen zur Lebensgeschichte von K.Ph. Moritz und zur Kritik seiner Autobiographie. Leipzig 1909.

Fabian, Bernhard: Der Gelehrte als Leser. Über Bücher und Bibliotheken. Hildesheim u.a. 1998.

Frenzel, Elisabeth: Annäherung an Werther. Literarisches Modell als Mittel der Selbstfindung für Ulrich Plenzdorfs Wibeau. In: Theodor Wolpers (Hg.): Gelebte Literatur in der Literatur. Göttingen 1986, S. 321-343.

Frey, Adolf: Erinnerungen an Gottfried Keller. 3. erweiterte Aufl. Leipzig 1919.

Fügen, Hans Norbert: Die Hauptrichtungen der Literatursoziologie und ihre Methoden. Ein Beitrag zur literatursoziologischen Theorie. Bonn 1964.

Fürnkäs, Josef: Der Ursprung des psychologischen Romans. Karl Philipp Moritz' "Anton Reiser". 1. Aufl. Stuttgart 1977.

Gartler, Walter: Unglückliche Bücher oder die Marginalität des Realen. Eine Untersuchung im Vorfeld des deutschen Idealismus. Wien 1988.

Geier, Manfred: Die Schrift und die Tradition. Studien zur Intertextualität. München 1985.

Genette, Gérard: Palimpseste. Die Literatur zweiter Stufe. Frankfurt/M. 1993.

Genette, Gérard: Discours du récit. In: Figures III. Paris 1994.

Ghisler, Ruth: Gesellschaft und Gottesstaat. Studien zum 'Anton Reiser'. Uni. Diss. Zürich 1955.

Godwin-Jones, Robert: *Der grüne Heinrich* and Handke's *Kurzer Brief zum langen Abschied.* In: Germanic notes 11 (1980), S. 21-23.

Goebel, Gerhard: Funktionen des "Buches im Buche" in Werken zweier Repräsentanten des "Nouveau Roman". In: Eberhard Leube u. Ludwig Schrader (Hgg.): Interpretation und Vergleich. Festschrift für Walter Pabst. Berlin 1972, S. 34-52.

Goetsch, Paul: Leserfiguren in der Erzählkunst. In: GRM 33 (1983), S. 199-213.

Goetsch, Paul: Von Bücherwürmern und Leseratten. Der Motivkomplex Lesen und Essen. In: Literaturwissenschaftliches Jahrbuch. Bd. 37. Berlin 1996, S. 381-406.

Goldammer, Peter: Über den Tag hinaus. Zur deutschen Literatur im 19. Jahrhundert. Weimar 1986.

Goldschmidt, Georges-Arthur: Die beflügelte Wahrnehmung des Leidens. Zu Karl Philipp Moritz' Roman »Anton Reiser«. In: Karl Philipp Moritz. Text und Kritik. Heft 118/119 (1993), S. 24-34.

Göpfert, Herbert G. (1): Vom Autor zum Leser: Beiträge zur Geschichte des Buchwesens. München u.a. 1977.

Göpfert, Herbert G. (Hg.) (2): Buch und Leser. Vorträge des ersten Jahrestreffens des Wolfenbütteler Arbeitskreises für Geschichte des Buchwesens 13. und 14. Mai 1976. Hamburg 1977.

Gottwald, Herwig: Mythos und Mythisches in der Gegenwartsliteratur. Studien zu Christoph Ransmayr, Peter Handke, Botho Strauß, Georg Steiner, Patrick Roth und Robert Schneider. Stuttgart 1996.

Grams, Wolfgang: Karl Philipp Moritz. Eine Untersuchung zum Naturbegriff zwischen Aufklärung und Romantik. Opladen 1992.

Grieshop, Herbert: Rhetorik des Augenblicks. Studien zu Thomas Bernhard, Heiner Müller, Peter Handke und Botho Strauß. Würzburg 1998.

Grimm, Gunter: Rezeptionsgeschichte. Grundlegung einer Theorie. Mit Analysen und Bibliographie. München 1977.

Groeben, Norbert: Leserpsychologie: Textverständnis - Textverständlichkeit. Münster 1982.

Groeben, Norbert (Hg.): Lesesozialisation in der Mediengesellschaft. Ein Schwerpunktprogramm. IASL (1999). 10. Sonderheft.

Gross, Sabine: Lese-Zeichen. Kognition, Medium und Materialität im Leseprozeß. Darmstadt 1994.

Grossenbach, Thomas: Studien zum Verhältnis von Literatur und Moral an ausgewählten Werken des schweizerischen bürgerlichen Realismus. Bern u. Stuttgart 1984.

Gunia, Jürgen u. Hermann, Iris (Hg.): Literatur als Blätterwerk. Perspektiven nichtlinearer Lektüre. St. Ingbert 2002.

Habel, Thomas: Wilhelm Ehrenfried Neugebauers "Der teutsche Don Quichotte". Zur Don Quijote-Rezeption und Fiktionskritik im deutschen Roman des 18. Jahrhunderts. In: Theodor Wolpers (Hg.): Gelebte Literatur in der Literatur. Studien zu Erscheinungsformen und Geschichte eines literarischen Motivs. Göttingen 1986, S. 72-109.

Habermas, Jürgen: Strukturwandel der Öffentlichkeit. Untersuchung zu einer Kategorie der bürgerlichen Gesellschaft. Neuwied u. Berlin 1971.

Hansen, Olaf: Die Muse Atropos. Überlegungen zu Peter Handke als schwierigem Erzähler. In: Raimund Fellinger (Hg.): Peter Handke. Frankfurt/M. 1985, S. 196-226.

Hart, Gail K.: Keller's Fictional Readers: Heinrich, Pankraz and Jacques. In: Seminar 23 (1987), S. 115-136.

Hart, Gail K.: Readers and their fictions in the novels and novellas of Gottfried Keller. The University of North Carolina Press. Chapel Hill and London 1989.

Hart Nibbrig, Christiaan L. (Hg.): Warum lesen? Ein Spielzeug zum Lesen. Frankfurt/M. 1983.

Haßler, Gerda (Hg.): Texte im Text: Untersuchungen zur Intertextualität und ihren sprachlichen Formen. Münster 1997.

Haubrichs, Wolfgang: Zur Relevanz von Rezeption und Rezeptionshemmung in einem kybernetischen Modell der Literaturgeschichte. Ein Beitrag zum Problem der Periodisierung. In: Walter Müller-Seidel (Hg.): Historizität in Sprach- und Literaturwissenschaft. München 1974, S. 97-121.

Hauser, Albert: Gottfried Keller. Geburt und Zerfall der dichterischen Welt. Zürich 1959.

Helbig, Jörg: Intertextualität und Markierung: Untersuchungen zur Systematik und Funktion der Signalisierung von Intertextualität. Heidelberg 1996.

Herrmann, Ulrich: Lesegesellschaften an der Wende des 18. Jahrhundert. In: Fritz Wagner (Hg.): Archiv für Kulturgeschichte. Bd. 57. Heft 2. Köln u. Wien 1975, S. 475-484.

Heydebrand, Renate von: Kanon, Macht, Kultur: theoretische, historische und soziologische Aspekte ästhetischer Kanonbildung. Stuttgart 1998.

Hildt, Friedrich: Gottfried Keller. Literarische Verheißung und Kritik der bürgerlichen Gesellschaft im Romanwerk. Bonn 1978.

Hillebrand, Bruno: Auf der Suche nach der verlorenen Identität. Peter Handkes "Der kurze Brief zum langen Abschied". In: Manfred Brauneck (Hg.): Der deutsche Roman im 20. Jahrhundert. Bd. II. Analysen und Materialien zur Theorie und Soziologie des Romans. Bamberg 1976, S. 97-117.

Hinck, Walter (Hg.): Sturm und Drang. Frankfurt/M. 1998.

Hohendahl, Peter-Uwe: Literarische Kultur im Zeitalter des Liberalismus 1830-1870. München 1985.

Hollmer, Heide: Das Leiden an der Kunst. Ein Moritz-Thema und seine Folgen für die »Herzensergießungen eines kunstliebenden Klosterbruders«. In: Karl Philipp Moritz. Text und Kritik. Heft 118/119 (1993), S. 107-117.

Hölter, Achim: Zum Motiv der Bibliothek in der Literatur. In: Arcadia 28 (1993), S. 65-72.

Hölter, Achim: Bibliomorphie und Anthropomorphie. Ein Doppelmotiv des literarischen Selbstbezugs. In: Rüdiger Zymner (Hg.): Allgemeine Literaturwissenschaft - Grundfragen einer besonderen Disziplin. Berlin 1999, S. 121-139.

Holthuis, Susanne: Intertextualität: Aspekte einer rezeptionsorientierten Konzeption. Tübingen 1993.

Howard, Leon: Raymond Chandler's Not-So-Great Gatsby. In: The Mystery and detection annual. Beverly Hills 1973 (1974), S. 1-15.

Hunziker, Fritz: Glattfelden und Gottfried Kellers "Grüner Heinrich". Zürich 1911.

Ingold, Felix Philipp: Das Buch im Buch. Berlin 1988.

Iser, Wolfgang: Das Spiel im Spiel. Formen dramatischer Illusion bei Shakespeare. In: Archiv für das Studium der neueren Sprachen und Literaturen 198 (1962), S. 209-226.

Iser, Wolfgang: Der Akt des Lesens. Theorie ästhetischer Wirkung. München 1976.

Iser, Wolfgang: Der implizite Leser. Kommunikationsformen des Romans von Bunyan bis Beckett. 3. Aufl. München 1994.

Jacobs, Jürgen: Don Quijote in der Aufklärung. Bielefeld 1992.

Jaeggi, Frieda: Gottfried Keller und Jean Paul. Nendeln/Liechtenstein 1970.

Jäger, Georg: Empfindsamkeit und Roman. Wortgeschichte, Theorie und Kritik im 18. und frühen 19. Jahrhundert. Stuttgart, Berlin, Köln u. Mainz 1969.

Jäger, Georg: Die deutsche Leihbibliothek im 19. Jahrhundert. Verbreitung - Organisation - Verfall. In: IASL 2 (1977), S. 96-133.

Jäger, Georg u. Schönert, Jörg (Hgg.): Die Leihbibliothek als Institution des literarischen Lebens im 18. und 19. Jahrhundert. Organisationsformen, Bestände, Publikum. Hamburg 1980.

Jakobson, Roman: Der Doppelcharakter der Sprache. Die Polarität zwischen Metaphorik und Metonymik. In: Jens Ihwe (Hg.): Literaturwissenschaft und Linguistik. Ergebnisse und Perspektiven. Bd.1. Frankfurt/M. 1971, S. 323-333.

Japp, Uwe: Das Buch im Buche. Eine Figur des literarischen Hermetismus. In: Neue Rundschau 4 (1975), S. 651-670.

Jauß, Hans Robert: Literaturgeschichte als Provokation der Literaturwissenschaft. In: Hans Robert Jauß: Literaturgeschichte als Provokation. Frankfurt/M. 1970, S. 144-207.

Jauß, Hans Robert: Negativität und Identifikation. Versuch zur Theorie der ästhetischen Erfahrung. In: Harald Weinrich (Hg.): Positionen der Negativität. München 1975, S. 263-339.

Jentsch, Irene: Zur Geschichte des Zeitungslesens in Deutschland am Ende des 18. Jahrhunderts. Mit besonderer Berücksichtigung der gesellschaftlichen Formen des Zeitungslesens. Leipzig 1937.

Jeziorkowski, Klaus: „Eine Art Statistik des poetischen Stoffes". Zu einigen Themen Gottfried Kellers. In: DVjs 45 (1971), S. 547-566.

Jeziorkowski, Klaus: Literarität und Historismus. Beobachtungen zu ihrer Erscheinungsform im 19. Jahrhundert am Beispiel Gottfried Kellers. Heidelberg 1979.

Kainz, Friedrich: Psychologie der Sprache. Bd. 4. Stuttgart 1967.

Kaiser, Gerhard u. Kittler, Friedrich A.: Dichtung als Sozialisationsspiel. Studien zu Goethe und Gottfried Keller. Göttingen 1978.

Kaiser, Gerhard: Gottfried Keller: Das gedichtete Leben. 1. Aufl. Frankfurt/M. 1981.

Kaiser, Gerhard: Gottfried Keller. München u. Zürich 1985.

Kaiser, Gerhard: Grüne Heinriche - ein epochaler Typus. In: Hans Wysling (Hg.): Gottfried Keller. Elf Essays zu seinem Werk. München 1990, S. 45-59.

Kapp, Friedrich u. Goldfriedrich, Johann: Geschichte des Deutschen Buchhandels. 4 Bde. Leipzig 1886-1913. Registerband 1923.

Karasek, Hellmuth: Ohne zu verallgemeinern. Ein Gespräch mit Peter Handke. In: Michael Scharang (Hg.): Über Peter Handke. 1. Aufl. Frankfurt/Main 1972, S. 85-90.

Karpenstein-Eßbach, Christa: Die Demütigung des Lesers und die Aufführung des Buches in Botho Strauß' Kongreß. In: Peter Rau (Hg.): Widersprüche im Widersprechen. Historische und aktuelle Ansichten der Verneinung. Frankfurt/M. 1996, S. 214-219.

Kasics, Kaspar: Literatur und Fiktion. Zur Theorie und Geschichte der literarischen Kommunikation. Heidelberg 1990.

Keckeis, Peter u. Zimmerli, Jürg (Hgg.): Bücher, nur Bücher! Texte vom Lesen und Schreiben. Zürich 1991.

Kemmer, Wolfgang: Hammett - Chandler - Fauser. Produktive Rezeption der amerikanischen *hard-boiled school* im deutschen Kriminalroman. Köln 2001.

Kiesel, Helmuth u. Münch, Paul: Gesellschaft und Literatur im 18. Jahrhundert. Voraussetzungen und Entstehung des literarischen Marktes in Deutschland. München 1977.

Killy, Walter: Schreibweisen - Leseweisen. München 1982.

Kindermann, Heinz: Die literarische Entfaltung des 19. Jahrhunderts. In: GRM 14 (1926), S. 35-52.

Kittler, Friedrich A.: Ein Höhlengleichnis der Moderne. Lesen unter hochtechnischen Bedingungen. In: LiLi 15 (1985). Heft 57/58: Lesen - historisch, S. 204-220.

Kittler, Friedrich A.: Aufschreibesysteme 1800/1900. 2. erw. u. korr. Aufl. München 1987.

Klein, Albert: Die Krise des Unterhaltungsromans im 19. Jahrhundert. Ein Beitrag zur Theorie und Geschichte der ästhetisch geringwertigen Literatur. Bonn 1969.

Kleinert, Annemarie: Vorsicht Literatur! Eine literarische Lektion vom gefährlichen Lesen. In: GRM 33 (1983), S. 94-100.

Kloiot, Jürgen: Die Akzeptanz des Gegebenen. Zur Problematik des Künstlers in Peter Handkes *Der kurze Brief zum langen Abschied*. In: Modern Austrian Literature. Volume 21. Nr. 2. 1988, S. 95-104.

Klischnig, Karl Friedrich: Mein Freund Anton Reiser. Aus dem Leben des Karl Philipp Moritz. Hrsg. u. mit Anm. versehen v. Heide Hollmer u. Kirsten Erwentraut. Mit einem Nachwort versehen v. Ralph-Rainer Wuthenow. Berlin o. J.

Knoll, Heike: Das System Canetti. Zur Rekonstruktion eines Wirklichkeitsentwurfes. Uni. Diss.. Stuttgart 1993.

Koebner, Thomas: Lektüre in freier Landschaft. Zur Theorie des Leseverhaltens im 18. Jahrhundert. In: Leser und Lesen im 18. Jahrhundert. Colloquium d. Arbeitsstelle 18. Jh. Gesamthochschule Wuppertal. Schloß Lüntenbeck, 24.-26. Oktober 1975. Heidelberg 1977, S. 58-62.

Kommentierte Bibliographie. In: Hartmut Steinecke (Hg.): Zu Gottfried Keller. 1. Aufl. Stuttgart 1984, S. 167-171.

Koschorke, Albrecht: Körperströme und Schriftverkehr: Mediologie des 18. Jahrhunderts. München 1999.

Koselleck, Reinhart: Vergangene Zukunft. Zur Semantik geschichtlicher Zeiten. 1. Aufl. Frankfurt/M. 1979.

Koselleck, Reinhart: Das Achtzehnte Jahrhundert als Beginn der Neuzeit. Konstanz 1982.

Krajenbrink, Marieke: Intertextualität als Konstruktionsprinzip. Transformationen des Kriminalromans und des romantischen Romans bei Peter Handke und Botho Strauß. Amsterdam - Atlanta 1996.

Kraus, Christine: Literarische Vorbilder in Peter Handkes Roman „Der kurze Brief zum langen Abschied". In: Österreich in Geschichte und Literatur 22 (1978), S. 174-180.

Kreuzer, Helmut: Gefährliche Lesesucht? Bemerkungen zu politischer Lektürekritik im ausgehenden 18. Jahrhundert. In: Leser und Lesen im 18. Jahrhundert. Colloquium der Arbeitsstelle Achtzehntes Jahrhundert. Heidelberg 1977, S. 62-75.

Kristeva, Julia: Probleme der Textstrukturation. In: Jens Ihwe (Hg.): Literaturwissenschaft und Linguistik. Ergebnisse und Perspektiven. Bd. II/2. Frankfurt/M. 1971, S. 484-507.

Kunte, Peter: Karl Philipp Moritz' psychologischer Roman Anton Reiser aus der Sicht der Sozialisationstheorie. Uni. Diss. Heidelberg 1996.

Kurth, Lieselotte E.: Die zweite Wirklichkeit. Studien zum Roman des achtzehnten Jahrhunderts. Chapel Hill 1969.

Lachmann, Renate (Hg.): Dialogizität. Theorie und Geschichte der Literatur und der schönen Künste. Reihe A. Bd. 1. München 1982.

Lachmann, Renate: Ebenen des Intertextualitätsbegriffs. In: Karlheinz Stierle u. Rainer Warning (Hgg.): Das Gespräch. München 1984, S. 133-138.

Lange, Victor: Das Interesse am Leser. In: Walter Müller-Seidel (Hg.): Historizität in Sprach- und Literaturwissenschaft. Vorträge und Berichte der Stuttgarter Germanistentagung 1972. München 1974, S. 31-46.

Langenbucher, Wolfgang R.: Die Demokratisierung des Lesens in der zweiten Leserevolution. Dokumentation und Analyse. In: Herbert G. Göpfert, Ruth Meyer, Ludwig Muth, Walter Rüegg (Hgg.): Lesen und Leben. Eine Publikation des Börsenvereins des Deutschen Buchhandels in Frankfurt am Main zum 150. Jahrestag der Gründung des Börsenvereins der Deutschen Buchhändler am 30. April 1825 in Leipzig. Frankfurt/M. 1975, S. 12-35.

Larcher, Dietmar u. Spiess, Christine (Hgg.): Lesebilder. Geschichten und Gedanken zur literarischen Sozialisation. Reinbek b. Hamburg 1980.

Laufhütte, Hartmut: Wirklichkeit und Kunst in Gottfried Kelllers Roman ‹Der grüne Heinrich›. Bonn 1969.

Laufhütte, Hartmut: Gottfried Keller: ‚Der grüne Heinrich'. Zur Problematik literaturwissenschaftlicher Aktualisierung. In: Hartmut Steinecke (Hg.): Zu Gottfried Keller. 1. Aufl. Stuttgart 1984, S. 18-39.

Lehmann, Rudolf: Anton Reiser und die Entstehung des Wilhelm Meister. In: Jahrbuch der Goethe-Gesellschaft 3 (1916), S. 116-134.

Locher, Kaspar T.: Gottfried Keller. Welterfahrung, Wertstruktur und Stil. Bern 1985.

Lorenz, Otto: Die Öffentlichkeit der Literatur. Fallstudien zu Produktionskontexten und Publikationsstrategien: Wolfgang Koeppen - Peter Handke - Horst-Eberhard Richter. Tübingen 1998.

Luck, Rätus: Gottfried Keller als Literaturkritiker. Bern u. München 1970.

Lukacs, Georg: Gottfried Keller. In: Georg Lukacs: Werke. Bd. VII. Neuwied-Berlin 1964, S. 334-419.

Manguel, Alberto: Eine Geschichte des Lesens. Berlin 1998.

Martens, Wolfgang: Die Botschaft der Tugend. Die Aufklärung im Spiegel der deutschen moralischen Wochenschriften. Stuttgart 1968.

Martens, Wolfgang: Nachwort zu Anton Reiser. In: Karl Philipp Moritz: Anton Reiser. Ein psychologischer Roman. Hrsg. v. Wolfgang Martens. Stuttgart 1998, S. 545-567.

Martini, Fritz: Deutsche Literatur im bürgerlichen Realismus 1848-1898. 4. Aufl. Stuttgart 1981.

Martino, Alberto: Die deutsche Leihbibliothek und ihr Publikum. In: Alberto Martino (Hg.): Literatur in der sozialen Bewegung. Aufsätze und Forschungsberichte zum 19. Jahrhundert. Tübingen 1977, S. 1-26.

Martino, Alberto u. Stützel-Prüsener, Marlies: Publikumsschichten, literarische und Lesegesellschaften, Leihbibliotheken. In: Ralph-Rainer Wuthenow (Hg.): Rationalismus, Empfindsamkeit, Sturm und Drang, 1740-1786. Hamburg 1980, S. 42-54.

Marwinski, Felicitas: Von der "Societas litteraria" zur Lesegesellschaft. Gesellschaftliches Lesen in Thüringen während des 18. und zu Beginn des 19. Jahrhunderts und sein Einfluß auf den Emanzipationsprozeß des Bürgertums. 2 Bde. Uni. Diss. Jena 1982.

Marx, Friedhelm: Erlesene Helden: Don Sylvio, Werther, Wilhem Meister und die Literatur. Heidelberg 1995.

Mattenklott, Gert: Lesefieber. Plädoyer für eine historische Philosophie des Lesens. In: Neue Sammlung. Zeitschrift für Erziehung und Gesellschaft. 21 (1981), S. 298-309.

Mattenklott, Gert: Der übersinnliche Leib: Beiträge zur Metaphysik des Körpers. 2. Aufl. Reinbek b. Hamburg 1983.

Maurer, Karl: Formen des Lesens. In: Poetica 9 (1977), S. 472-498.

Mayer, Sigrid: Im 'Western' nichts Neues? Zu den Modellen in 'Der kurze Brief zum langen Abschied'. In: Manfred Jurgensen (Hg.): Handke. Ansätze - Analysen - Anmerkungen. Bern u. München 1979, S. 145-164.

McCarthy, John A.: Lektüre und Lesertypologie im 18. Jahrhundert (1730-1770). Ein Beitrag zur Lesergeschichte am Beispiel Wolfenbüttels. In: IASL 8 (1983), S. 35-82.

Meier, Albert: Moritz, Karl Philipp. In: Neue deutsche Biographie. Band XVIII (1997), S. 149-152.

Meier, Hans: Gottfried Kellers "Grüner Heinrich". Betrachtungen zum Roman des poetischen Realismus. Zürich u. München 1977.

Melzer, Gerhard: Das erschriebene Paradies. Kindheit als poetische Daseinsform im Werk Handkes. In: Gerhard Fuchs u. Gerhard Melzer (Hgg.): Peter Handke. Graz u. Wien 1993, S. 47-62.

Metz, Klaus-Dieter: Gottfried Keller. Stuttgart 1995.

Mews, Siegfried: Zur Funktion der Literatur in Kellers "Die Leute von Seldwyla". In: GQu. 43 (1970), S. 394-405.

Meyer, Herman: Das Zitat in der Erzählkunst. Zur Geschichte und Poetik des Europäischen Romans. 2., durchges. Aufl. Stuttgart 1967.

Michel, Willy: Die Aktualität des Interpretierens. Heidelberg 1978.

Moser, Manfred: Über den Umgang mit Kindheitserinnerungen - soviel man zum Thema von Lektürebiographien noch sagen kann. In: Dietmar Larcher u. Christine Spiess (Hgg.): Lesebilder. Geschichten und Gedanken zur literarischen Sozialisa-tion. Reinbek b. Hamburg 1980, S. 180-191.

Mosse, George: Was die Deutschen wirklich lasen. In: Reinhold Grimm u. Jost Hermand (Hgg.): Popularität und Trivialität. Fourth Wisconsin Workshop. Frankfurt/M. 1974, S. 101-120.

Müller, Klaus-Detlef (1): Die 'Dialektik der Kulturbewegung'. Hegels romantheoretische Grundsätze und Kellers *Grüner Heinrich*. In: Poetica 8 (1976), S. 300-320.

Müller, Klaus-Detlev (2): Autobiographie und Roman. Studien zur literarischen Autobiographie der Goethezeit. Tübingen 1976.

Müller, Lothar: Die kranke Seele und das Licht der Erkenntnis. Karl Philipp Moritz' Anton Reiser. Frankfurt/M. 1987.

Muth, Ludwig: Die Leserin und der Buchhandel. Analyse einer verhinderten Emanzipation. Freiburg/Br. 1972.

Muth, Ludwig: Die Frau als Leserin - damals und heute. In: Librarium 18 (1975), S. 51-57.

Nägele, Rainer: Die vermittelte Welt. Reflexionen zum Verhältnis von Fiktion und Wirklichkeit in Peter Handkes Roman "Der kurze Brief zum langen Abschied". In: Jahrbuch der deutschen Schillergesellschaft. 19. Jg. Stuttgart 1975, S. 389-418.

Nägele, Rainer: Amerika als Fiktion und Wirklichkeit in Peter Handkes Roman *Der kurze Brief zum langen Abschied*. In: Wolfgang Paulsen (Hg.): Die USA und Deutschland. Wechselseitige Spiegelungen in der Literatur der Gegenwart. Bern u. München 1976, S. 110-115.

Nägele, Rainer u. Voris, Renate: Peter Handke. 1. Aufl. München 1978.

Naumann, Manfred: Autor - Adressat - Leser. In: Weimarer Beiträge 11 (1971), S. 163-170.

Nelles, Jürgen: Bücher über Bücher. Das Medium Buch in Romanen des 18. und 19. Jahrhunderts. Würzburg 2002.

Neubauer, Martin: Indikation und Katalyse. Funktionsanalytische Studien zum Lesen in der deutschen Literatur des ausgehenden 18. Jahrhunderts. Stuttgart 1991.

Neumann, Bernd: Gottfried Keller. Eine Einführung in sein Werk. Königstein/Ts. 1982.

Neumann, Gerhard (Hg.): Canetti als Leser. Freiburg i. Br. 1996.

Nieblich, Wolfgang: Vom Umgang mit Büchern. Berlin 1982.

Northcote-Bade, James: ›Der freie Leser‹: Reading and freedom in the works of Alfred Andersch. In: Australian Universitites Modern Language Association 2 (1983), S. 89-98.

Nusser, Peter: Der Kriminalroman. 2., überarb. und erw. Aufl. Stuttgart 1992.

Obenauer, Karl Justus: Die Problematik des ästhetischen Menschen in der deutschen Literatur. München 1933.

Pabst, Walter: "Victimes du Livre" Versuch über eine literarische Konstante. In: Filologia y didactica hispanica. Festschrift für Hans-Karl Schneider. Hamburg 1975, S. 497-525.

Pakendorf, Günther: Der Realismus der entfremdeten Welt. Peter Handke, Der kurze Brief zum langen Abschied. In: Acta Germanica. Jahrbuch des Südafrikanischen Germanistenverbandes. 14 (1981), S. 157-174.

Parada, Arturo: Offene literarische Welten gegen geschlossene Denkmodelle und Sozialsysteme: Don Quijote und Anton Reiser. Uni. Diss. Frankfurt/M. 1997.

Pestalozzi, Karl: Sprachliche Glücksmomente bei Gottfried Keller. In: Hans Wysling (Hg.): Gottfried Keller. Elf Essays zu seinem Werk. München 1990, S. 185-200.

Pestalozzi, Karl: Anton Reiser als Leser. In: Annelies Häcki Buhofer (Hg.): Karl Philipp Moritz: literaturwissenschaftliche, linguistische und psychologische Lektüren. Tübingen u. Basel 1994, S. 115-128.

Peters, Jürgen: Die Romane von Karl Philipp Moritz und deren mutmaßliche Leser. Uni. Diss. Hannover 1969.

Pfister, Manfred (1): Konzepte der Intertextualität. In: Ulrich Broich u. Manfred Pfister (Hgg.): Intertextualität. Formen, Funktionen, anglistische Fallstudien. Tübigen 1985, S. 1-30.

Pfister, Manfred (2): Zur Systemreferenz. In: Ulrich Broich u. Manfred Pfister (Hgg.): Intertextualität. Formen, Funktionen und anglistische Fallstudien. Tübingen 1985, S. 52-58.

Pleticha, Heinrich: Lettern, Bücher, Leser: Alles über das Buch. Würzburg 1970.

Plumpe, Gerhard: Epochen moderner Literatur. Ein systemtheoretischer Entwurf. Opladen 1995.

Plumpe, Gerhard: Roman. In: Edward McInnes u. Gerhard Plumpe (Hgg.): Bürgerlicher Realismus und Gründerzeit 1848-1890. München 1996, S. 529-689.

Pott, Hans-Georg: Literarische Bildung. Zur Geschichte der Individualität. München 1995.

Preisendanz, Wolfgang (1): Gottfried Keller - Der grüne Heinrich. In: Benno von Wiese (Hg.): Der deutsche Roman vom Barock bis zur Gegenwart. Bd. II. Düsseldorf 1963, S. 76-127.

Preisendanz, Wolfgang (2): Humor als dichterische Einbildungskraft. Studien zur Erzählkunst des poetischen Realismus. München 1963.

Prüsener, Marlies: Lesegesellschaften im 18. Jahrhundert. Ein Beitrag zur Lesergeschichte. In: Archiv für Geschichte des Buchwesens. Bd. XIII. Frankfurt/M. 1973, S. 369-594.

Raabe, Paul: Bücherlust und Lesefreuden. Beiträge zur Geschichte des Buchwesens im 18. und frühen 19. Jahrhundert. Stuttgart 1984.

Raible, Wolfgang: Vom Autor als Kopist zum Leser als Autor. Literaturtheorie in der literarischen Praxis. In: Poetica 5 (1972), S. 133-151.

Rarisch, Ilsedore: Industrialisierung und Literatur. Buchproduktion, Verlagswesen und Buchhandel in Deutschland im 19. Jahrhundert in ihrem statistischen Zusammenhang. Berlin 1976.

Renk, Herta-Elisabeth: "Phantasiehandeln" - Entwurf und Praxis einer Erziehung des Lesers durch Poesie. Zu Michael Ende "Die unendliche Geschichte". In: Michael Krejci u. Karl Schuster (Hgg.): Literatur, Sprache, Unterricht. Festschrift für Jakob Lehmann zum 65. Geburtstag. Bamberg 1984, S. 109- 115.

Renner, Rolf Günter: Peter Handke. Stuttgart 1985.

Renner, Rolf Günter: Die postmoderne Konstellation. Theorie, Text und Kunst im Ausgang der Moderne. Freiburg 1988.

Ritter, Hennig: Die Imaginäre Bibliothek wächst. In: Akzente 26 (1979), S. 597-616.

Rohe, Wolfgang: Roman aus Diskursen. Gottfried Keller "Der grüne Heinrich" (Erste Fassung; 1854/55). München 1993.

Rölleke, Heinz: Der erzählte Leser. In: Aus dem Antiquariat. Beilage zum Börsenblatt für den Deutschen Buchhandel. Frankfurt/M. 1998, A80-A89.

Roloff, Volker: Zur Thematik der Lektüre bei G. Flaubert "Madame Bovary. Moeurs de province". In: GRM 25 (1975), S. 322-337.

Roloff, Volker: Von der Leserpsychologie des Fin de siècle zum Lektüreroman. Zur Thematisicrung der Lektüre bei Autoren der Jahrhundertwende. In: LiLi 15 (1985). Heft 57/58. Lesen - historisch, S. 186-203.

Rossbacher, Karlheinz: Detail und Geschichte. In: Sprachkunst VI (1975), S. 87-103.

Rost, Gottfried: "Die vielen Bücher! Haben Sie die alle gelesen?" Buch und Bibliothekar im Spiegel der Literatur betrachtet. Leipzig 1981.

Rothenberg, Jürgen: Gottfried Keller: Symbolgehalt und Realitätserfassung seines Erzählens. Heidelberg 1976.

Rühling, Lutz: Fiktionalität und Poetizität. In: Heinz Ludwig Arnold u. Heinrich Detering (Hgg.): Grundzüge der Literaturwissenschaft. 4. Aufl. München 2001, S. 25-51.

Ruppelt, Georg: Buchmenschen in Büchern. Von Antiquaren und Buchhändlern, Verlegern und Buchbindern, Buchdruckern und Setzern, Bücherschändern und Bücherdieben, vom letzten Buchautor und von der Zukunft des Buches. Wiesbaden 1997.

Salber, Wilhelm: Literaturpsychologie. Gelebte und erlebte Literatur. Bonn 1972.

Sandberg Russell, Kristina: Das Problem der Identität in Gottfried Kellers Prosawerk. Bern 1981.

Sang, Jürgen: Theatralik und Innerlichkeit im 'Anton Reiser' von Karl Philpp Moritz. Tokyo 1968.

Sauder, Gerhard: Empfindsamkeit. Bd. 1. Voraussetzungen und Elemente. Stuttgart 1974.

Sauder, Gerhard: Gefahren empfindsamer Vollkommenheit für Leserinnen und die Furcht vor Romanen in einer Damenbibliothek. In: Leser und Lesen im 18. Jahrhundert. Colloquium der Arbeitsstelle Achtzehntes Jahrhundert. Heidelberg 1977, S. 83-91.

Sauder, Gerhard: Geniekult im Sturm und Drang. In: Rolf Grimminger (Hg.): Hansers Sozialgeschichte der deutschen Literatur vom 16. Jahrhundert bis zur Gegenwart. Bd. 3: Deutsche Aufklärung bis zur Französischen Revolution. München 1980, S. 327-340.

Sauder, Gerhard: Der empfindsame Leser. In: Das weinende Saeculum. Heidelberg 1983, S. 9-27.

Sautermeister, Gert: Gottfried Keller: Der grüne Heinrich (1854/55; 2. Fassung 1879/80). Gesellschaftsroman, Seelendrama, Romankunst. In: Horst Denkler (Hg.): Romane und Erzählungen des bürgerlichen Realismus. Stuttgart 1980, S. 80-123.

Schanze, Helmut: "Leben, als Buch". In: Ernst Behler u. Jochen Hörisch (Hgg.): Die Aktualität der Frühromantik. Paderborn, München, Wien u. Zürich 1987, S. 236-250.

Scheffel, Michael: Formen selbstreflexiven Erzählens. Eine Typologie und sechs exemplarische Analysen. Tübingen 1997.

Schenda, Rudolf: Volk ohne Buch. Studien zur Sozialgeschichte der populären Lesestoffe 1770-1910. Frankfurt/M. 1970.

Schenda, Rudolf: Die Lesestoffe der Kleinen Leute. Studien zur populären Literatur im 19. und 20. Jahrhundert. München 1976.

Scherrer, Theodor Anton: Thema und Funktion der Literatur in Gottfried Kellers Prosawerken. Uni Diss. Zürich 1978.

Schiwy, Günther: Strukturalismus und Zeichensysteme. München 1973.

Schlaffer, Hannelore: Eine Psychologie des Lesens im 18. Jahrhundert. In: Jahrbuch der Jean-Paul-Gesellschaft 15 (1980), S. 131-139.

Schlaffer, Heinz: Der Bürger als Held. Sozialgeschichtliche Auflösungen literarischer Widersprüche. Frankfurt/M. 1973.

Schlaffer, Heinz: Lesesucht. In: Neue Rundschau 3 (1984), S. 100-106.

Schlieben-Lange, Brigitte: Einleitung. In: LiLi 15 (1985). Heft 57/58: Lesen - historisch, S. 7-14.

Schmalohr, Emil: Das Erlebnis des Lesens. Grundlagen einer erzählenden Lesepsychologie. Stuttgart 1997.

Schmid, Pia: Zeit des Lesens - Zeit des Fühlens. Anfänge des deutschen Bildungsbürgertums. Berlin 1985.

Schneider, Ute: Leserschichten und Lektüreinteressen. In: Buchhandelsgeschichte 24 (1995), S. B 171-173.

Schön, Erich: Der Verlust der Sinnlichkeit oder Die Verwandlungen des Lesers. Mentalitätswandel um 1800. Stuttgart 1987.

Schön, Erich: »Lesekultur« - Einige historische Klärungen. In: Cornelia Rosebrock (Hg.): Lesen im Medienzeitalter. Weinheim u. München 1995, S. 137-164.

Schön, Erich: Geschichte des Lesens. In: Bodo Franzmann, Klaus Hasemann, Dietrich Löffler u. Erich Schön (Hgg.): Handbuch Lesen. München 1999, S. 1-85.

Schrimpf, Hans Joachim: Karl Philipp Moritz, Anton Reiser. In: Benno von Wiese (Hg.): Der deutsche Roman, vom Barock bis zur Gegenwart. Struktur und Geschichte. Bd. I. Düsseldorf 1963, S. 95-131.

Schrimpf, Hans Joachim: Karl Philipp Moritz. Stuttgart 1980.

Schrimpf, Hans Joachim: Das Poetische sucht das Reale. Probleme des literarischen Realismus im 19. Jahrhundert: Zum Beispiel Gottfried Keller. In: Jutta Kolkenbrock-Netz, Gerhard Plumpe, Hans Joachim Schrimpf (Hgg.): Wege der Literaturwissenschaft. Bonn 1985, S. 145-162.

Schröder, Wolfgang: Hingabe, Distanz oder Desinteresse. Entwurf eines Lesertypenmodells aus Beispielen dargestellten Lesens bei Michael Ende, Alfred Andersch und anderen. In: Der Deutschunterricht 40 (1988). Heft 4, S. 9-20.

Schulze-Bergmann, Joachim: Der literarische Kanon und die Passung von Leser und Text. Frankfurt/M. 1998.

Schüre, Frank: Ästhetische Wegweiser durch "eine Hölle von Elend". Der *Anton Reiser* von Karl Philipp Moritz. Uni. Diss. München 1997

Sergooris, Gunther: Peter Handke und die Sprache. Bonn 1979.

Sirges, Thomas: Lesen in Marburg 1758-1848. Eine Studie zur Bedeutung von Lesegesellschaften und Leihbibliotheken. Marburg 1991.

Sklovskij, Viktor (1): Die Kunst als Verfahren. In: Jurij Striedter (Hg.): Russischer Formalismus. Texte zur allgemeinen Literaturtheorie und zur Theorie der Prosa. München 1969, S. 3-35.

Sklovskij, Viktor (2): Der Zusammenhang zwischen den Verfahren der Sujetfügung und den allgemeinen Stilverfahren. In: Jurij Striedter (Hg.): Russischer Formalismus. Texte zur allgemeinen Literaturtheorie und zur Theorie der Prosa. München 1969, S. 37-121.

Spaemann, Robert: Reflexion und Spontanität. Studien über Fénelon. Stuttgart 1990.

Steinecke, Hartmut: Kellers Romane und Romanvorstellungen in europäischer Perspektive. In: Hans Wysling (Hg.): Gottfried Keller. Elf Essays zu seinem Werk. München 1990, S. 77-90.

Stierle, Karlheinz: Walter Benjamin und die Erfahrung des Lesens. In: Poetica 12 (1980), S. 227-248.

Stierle, Karlheinz: Werk und Intertextualität. In: Karlheinz Stierle u. Rainer Warning (Hgg.): Das Gespräch. München 1984, S. 139-150.

Stocker, Günther: Schrift, Wissen und Gedächnis. Das Motiv der Bibliothek als Spiegel des Medienwandels im 20. Jahrhundert. Würzburg 1997.

Stocker, Günther: Das Motiv der Bibliothek in der Literatur des 20. Jahrhunderts. Zur Aktualität der Motivforschung. In: Weimarer Beiträge 4 (1998), S. 554-574.

Stocker, Günther: »Lesen« als Thema der deutschsprachigen Literatur des 20. Jahrhunderts. Ein Forschungsbericht. In: IASL 27 (2002), Heft 2., S. 208-241.

Stockhammer, Robert: Leseerzählungen. Alternativen zum hermeneutischen Verfahren. Stuttgart 1991.

Striedter, Jurij: Zur formalistischen Theorie der Prosa und der literarischen Evolution. In: Jurij Striedter (Hg.): Russischer Formalismus. Texte zur allgemeinen Literaturtheorie und zur Theorie der Prosa. München 1969, S. IX-LXXXIII.

Stückrath, Jörn: Der literarische Held als Leser. Ein historisch-typologischer Prospekt. In: Michael Krejci u. Karl Schuster (Hgg.): Literatur, Sprache, Unterricht. Festschrift für Jakob Lehmann zum 65. Geburtstag. Bamberg 1984, S. 102-108.

Stumpp, Gabriele: Müßige Helden: Studien zum Müßiggang in Tiecks "William Lovell", Goethes "Wilhelm Meister", Kellers "Grünem Heinrich" und Stifters "Nachsommer". Stuttgart 1992.

Sudau, Ralf: Werkbearbeitung, Dichterfiguren. Traditionsaneignung am Beispiel der deutschen Gegenwartsliteratur. Tübingen 1985.

Suleimann, Susan R. u. Crosman, Inge (Hgg.): The Reader in the Text. Essays on Audience and Interpretation. Princeton 1980.

Taubeneck, Steven: Zitat als Realität, Realität als Zitat. Zu Affinitäten in der neuen deutschen und amerikanischen Prosa. In: Arcadia 19 (1984), S. 269-277.

Tgahrt, Reinhard (Hg.): Dichter lesen. 3 Bde. Marbacher Schriften 38/39. Marbach am Neckar 1995.

Todorov, Tzvetan: Poetik der Prosa. Übersetzt v. Helene Müller. Frankfurt/M. 1972.

Tynjanov, Jurij: Über die literarische Evolution. In: Jurij Striedter (Hg.): Russischer Formalismus. Texte zur allgemeinen Literaturtheorie und zur Theorie der Prosa. München 1969, S. 433-461.

Utz, Peter: Das Auge und das Ohr im Text. Literarische Sinneswahrnehmung in der Goethezeit. München 1990.

Viehoff, Reinhold: Kind und Literatur. Überlegungen zur Erforschung literarischer Rezeption. Dargelegt am Beispiel des Romans Kindheitsmuster von Christa Wolf. In: Jens Malte Fischer (Hg.): Erkundungen. Beiträge zu einem erweiterten Literaturbegriff. Göttingen 1987, S. 259-292.

Viehoff, Reinhold: Sozialisation durch Lesen. Zur Funktion der Lektüre im Roman seit dem 18. Jahrhundert. In: Zeitschrift für Germanistik N.F. III - 2 (1993), S. 254-276.

Vogel, Juliane: Die Gebetbücher des Philosophen - Lektüren in den Romanen Thomas Bernhards. In: Modern Austrian Literature 21 (1988). Heft 3/4, S. 173-186.

Vogt, Jochen: Der Kriminalroman. 2 Bde. München 1971.

Vollmer, Michael: Das gerechte Spiel. Sprache und Individualität bei Friedrich Nietzsche und Peter Handke. Würzburg 1995.

Weber, Dietrich: Lektüre im Anton Reiser. In: Leser und Lesen im 18. Jahrhundert. Colloquium d. Arbeitsstelle 18. Jh. Gesamthochschule Wuppertal. Schloß Lüntenbeck, 24.-26. Oktober 1975. Heidelberg 1977, S. 58-62.

Weber, Ernst: Die poetologische Selbstreflexion im deutschen Roman des 18. Jahrhunderts. Zur Theorie und Praxis von »Roman«, »Historie« und pragmatischem Roman. Stuttgart, Berlin, Köln u. Mainz 1974.

Weinrich, Harald: Für eine Literaturgeschichte des Lesers. In: Merkur 21 (1967), S. 1026-1038.

Weinrich, Harald: Die Leser des Don Quijote. In: LiLi 15 (1985). Heft 57/58: Lesen - historisch, S. 52-66.

White, Isabel A.: 'Die zu oft wiederholte Lektüre des Werthers': Responses to Sentimentality in Moritz's *Anton Reiser*. In: Lessing Yearbook 26 (1994), S. 93-112.

Wildbolz, Hanna u. Rudolf: Gottfried Keller. In: Werner Kohlschmidt (Hg.): Bürgerlichkeit und Unbürgerlichkeit in der Literatur der Deutschen Schweiz. Bern u. München 1978, S. 31-47.

Wilpert, Gero von: Sachwörterbuch der Literatur. 7. Aufl. Stuttgart 1989.

Winkels, Hubert: Weiterlesen! In: manuskripte 29 (1989). Heft 106, S. 101-109.

Wittmann, Reinhard: Das literarische Leben 1848-1880. In: Max Bucher, Werner Hahl, Georg Jäger u. Reinhard Wittmann (Hgg.): Realismus und Gründerzeit. Manifeste und Dokumente zur deutschen Literatur 1848-1880. Bd. 1. Stuttgart 1975/76, S. 161-257.

Wittmann, Reinhard (Hg.): Quellen zur Geschichte des Buchwesens. 25 Bde. München 1981.

Wittmann, Reinhard: Buchmarkt und Lektüre im 18. und 19. Jahrhundert: Beiträge zum literarischen Leben 1750-1880. Tübingen 1982.

Wittmann, Reinhard: Geschichte des deutschen Buchhandels. München 1991.

Wöchentliche Unterhaltungen. Sonntagsblatt für alle Stände (Beilage zu: Didaskalia) Nr. 8 vom 24.2.1833.

Wölfel, Kurt: Kosmopolitische Einsamkeit. Über den Spaziergang als poetische Handlung. In: Jahrbuch der Jean-Paul-Gesellschaft 15 (1980), S. 28-54.

Wolpers, Theodor (Hg.): Gelebte Literatur in der Literatur: Studien zu Erscheinungsformen und Geschichte eines literarischen Motivs. Bericht über Kolloquien d. Komm. für Literaturwiss. Motiv- u. Themenforschung 1983-1985. Göttingen 1986.

Wuthenow, Ralph-Rainer: Das erinnerte Ich. Europäische Autobiographie und Selbstdarstellung im 18. Jahrhundert. München 1974.

Wuthenow, Ralph-Rainer: Im Buch die Bücher oder Der Held als Leser. Frankfurt/M. 1980.

Wuthenow, Ralph-Rainer: Das Bild und der Spiegel: europ. Literatur im 18. Jahrhundert. München 1984.

Wuthenow, Ralph-Rainer: Lesende Figuren: Die Bücher im Buch. In: Neue Rundschau 100 (1989), S. 152-162.

Zeller, Rosmarie: Die Infragestellung der Geschichte und der neue Realismus in Handkes Erzählungen. In: Sprachkunst 9 (1978), S. 115-140.

Zierleyn, Jörg E.: Gottfried Keller und das klassische Erbe. Untersuchungen zur Goetherezeption eines Poetischen Realisten. Frankfurt/M. u.a. 1989.

BOCHUMER SCHRIFTEN ZUR DEUTSCHEN LITERATUR

Herausgegeben von
Martin Bollacher, Jörg-Ulrich Fechner,
Paul Gerhard Klussmann, Gerhard Plumpe

Band 1 Roderich Grimm: Verfremdung in Bertolt Brechts "Leben des Galilei". 1987.

Band 2 Dragan Stojanovic: Dostojewski und Thomas Mann lesen. Von der Notwendigkeit und Fragwürdigkeit des Deutens. 1987.

Band 3 Jhy-Wey Shieh: Liebe, Ehe, Hausstand. Die sprachliche und bildliche Darstellung des 'Frauenzimmers im Herrenhaus' in Fontanes Gesellschaftsroman "Effi Briest". 1987.

Band 4 Hildegard Steinkamp: Die Gedichte Georg Trakls. Vom Landschaftscode zur Mythopoesie. 1988.

Band 5 Rüdiger Severin: Spuren des Flaneurs in deutschsprachiger Prosa. 1988.

Band 6 Helmut Heitkamp: Poesie der Depression. Untersuchungen zur Raum- und Zeitdarstellung Georg Heyms. 1988.

Band 7 Helmut Hasenkox: Die Epigrammatik Franz Grillparzers als Ausdruck literarischer Reflexion im politischen und sozialen Umfeld des 19. Jahrhunderts. 1989.

Band 8 Cornelia Kleinlogel: Exotik - Erotik. Zur Geschichte des Türkenbildes in der deutschen Literatur der frühen Neuzeit (1453 - 1800). 1989.

Band 9 Lisa Voßschmidt: Das Kalevala und seine Rezeption im 19. Jahrhundert. Eine Analyse von Rezeptionsdokumenten aus dem deutschen Sprachraum. 1989.

Band 10 Burkhard Dohm: Emanzipation aus der Didaxe. Studien zur Autonomisierung des Erzählens in Romanen der frühen Neuzeit. 1989.

Band 11 Christian Soboth: Todes-Beschwörung. Untersuchungen zum lyrischen Werk Ernst Meisters. 1989.

Band 12 Jörg E. Zierleyn: Gottfried Keller und das klassische Erbe. Untersuchungen zur Goetherezeption eines Poetischen Realisten. 1989.

Band 13 Rita Köhler: Poetischer Text und Kunstbegriff bei W.H. Wackenroder. Eine Untersuchung zu den "Herzensergießungen eines kunstliebenden Klosterbruders" und den "Phantasien über die Kunst". 1990.

Band 14 Gerrit-Jan Berendse: Die "Sächsische Dichterschule". Lyrik in der DDR der sechziger und siebziger Jahre. 1990.

Band 15 Dorette Krieger: Die mittelalterlichen deutschsprachigen Spiele und Spielszenen des Weihnachtsstoffkreises. 1990.

Band 16 Birgit Diekkämper: Formtraditionen und Motive der Idylle in der deutschen Literatur des neunzehnten Jahrhunderts. Bemerkungen zu Erzähltexten von Joseph Freiherr von Eichendorff, Heinrich Heine, Friedrich de la Motte Fouqué, Ludwig Tieck und Adalbert Stifter. 1990.

Band 17 Peter Naderman: Schreiben als anderes Leben. Eine Untersuchung zu Robert Musils Roman "Der Mann ohne Eigenschaften". 1990.

Band 18 Jost Schneider: Alte und neue Sprechweisen. Untersuchungen zur Sprachthematik in den Gedichten Hugo von Hofmannsthals. 1990.

Band 19 Ursula Kilian: Baupläne deutscher Novellen und Romane von der Klassik bis zur Moderne. 1990.

Band 20 Patrick Thewalt: Die Leiden der Kapellmeister. Zur Umwertung von Musik und Künstlertum durch W.H. Wackenroder und E.T.A. Hoffmann. 1990.

Band 21 Dragan Stojanović: Ironie und Bedeutung. 1991.

Band 22 Manfred Gehrke: Probleme der Epochenkonstituierung des Expressionismus. Diskussion von Thesen zur epochenspezifischen Qualität des Utopischen. 1990.

Band 23 Yong-Min Kim: Vom Naturgedicht zur Ökolyrik in der Gegenwartspoesie. Zur Politisierung der Natur in der Lyrik Erich Frieds. 1991.

Band 24 Beate Reifenscheid: Raffael im Almanach. Zur Raffaelrezeption in Almanachen und Taschenbüchern der Romantik und des Biedermeier. 1991.

Band 25 Sungja Park-Hahn: Der zeitkritische Sinn der Tiermetaphorik in Heinrich Heines Versepen und Zeitgedichten. 1991.

Band 26 Heinz-Peter Preußer: Zivilisationskritik und literarische Öffentlichkeit. Strukturale und wertungstheoretische Untersuchung zu erzählenden Texten Christoph Heins. 1991.

Band 27 Stefan Bruns: Das Pikareske in den Romanen von Fritz Rudolf Fries. Mit Werkbibliographie. 1992.

Band 28 Marianne Schwarz-Scherer: Subjektivität in der Naturlyrik der DDR (1950 - 1970). 1992.

Band 29 Christiane Lamparter: Der Exodus der Politik aus der bundesrepublikanischen Gegenwartsliteratur. 1992.

Band 30 Martin Todtenhaupt: Veritas amoris. Die "Tristan"-Konzeption Gottfrieds von Straßburg. 1992.

Band 31 Barbara Stemmrich-Köhler: Zur Funktion der orientalischen Poesie bei Goethe, Herder, Hegel. Exotische Klassik und ästhetische Systematik in den "Noten und Abhandlungen zu besserem Verständnis des West-östlichen Divans" Goethes, in Frühschriften Herders und in Hegels Vorlesungen zur Ästhetik. 1992.

Band 32 Thomas Schönert: Figurengestaltung, Autobiographie und Fiktion. Eine Untersuchung zum literarischen Werk von Hermann Lenz. 1992.

Band 33 Thomas Pieper: Überwindung des Welt-Leids. Loerkes Lyrik im Spannungsfeld zwischen Nietzsche und Schopenhauer. 1992.

Band 34 Benedikt Holtbernd: Die dramaturgischen Funktionen der Musik in den Schauspielen Goethes. Alles aufs Bedürfnis der lyrischen Bühne gerechnet. 1992.

Band 35 Christos Platritis: Christian Morgenstern. Dichtung und Weltanschauung. 1992.

Band 36 Wojciech Kunicki: Projektionen des Geschichtlichen. Ernst Jüngers Arbeit an den Fassungen von "In Stahlgewittern". 1993.

Band 37 Thomas Eicher: Erzählte Visualität. Studien zum Verhältnis von Text und Bild in Hermann Brochs Romantrilogie "Die Schlafwandler". 1993.

Band 38 Elke Winekenstädde: Stadtbilder in literarischen Reisebriefen von Garlieb Merkel. *Briefe über Hamburg und Lübek*. 1993.

Band 39 Mariusz Kieruj: Zeitbewußtsein, Erinnern und die Wiederkehr des Kultischen. Kontinuität und Bruch in der deutschen Avantgarde 1910-1930. 1995.

Band 40 Ingeborg Gräßer: Die Epicedien-Dichtung des Helius Eobanus Hessus. Lyrische Totenklage zur Zeit des Humanismus und der Reformation. 1994.

Band 41 Ralf Hertling: Das literarische Werk Hartmut Langes. Hoffnung auf Geschichte und Glaube an die Kunst - Dramatik und Prosa zwischen 1960 und 1992. 1994.

Band 42 Ulf Bleckmann: "... ein Meinungslabyrinth, in welchem alle, alle herumirren ...". Intertextualität und Metasprache als Robert Walsers Beitrag zur Moderne. 1994.

Band 43 Isolde Arends: Die späte Prosa Gottfried Benns. Wirklichkeitserfahrung und Textkonstitution. 1995.

Band 44 Claudia Schmidt: Rückzüge und Aufbrüche. Zur DDR-Literatur in der Gorbatschow-Ära. 1995.

Band 45 Martina Hoffmann: Thomas Manns *Der Tod in Venedig*. Eine Entwicklungsgeschichte im Spiegel philosophischer Konzeptionen. 1995.

Band 46 Heike Döll: Rollenspiel und Selbstinszenierung. Zur Modellfunktion des Theaters in Jean Pauls "Titan" und "Komet". 1995.

Band 47 Judith Winkelmann: Abstraktion als stilbildendes Prinzip in der Lyrik von Hans Arp und Kurt Schwitters. 1995.

Band 48 Bärbel Heising: "Briefe voller Zitate aus dem Vergessen". Intertextualität im Werk Wolfgang Hilbigs. 1996.

Band 49 Seong-Kyun Oh: Die materialistisch-dialektische Fundierung des epischen Theaters Brechts als eines zweidimensionalen theatralischen Kommunikationssystems. 1998.

Band 50 Birgit Schütter: Weibliche Perspektiven in der Gegenwartsliteratur. 1999.

Band 51 Martina Hoffmann: Von Venedig nach Weimar. Eine Entwicklungsgeschichte paradigmatischen Künstlertums. 1999.

Band 52 Susanne Knoche: Der Publizist Karl Philipp Moritz. Eine intertextuelle Studie über die *Vossische Zeitung* und die *Denkwürdigkeiten*. 1999.

Band 53 Dagmar Fäth: Probleme der Weltorientierung in den Dramen Reinhard Goerings. 1999.

Band 54 Christian Dawidowski: Die geschwächte Moderne. Robert Musils episches Frühwerk im Spiegel der Epochendebatte. 2000.

Band 55 Kerstin Schulz: Identitätsfindung und Rollenspiel in Thomas Manns Romanen *Joseph und seine Brüder* und *Bekenntnisse des Hochstaplers Felix Krull*. 2000.

Band 56 Jianguang Wu: Das lyrische Werk Hilde Domins im Kontext der deutschen Literatur nach 1945. 2000.

Band 57 Frank Krause: Sakralisierung unerlöster Subjektivität. Zur Problemgeschichte des zivilisations- und kulturkritischen Expressionismus. 2000.

Band 58 Randolf Quade: Literatur als hermetische Tradition. Eine rezeptionsgeschichtliche Untersuchung frühneuzeitlicher Texte zur Erschließung des Welt- und Menschenbildes in der Literatur des 17. Jahrhunderts. 2001.

Band 59 Petra Heyer: Von Verklärern und Spielverderbern. Eine vergleichende Untersuchung neuerer Theaterstücke Peter Handkes und Elfriede Jelineks. 2001.

Band 60 Britta Krengel: Heinrich Manns *Madame Legros*. Revolution und Komik. 2001.

Band 61 Meike Hillen: Die Pathologie der Literatur. Zur wechselseitigen Beobachtung von Medizin und Literatur. 2003.

Band 62 Sylvia Kall: »Wir leben jetzt recht in Zeiten der Fehde". Zeitschriften am Ende des 18. Jahrhunderts als Medien und Kristallisationspunkte literarischer Auseinandersetzung. 2004.

Band 63 Andrea Kresimon: Ingeborg Bachmann und der Film. Intermedialität und intermediale Prozesse in Werk und Rezeption. 2004.

Band 64 Andrea Elisabeth Dahms: Erlesene Welten. Der fiktive Leser in der modernen Literatur. Karl Philipp Moritz – Gottfried Keller – Peter Handke. 2005.

www.peterlang.de

Simon Bunke

Figuren des Diskurses

Studien zum diskursiven Ort des unteren Figurenpersonals bei Fontane und Flaubert

Frankfurt am Main, Berlin, Bern, Bruxelles, New York, Oxford, Wien, 2005. 203 S.
Münchener Studien zur literarischen Kultur in Deutschland.
Herausgegeben von Renate von Heydebrand, Georg Jäger und
Jürgen Scharfschwerdt. Bd. 37
ISBN 3-631-51455-7 · br. € 39.–*

Diese Studie zu Fontane und Flaubert setzt bei der Ablösung tradierter Begriffe durch das „untere Figurenpersonal" an. Denn diese diskursiv sensible Terminologie erlaubt es, die Untersuchung von literarischen Figuren an die Diskursstrukturen der jeweiligen Texte zurückzubinden. In detaillierten Analysen von Fontanes Romanen *L'Adultera* und *Frau Jenny Treibel* sowie von Flauberts *Madame Bovary* wird dieser doppelte Ansatz erprobt. Die Rekonstruktion des Diskurssubstrats der Texte zeigt, daß Fontanes Romane von einer Schließung des diskursiven Horizonts und einer Entgrenzung der Causerie geprägt sind, während *Madame Bovary* zum Inszenierungsraum diskursiver Agonalität wird. Auf diese Diskurssubstrate werden dann die unteren Figuren bezogen und in ihrem Verhältnis zu Semantiken des ‚Wahrhaftigen' und ‚Natürlichen', aber auch des Agonalen, Transgressiven und Parasitären bestimmt.

Aus dem Inhalt: Vorwort von Gerhard Neumann · Die unteren Figuren als diskursive Grenzgänger · Erzählen unter Bedingungen der Causerie · *L'Adultera*: Dialekt und Wahrheit · *Frau Jenny Treibel*: Körperlichkeiten · Flaubert: Szenen der Agonalität · *Madame Bovary*: Grenzüberschreitungen

Frankfurt am Main · Berlin · Bern · Bruxelles · New York · Oxford · Wien
Auslieferung: Verlag Peter Lang AG
Moosstr. 1, CH-2542 Pieterlen
Telefax 00 41 (0) 32 / 376 17 27

*inklusive der in Deutschland gültigen Mehrwertsteuer
Preisänderungen vorbehalten

Homepage http://www.peterlang.de